Otto Bönisch

Die deutschen SCHULSCHIFFE

1818 bis heute

Otto Bönisch

Die deutschen SCHULSCHIFFE

1818 bis heute

Koehlers Verlagsgesellschaft
Hamburg

Bildnachweis

Schwarzweißfotos
Archive: 9, 10 (4x), 14 (2x), 16 (2x), 17, 18, 19, 26, 30, 31, 32 (2x), 34, 35, 36, 52, 55, 61, 80, 82, 85, 86, 87, 88 (2x), 89, 90, 98, 99 (2x), 100, 101
Auerbach: 12, 13
Blohm + Voss: 82, 84 (2x)
Bönisch: 8, 9, 11, 13, 21, 25, 26 (2x), 37, 76, 77, 81, 89, (2x), 90, 92, 93, 96, 97, 98, 99, 100
Gröner: 14, 15, 22, 23, 24, 27 (2x), 33 (2x), 36 (2x), 79, 81, 83 (2x)
Meyer Bremen: 39, 40, 46, 51, 53, 54, 56, 73, 94, 95
Schmidt: 74
Strobel (Archiv): 91, 92
Stüber: 45

Farbfotos
Wissenschaftliches Institut für Schiffahrts- und Marinegeschichte, Peter Tamm, Hamburg: 65, 68
Bönisch: 70/71
Pingel: 72
Archive: 66, 67, 69, 70/71

Schutzumschlag
GORCH FOCK, YPS collection

Ein Gesamtverzeichnis der lieferbaren Titel der Verlagsgruppe Koehler/Mittler schicken wir Ihnen gerne zu. Senden Sie eine E-Mail mit Ihrer Adresse an: vertrieb@koehler-mittler.de
Sie finden uns auch im Internet unter: www.koehler-mittler.de

Bibliografische Information Der Deutschen Bibliothek
Die Deutsche Bibliothek verzeichnet diese Publikation in der Deutschen Nationalbibliografie; detaillierte bibliografische Daten sind im Internet über http://dnb.ddb.de abrufbar.

ISBN 3-7822-0941-9
ISBN 978-3-7822-0941-0

Druck und Bindung: Hans Kock Buch- und Offsetdruck GmbH
Printed in Germany

Inhaltsverzeichnis

VORBEMERKUNG

Die Entwicklung der maritimen Ausbildung verlief in Deutschland anders als in den früher entstandenen Nationalstaaten Europas, in denen sie ihen Ursprung fast ausschließlich in der militärischen Schiffahrt hatte. Deshalb soll hier eine erste zusammenfassende Darstellung versucht werden. Bisher wurden Schulschiffe und die damit verbundenen Ausbildungssysteme nur in einzelnen, mehr oder weniger vollständigen Veröffentlichungen beschrieben. Viele Fragen stellen sich jedoch, wenn man allein nach dem Beginn der deutschen Schulschiffahrt sucht, und erweitern sich, wenn man die maritimen Ausbildungssysteme, die ja die Grundlage für den Einsatz von Schulschiffen sind, einbezieht.

Die deutschen Schulschiffe sollen erfaßt, aufgelistet, teilweise beschrieben sowie ihr Ausbildungszweck als Bestandteil der entsprechenden Schulen dargestellt werden. Es wird nicht immer leicht sein, Vollständigkeit zu erreichen, denn Inhalte, Organisation und die Beschreibung von mehr als 270 deutschen Schulschiffen und zeitweilig genutzten Fahrzeugen würden einen größeren Raum in Anspruch nehmen, als der Umfang dieses Buches gestattet.

An den Anfang ist eine Klärung des Begriffes »Schulschiff« zu setzen, der in der deutschen Sprache nicht immer eindeutig verwendet wird, Bezeichnungen wie »Ausbildungsschiff«, »Schulschiff« oder »Trainingsschiff« werden in der einschlägigen Literatur und selbst in Gesetzestexten abweichend voneinander und oft rein zufällig verwendet. Für diese Darstellung der deutschen Schulschiffahrt ist es nötig, eine eindeutige Definition zu verwenden. Dennoch wird es nicht immer möglich sein, sie konsequent anzuwenden, Kompromisse werden erforderlich sein, um nicht mit der vorhandenen Schiffahrtsliteratur zu kollidieren.

Zuerst ist zwischen »Ausbildungsschiff« und »Schulschiff« zu unterscheiden. Es ist nützlich, den Begriff »Ausbildungsschiff« in seiner semantisch breiteren Aussage als Oberbegriff eines Gesamtsystems zu gebrauchen, denn »Ausbildung« erfaßt alle Maßnahmen, durch die Wissen, Können und Verhalten vermittelt werden. In der Handelsschiffahrt nimmt ein Schiff, auf dem sich eine Gruppe von vier bis sechs Lehrlingen, Offiziersanwärtern oder Offizierspraktikanten befindet, den Charakter eines Ausbildungsschiffes an, ohne ein Trainings- oder gar Schulschiff zu sein. Wählt man jedoch, wie vorgeschlagen, den Begriff »Ausbildungsschiff« als Oberbegriff, dann sollten solche Schiffe mit kleinen Gruppen von Auszubildenden an Bord als »Fracht- oder Kriegsschiffe mit Ausbildungsauftrag« bezeichnet werden.

»Schulschiffe« stellen nach dieser Überlegung eine nachgeordnete Kategorie dar. Auf ihnen befinden sich Lehrlinge, Offiziersstudenten bzw. Kursanten, deren Anzahl größer als die der Stammbesatzung ist. Dabei ist es zweitrangig, ob das Schulschiff Fracht befördert oder nicht. Segelschulschiffe werden heutzutage in nahezu allen Schiffahrtsnationen eingesetzt und können bis zu 200 Auszubildende an Bord nehmen. Seit 1957 gibt es keine frachtfahrenden Segelschulschiffe mehr, sie wurden nach dem tragischen Unglück der PAMIR weltweit verboten.

Nun ist die Bezeichnung »Trainingsschiff« in das hier vorgeschlagene System einzupassen. Im militärischen Bereich gab und gibt es Schiffe, auf denen künftige Offiziere, Unteroffiziere oder Mannschaften einen bestimmten, speziellen Abschnitt ihrer Ausbildung absolvieren. Neben den Schulschiffen für die allgemeine Ausbildung gab es schließlich Artillerie- bzw. Torpedoschulschiffe und andere Schiffe für spezielle Ausbildung, Trainingsschiffe dienen der Spezial- oder Ergänzungsausbildung. Die Auszubildenden befinden sich nur solange an Bord, wie es für das Training der geforderten Tätigkeit notwendig ist.

Aus diesen Gedanken und Betrachtungen ergibt sich ein System, in das alle Arten von Ausbildungsschiffen eingeordnet werden:

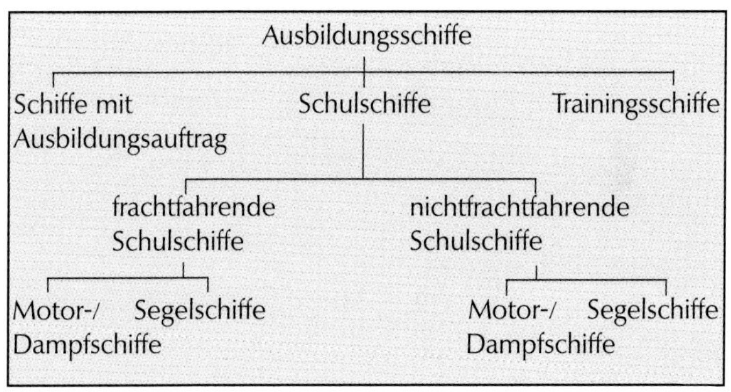

Obwohl die Grenzen nicht immer deutlich zu erkennen sind, werden die deutschen Schulschiffe nachfolgend diesem Schema entsprechend dargestellt sowie Organisation und Inhalt der maritimen Ausbildung für alle Ränge und Positionen der Seeleute in ihrer historischen Entwicklung erörtert.

In diesem Zusammenhang ist auf die Einteilung der Schulschiffe nach ihrer wirklichen Nutzung einzugehen. Seit 1934, als Alan Villiers das Vollschiff JOSEPH CONRAD (ex GEORG STAGE) für das sogenannte »adventure-sailing« einsetzte, ist neben der seit dem 18. Jahrhundert üblichen Ausbildung von Seeleuten auf Schulschiffen der militärischen und zivilen Flotten eine neue Form entstanden, die eine Erweiterung der bisherigen Einteilung nach der Verwendungsart erforderlich macht. Bisher war das Schulschiff Bestandteil eines staatlichen Schulsystems der zivilen oder militärischen Schiffahrt mit meist zentral vorgegebenen Lehrplänen. Aber nun gibt es auch Schulschiffe, die nicht unmittelbar der Ausbildung von Seeleuten dienen, sondern im Rahmen freizeitpädagogischer Unternehmen fahren. Leider ist dabei eine klare Abgrenzung zwischen Schulschiff und Passagierschiff nicht immer einfach. Es müssen deshalb heute drei Gruppen genannt werden:

Das Gaffeltoppsegel wird gesetzt.

1. Schulschiffe der Kriegsmarinen.
2. Schulschiffe der zivilen Flotten.
3. Schulschiffe gesellschaftlicher oder privater Organisationen.

Auf der Grundlage dieser Definitionen erfolgen die Betrachtungen der deutschen Schulschifffahrt.

Das Buch wendet sich nicht nur an Fachleute, deren Meinungen und Ergänzungen äußerst wichtig sind, sondern auch an interessierte Laien, denen ein Einblick in ein wichtiges, leider noch zu selten bearbeitetes Gebiet der Schifffahrtsgeschichte geboten wird.

Entwicklung der maritimen Ausbildung bis zur Reichsgründung 1871

Frühe Navigation im Norden Europas

Seefahrt war in hansischen Zeiten in Nord- und Ostsee eine Sache der Erfahrung und der praktischen Tätigkeit an Bord. Die Navigation war einfach und mit der im Mittelmeer nicht zu vergleichen. Auf der Weltkarte des Fra Maurio von Jahre heißt es über die Ostseenavigation kurz und bündig: »Per questo mar non se navega cum carta ni bossola, ma cum scandaio« (auf diesem Meer navigiert man weder mit der Seekarte noch mit dem Kompaß, sondern mit dem Lot).[1] »Lyne und loth« sowie die Kenntnis der Küsten mit ihren Marken (zum Beispiel der Kirchturm von St. Peter in Rostock)

Hanseschiffe im Hafen.

reichten also völlig aus, den Weg über Nord- und Ostsee zu finden. Als 1449 ein hansischer Schiffer in Plymouth mit den Behörden in Konflikt geriet, wurde er dadurch festgehalten, daß man ihm die Lotleine abnahm – ohne konnte er eben nicht auslaufen.[2]

Um Steuermann zu werden, benötigte ein Seemann, der seinen Weg als Jungknecht begann und als Schiffsmann (bosman) weiterführte, die Aussage seines Schiffers und zweier anerkannter Männer des Schiffes. Erfüllte er seine Aufgaben nicht, wurde er auf halbe Heuer gesetzt und mußte an Deck arbeiten. In der Schiffs-Ordnung der Hanse von 1614 heißt es im dritten Artikel, ein Schiffer solle »des Compasts, der See un Fahrwasser kundig sein, und das Schiff zu führen und zu steueren, zu laden und zu lossen, und dz Volk anzuführen und zu regieren wissen, gebe sich jemand dafür aus, und könnte er dafür nicht bestehen, der sol nach befind, und ermessigung bestrafft werden«. Auch solle er sich gute Steuerleute und ein tüchtiges Schiffsvolk auf sein Schiff holen. Es interessierte somit niemanden, woher Schiffer und Steuerleute ihr Wissen und Können bezogen, sie mußten es in der Praxis vorweisen können.

Die Entdeckungsfahrten des 15. Jahrhunderts und die nachfolgende Überseefahrt gingen über das Hansemaß hinaus, die nationale Schiffahrt gewann die Oberhand. In Portugal, dem ersten Nationalstaat auf europäischem Boden, hatte der 1394 geborene dritte Sohn des Königs Johann I., Heinrich, den man den Seefahrer nennt, die Navigation zur Wissenschaft entwickelt. In seinem Institut in Sagres schufen er und seine Mitarbeiter die Voraussetzungen für eine weltweite Schiffahrt: Forschung, Ausbildung von »pilotes« und sachlich kompetente Berichterstattung über die Reisen gingen Hand in Hand und führten zu bemerkenswerten Ergebnissen.

1508 richteten die Spanier ihre »Kosmographenschule« in Sevilla nach dem portugiesischen Vorbild ein, denen Einrichtungen in Frankreich und England folgten. Hier sind besonders die Schulen des Herzogs d'Anjou in der Loire-Mündung sowie des Reeders Jehan Ango in Dieppe zu nennen. Schiffbau, Schiffahrt und Navigation der Antike und des Mittelalters erreichten in der Zeit der großen Entdeckungen in der Entwicklung einen gewissen Abschluß, wodurch das Schiff zu einem effektiven und weltweit einsetzbaren Verkehrsmittel gemacht wurde.

Die Windrose im Hof der Festung Sagres.

In Nordwesteuropa entstanden durch die Befreiungsbewegung Ende des 16. Jahrhunderts die »Generalstaaten der Vereinigten Provinzen der Niederlande«, die nach den erprobten Methoden der Hansestädte regiert wurden. Dieser Nationalstaat mit seinen bürgerlichen Strukturen und der Bildung erster kapitalistischer Einrichtungen, wie der 1609 gegründeten Nationalbank in Amsterdam, wurde zum schärfsten Konkurrenten der Hanse und der feudalistischen Nationalstaaten. Neue Schiffstypen, wie Fleuten, Pinaßschiffe und die speziellen Ostindienfahrer, gaben der Schiffahrt ein neues Gesicht. Der Staat wurde mächtig, Geld und Waren strömten in den niederländischen Häfen zusammen, die Schiffe fuhren nach Ost- und Westindien und eroberten den Niederlanden ein riesiges Kolonialgebiet.

Das Astrolabium – ein früheres Navigationsgerät.

Die englische Schiffahrt hatte zu Beginn des 17. Jahrhunderts beachtliche Positionen in der Welt erreicht und traf mit den Niederlanden auf die traditionellen Seefahrtnationen Portugal, Spanien und Frankreich. Als sich in England 1648 die konstitutionelle Monarchie herausbildete und in der Wirtschaft einschließlich der Seefahrt ähnliche Strukturen (Gründung der Bank von England 1694) entstanden wie in den Niederlanden, gab es Konkurrenzbedingungen, die zu Kriegen auch zwischen diesen beiden Ländern führten. Eine hochentwickelte Schiffahrt benötigte gute Schiffer und Steuerleute. Die Kinder der Kaufleute und des Adels gingen als »apprentices«, als »Steuermannsschüler«, an Bord der Schiffe, um in dreijähriger Ausbildung ausschließlich in der Praxis Steuerleute zu werden. Die Ausbildung von Seeleuten nahm in den Niederlanden sehr früh systematische Formen an, wovon die weitverbreiteten Lehrbücher in holländischer Sprache und die Tatsache zeugten, daß diese Sprache noch lange Unterrichtssprache auch an deutschen Navigationsschulen waren. Joachim Nettelbeck, der 1774 in Kolberg seine private Navigationsschule eingerichtet hatte, schrieb in seinen Lebenserinnerungen:[3] »So mochte es etwa in meinem achten Jahr sein, als Pate Lorenz Runge mir unter anderen Weihnachtsbescherungen auch eine Anweisung zur Steuermannskunst in holländischer Sprache verehrte.« Weiter schreibt er, daß jeder Seemann nur dann vollkommen würde, wenn er einige Zeit auf einem niederländischen Schiff gefahren habe.

Hieraus erklärt sich, warum das Niederländische auf den Schiffen des 17. Jahrhunderts gesprochen und damit die Sprache der nautischen Lehrbücher in Nordeuropa wurde. Die Arbeit »Über den Gebrauch der niederländischen Sprache in der deutschen Seefahrt«[4] des ehemaligen Direktors der Navigationsschulen Hamburg und Geestemünde, Otto Christoph Max Steppes (1882–1948), gibt einen hervorragenden Einblick in die Bedeutung dieser Sprache für die maritime Ausbildung im 17. und 18. Jahrhundert. Als Hans Tangermann 1655 in Hamburg seinen »Wechwyeser tho de Kunst der Seevarth« herausgab, schrieb er im Vorwort: »Gewiß gibt es jetzt genug Bücher von der Kunst der Seefahrt in holländischer Sprache, wovon die Seeleute durch fleißiges Lesen noch etwas begreifen können ...Ich hätte ihn viel lieber in Hochdeutsch herausgegeben. Weil aber unter den Seeleuten die nie-

Das Siegel der 1488 gegründeten Schifferkompanie Stralsund und das Jubiläumssiegel der Stralsunder Schifferkompanie.

Die Flagge der Schiffer-Kompanie Stralsund.

derländische Sprache weitverbreiteter ist, darum habe ich es getan.« Ähnlich äußerte sich auch Peter von der Horst, der 1673 in Lübeck das Buch »Beschriving van der Kunst der Seefahrt« verfaßte. In dem Maße, in dem sich die Niederlande zur führenden Seefahrtnation entwickelten, verschwand die mittelniederdeutsche Sprache als Verkehrssprache der Hanse. In den Hamburger Kontoren wurde zunehmend Hochdeutsch gesprochen, während auf den Schiffen das Niederländische dominierte.

Natürlich wurde an der 1782 in Emden gegründeten Navigationsschule noch bis 1846 in der niederländischen Sprache gelehrt, aber auch in anderen deutschen Ländern blieb diese Sprache zumindest in den Lehrbüchern noch lange erhalten.

In den deutschen Staaten wurden ebenfalls Anstrengungen unternommen, die Qualität der Schiffer und Steuerleute durch eine systematische Ausbildung zu heben. Einen beachtlichen Anteil daran hatten die seit dem 13. Jahrhundert bestehenden Schifferkompanien. Zu den seit Ende des 17. Jahrhunderts entstehenden Prüfungskommissionen gehörten immer Ältermänner der zuständigen Schiffergesellschaften. Die Russen und Dänen gingen zu Beginn des 18. Jahrhunderts einen Schritt weiter als die führenden westeuropäischen Schiffahrtländer – sie gründeten 1701 Navigationsschulen mit einer wohlorganisierten Ausbildung an Land und mit praktischer Ausbildung auf aktiven Kriegsschiffen. In Rußland erklärte man ab 1738 zwei Kriegsschiffe zu Schulschiffen, um dann 1766 das erste spezielle Schulschiff, die Fregatte NADESHDA, zu bauen.

Über die Beziehungen zwischen Schifferkompanie und Ausbildung von Seeleuten liegen genauere Informationen aus Stettin vor. Als der preußische König Friedrich II. 1756 das Statut der Kompanie zu bestätigen hatte, stellte er eindeutige Forderungen. Es hieß dort, »daß in Zukunft in diese Kompanie kein Schiffer aufgenommen werden dürfe, der nicht gut rechne, schreibe und in der Steuermannskunst unterrichtet sei und die Seekarte gut lesen könne. Wer Schiffer werden wolle, muß sich vor den Älterleuten der Kompanie im Beisein eines in der Seekarte geübten Mathematikers über seine Kenntnisse ausweisen«.[5]

Diese eindeutige Order des Königs war verständlich, denn die Preußen mußten hart darum kämpfen, Stettin, das erst 1721 preußisch wurde, fest in das Staatsgebiet zu integrieren. Sie benötigten für eine aufstrebende Schiffahrt einen brauchbaren, günstig gelegenen Hafen. Seit 1740, dem Regierungsantritt Friedrichs II., begann für Stettin die Entwicklung zu einer bedeutenden Seestadt. Von 1750 bis 1786 verdoppelte sich die Zahl der dort beheimateten Schiffe von 79 auf 147 Fahrzeuge. 1772 gründete Friedrich II. eine Seehandelsgesellschaft, um »die überseeische Aus- und Einfuhr Preußens durch eigene Seefahrt zu heben«.

Die Anweisungen Friedrichs wurden durch Mitteilungen des preußischen Gesandten in Kopenhagen ausgelöst, der dem König berichtete, daß preußische Schiffe im Kattegat und im Sund Havarien verursachten, die in erster Linie auf die ungenügende Ausbildung des seemännischen Personals zurückzuführen seien. Es sei nötig, jedem die Führung eines Schiffes zu entziehen, der nicht in der Lage sei, seine navigatorischen Kenntnisse besonders für diesen Seeraum in einem Examen nachzuweisen. Der Magistrat von Emden erhielt – das war die erste Reaktion – die Aufforderung zur Einrichtung einer Navigationsschule, die 1782 als zweite in einem deutschen Land nach Hamburg (1749) unter Leitung des Holländers Voorn den Unterrichtsbetrieb aufnahm.[6]

Zwar konnte bisher keine so zwingende Weisung an die Schifferkompanien anderer Städte wie im Falle Stettin gefunden werden, aber es wurde überall üblich, daß nach einer privaten Vorbereitung eine Prüfung bei der Schifferkompanie oder den Schiffahrts- und Hafenämtern des Heimathafens abzulegen war. Mit den im 17. Jahrhundert entstandenen Lehrbüchern bereiteten sich die jungen Seeleute vor, nach und nach führten Privatlehrer Kurse durch, für die sich Bezeichnungen wie »Steuermannsschule« oder »Navigationsschule« einbürgerten. In Hamburg ergriffen Kaufleute und Reeder die Initiative, die auf dem Gebiet der Vorbereitung auf eine Tätigkeit in der Seefahrt als wegweisender Anfang zu werten ist: 1711 richtete das seit 1597 bestehende Waisenhaus den Unterricht »wegen Information in der Schiffs- und Seekunst«[7] ein, der jedoch 1715 wieder eingestellt wurde. Dennoch kann diese Form als Ursprung der Navigationsvorschulen angesehen werden, wie sie etwa 100 Jahre später entstanden.

Auch in Hamburg gab es private Steuermannsschulen, an einer wirkte seit 1724 der Mathematiker Gerlof Hiddinga, der 1749 von der neugegründeten staatlichen Schule übernommen und

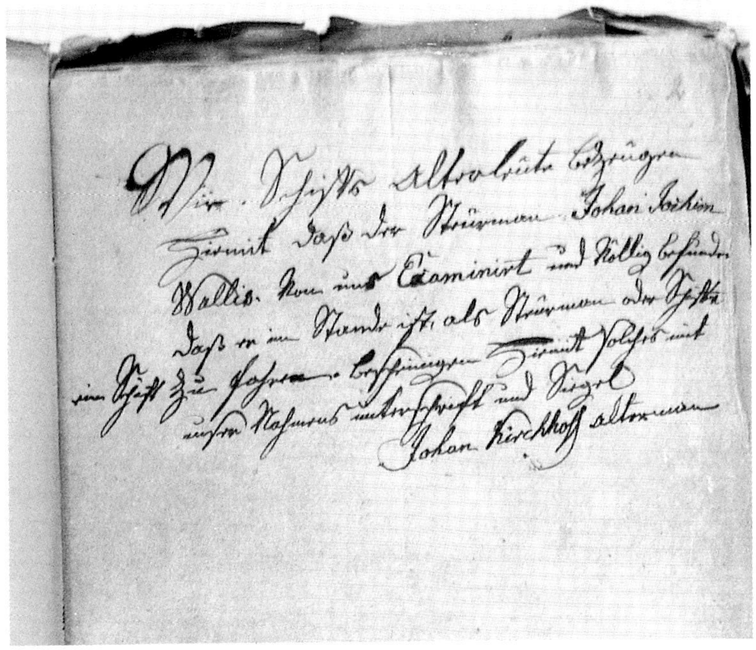

Steuermannszeugnis aus dem Jahre 1815.

somit ihr erster Lehrer wurde. Unterrichtssprache war – wie gesagt – Holländisch. Zwölf Schüler begannen mit wöchentlich zwölf Stunden in Rechnen, Geometrie, Astronomie und Navigation. Damit war die erste deutsche Navigationsschule entstanden.

C.A. Will leitete in Stettin die Auftakelung. Damit war AMAZONE das erste deutsche, speziell für die Ausbildung von Offizieren der Handelsflotte gebaute Schulschiff, während man die bisher eingesetzten Fahrzeuge besser als »Schiffe mit Ausbildungsauftrag« bezeichnen sollte.

Baron von Dirckinck-Holmfeld, Direktor der Navigationsschule Danzig von 1842 bis 1846.

Um das Problem der Beteiligung an solchen Übungsfahrten nach den weniger guten Erfahrungen früherer Jahre endgültig abzusichern, wurde am 1. Dezember 1843 eine A.C.O. erlassen:

»1. Die auf dem Übungsschiff AMAZONE angestellten Leute sollen während der Dauer dieser Anstellung gegen Bescheinigung des Navigationsdirektors, als Chef des Schiffes, zum Militärdienst nicht einberufen werden.

2. Diejenigen als Steuerleute I. Klasse geprüften Matrosen, welche in der letzteren Eigenschaft an einer Übungsfahrt teilgenommen haben und mit einem guten Zeugnis vom Übungsschiff entlassen worden sind, sollen von der Erfüllung ihrer Militärpflicht im stehenden Heere, diese mag eine einjährige oder dreijährige sein, entbunden sein.

3. Den auf dem Übungsschiff angestellten Eleven, sowie den Kanonieren und Kanonenunteroffizieren und denjenigen Personen, welche sich für den eigentlichen Seedienst ausbilden, ist unter Voraussetzung guter Führung eine Übungsreise als ein Dienstjahr anzurechnen.

Berlin, den 1. Dezember 1843
gez. Friedrich Wilhelm.«

Aus dieser Anordnung ist das Dilemma zu ersehen, in dem sich die preußische Schiffahrt befand. In Preußen, einer ausgesprochenen Landmacht, war jeder Mann zum Heeresdienst verpflichtet, so daß diese Festlegungen einen Kompromiß darstellten. Ein neues Schiff war optimal zu nutzen, weshalb auch andere Überlegungen angestellt wurden: »Ursprünglich sollten als Eleven und Zöglinge nur geprüfte Steuerleute und Schiffer eingeschifft werden, um diesen Leuten einerseits eine gute praktische Durchbildung als Navigatoren zu vermitteln und andererseits durch Beispiel und Erziehung ihre gesamte Dienstauffassung und ihr sittliches Niveau zu heben.« Das war auch der Grund, daß schließlich auch ungeprüfte Schüler nach einer sechsmonatigen Ausbildung an Land an Bord gingen und dort ihre Prüfung nach der Übungsreise ablegten.

In einer weiteren A.C.O. vom 4. Januar 1844 legte man eine neue Uniformordnung fest, die in der preußischen Kriegsmarine bis 1849 im wesentlichen beibehalten wurde. In einer Sonderregelung wies der Gesetzgeber an, welche Ausrüstung der Navigationsschüler mit an Bord des Schulschiffes zu nehmen hatte: eine Gunterskala, das Reißzeug zum Zeichnen und das Englisch-Lehrbuch von Noris.

Am 17. Mai 1844 lief die Korvette zu ihrer ersten Reise aus, Kommandant war der Direktor v. Dirckinck-Holmfeld, dem der dänische Marine-Premierleutnant Fröhlich und zwei dänische Unteroffiziere zur Seite standen. Die preußischen Navigationslehrer Dohmke und Wienhold, die aus der Handelsflotte kamen, übernahmen die Fachausbildung. 50 Schüler sollten während der fünf Monate und zehn Tage dauernden Reise praktische Erfahrungen, Wissen und Können erwerben.

Ein Schüler beschrieb diese Reise ins Mittelmeer sehr ausführlich, der Leser des Berichtes spürt das große Erlebnis des Jungen, aus der Enge der Ostsee in die weite Welt zu kommen, um Dinge zu sehen, von denen er sich bis dahin kaum eine Vorstellung machen konnte. Bereits in Kopenhagen beeindruckte ihn – und wahrscheinlich auch seine Kameraden – zum Beispiel die »prächtige Fregatte GEFION«. Keiner konnte zu diesem Zeitpunkt ahnen, daß dieses Schiff fünf Jahre später von Truppen des Deutschen Bundes erobert und als ECKERNFÖRDE in die gerade entstehende Bundesmarine eingegliedert wurde. Und mancher dieser jungen Offiziersanwärter hat es später unter dem alten Namen GEFION als preußische Kriegsfregatte und Seekadettenschulschiff wiedergesehen und ist vielleicht darauf gefahren.

Fregatte GEFION diente in drei Flotten als Kriegsschiff – bis 1849 in der dänischen, bis 1858 in der preußischen Marine, dann wurde sie als Schulschiff eingesetzt.

Noch größere Bewunderung erregten die gewaltigen Kriegsschiffe in den britischen und französischen Häfen. In Toulon sah er das Flaggschiff der französischen Kriegsmarine, das der junge Autor emphatisch in seinem Bericht so beschreibt: »Hier liegt die französische Flotte unter dem Kommando des Admirals Parseval-Deschenes. Sein Admiralsschiff L'OCEAN ist eine gewaltige Festung von 120 Kanonen, ich hatte bis jetzt noch keinen solchen Koloß gesehen. Beim Himmel, erblickt man ein solches Haus mit allen seinen wunderbaren, zweckmäßig geordneten Teilen, seinen Masten, Tauen, Segeln, seiner Armatur, so glaubt man doch zuletzt, daß der Mensch Verstand hat.«

Natürlich werden auch die Schönheiten der besuchten Länder und Städte mit bemerkenswerter Beobachtungsgabe beschrieben, denn die Reise, die in Konstantinopel (Istanbul) endete, führte zu den schönsten Plätzen des Mittelmeeres. Aber auch der Dienst und die unvermeidlichen Schülerstreiche fehlen nicht. Während – um ein Beispiel anzuführen – die älteren Seeleute schliefen, schnitten ihnen die Jungen die Seile der Hängematten durch, so daß die Schläfer durch den Fall auf das Deck unsanft geweckt wurden. Da einer der betroffenen Seeleute dabei offenbar verletzt wurde, gab es eine Untersuchung des Vorfalles, aber »es ist begreiflich, daß der Täter nicht entdeckt wurde, dafür mußten wir alle büßen, zur Strafe für diese Kinderstreiche durften wir nicht nach Athen«.

Am 27. Oktober 1844 machte AMAZONE in Danzig fest, und am 30. Oktober »versammelten sich die Zivil- und Militärautoritäten an Bord, es wurden hier der Mannschaft die Zeugnisse, welche ein jeder erhielt, vorgelesen, die Mannschaft, welche mit diesem Seezuge zugleich ihr Militärjahr abgedient hatte, entlassen, Wimpel und Flagge eingezogen und somit das Schiff außer Aktivität gesetzt«.

Die zweite Reise begann am 15. Juni 1845, es ging wiederum in das Mittelmeer. Zur 90 Mann starken Besatzung gehörten 20 Steuerleute und 23 Navigationsschüler. Nach der Reise schied Baron von Dirckinck-Holmfeld als Direktor der Schule Danzig aus, der bisherige Steuermann Jachmann, der spätere preußische Admiral, übernahm das Schiff in der Winterlage. Im Januar 1846 berief die preußische Regierung den niederländischen Kapitänleutnant Schroeder zum Direktor der Schule und damit zum Kommandanten des Schulschiffes AMAZONE. Seine Erfahrungen aus der Marine seines Heimatlandes übertrug er auf Schule und Schiff, er schuf in den drei Jahren seiner Amtszeit eine straffe Organisation: Er erarbeitete nicht nur eine Dienstordnung für die Korvette AMAZONE, sondern auch eine »Dienstinstruktion für Marineoffiziere«. Als 1848/49 der Aufbau der preußischen Kriegsflotte erfolgte, holte sich Prinz Adalbert von Preußen den tüchtigen Organisator und Marinefachmann in seinen Stab.

1846 schrieb C. Jachmann, erster leitender Offizier deutscher Abstammung auf dem Schiff, seine Erfahrungen nieder und leitete daraus gewisse Forderungen ab, die zur Grundlage für den Dienst auf deutschen Schulschiffen wurden. Er verwies auf die Repräsentationspflicht eines Schulschiffes für den Staat und forderte ein musterhaftes Verhalten der Mannschaft. Es gehe dabei nicht um die schiffsinternen Probleme, sondern auch um das Auftreten in fremden Häfen, das von den Menschen der Gastgeberländer vor allem erkannt werde. Das Vorbild der Kriegsmarine müsse auf die Handelsschiffahrt wirken, damit auch diese den Staat vorteilhaft repräsentieren könne. Es kommt darauf an, brauchbare preußische Seeleute auszubilden, damit »dann das Kommando auf unseren Schiffen nicht mehr aus allen Sprachen zusammengestoppelt sein wird und das Dienstverhältnis zwischen Kapitän, Steuermann und Mannschaft ein solches sein wird, wie es auf allen wohlgeordneten Schiffen fremder Nationen ist, aber leider auf den wenigsten preußischen Schiffen«. Diese Auffassungen und Initiativen kamen dem neuen Direktor sehr entgegen, denn seine Dienstanweisung für »die Herren Offiziere« des Schulschiffes AMAZONE läßt das durchaus erkennen, wenn er ihnen einredete, »daß sie zum ersten Stande im Staate gehören«. Er forderte von ihnen, alle Kraft dafür einzusetzen, die Jungen darin zu unterstützen, »sich die für ihre Laufbahn als künftige Befehlshaber auf Kauffahrteischiffen so nötigen Eigenschaften frühzeitig anzueignen, überhaupt kann es nicht genug berücksichtigt werden, daß der Zweck des Übungsschiffes nicht nur der ist, daß die Eleven das in Anwendung bringen lernen, was in den Navigationsschulen gelehrt wird und wozu dem Schiffe Navigationslehrer mitgegeben sind, sondern gleichzeitig der ist: daß die angehenden Steuerleute sich die rechte Manier aneignen, um künftig selbst so über andere befehlen zu können, daß sie den möglichst freiwilligen Gehorsam in ihren Untergebenen hervorzurufen vermögen«. Hier verbanden sich die niederländischen Schiffahrtserfahrungen von mehr als einem Jahrhundert mit dem Streben nach erprobter preußischer Disziplin in einer brauchbaren Symbiose.

Der spätere preußische Admiral C. Jachmann war 1845 als erster Deutscher Steuermann und Erster Offizier auf der AMAZONE.

Um Ordnung und Sicherheit an Bord der AMAZONE zu gewährleisten, forderte der Kommandant schriftliche, »den Heuerverträgen ähnliche Verpflichtungsscheine, weil die geltenden preußischen Gesetze nur die Bezeichnungen ›Kapitän‹ und ›Steuermann‹ kannten und daher keine Handhabe zur Aufrechterhaltung der Disziplin während der Reisen boten.[14]

Neben den Weisungen für das Verhalten der Offiziere umfaßte die Dienstordnung den eigentlichen Dienstbetrieb an Bord, der hier zusammengefaßt wiedergegeben werden soll:

Allgemeine Bestimmungen:

Dienstbeginn ist morgens neun Uhr nach einer Musterung. Eine Hälfte der Schüler bleibt als Wache an Deck, die andere nimmt am Unterricht teil. In vier Tagen hat jeder an drei Vormittagen Unterricht und an einem Tag Dienst. 11.45 Uhr endet jede Arbeit und der Unterricht.

Jeden Sonnabend ist »Reinschiff«, die zu reinigenden Bereiche werden festgelegt, wo nötig, wird mit Chlor-Räucherungen ausgegast. Die Hängematten sind jeden ersten Montag im Monat zu säubern, in wärmeren Gegenden erfolgt das 14tägig.

Freitag nachmittags ist allgemeines Waffenreinigen.

Sonnabend nachmittags ist Reinigung der Sachen, Putz- und Flickstunde, am Sonntag Zeugappell.

Festlegung der Tage für das Exerzieren. Der Erste Offizier berichtet täglich dem Kommandanten um 20.30 Uhr und um 9.00 Uhr, der Schiffsarzt macht seinen Rapport ebenfalls um 9.00 Uhr. »Alle Strafen werden durch den Kommandanten selbst ausgesprochen. Keiner, wer es auch sein mag, soll irgend jemanden auf unbescheidene Weise anreden, viel weniger schelten: wer

Schulleitung eine gründliche Allgemeinbildung mit einer wirksamen Erziehung zu hoher Disziplin verband. Gerade in der Phase des Aufbaues einer deutschen Kriegsmarine würden, so meinte man, Offiziere gebraucht, die neben hervorragender theoretischer, fachlicher und allgemeiner Bildung auch ein vorbildliches Verhalten zeigten.

Die praktische Ausbildung auf einem Schulschiff war nicht so leicht zu bewerkstelligen, denn der zur Verfügung stehende Schoner ELBE war für diesen Zweck zu klein. Neben der erforderlichen Stammbesatzung von 20 Mann konnte nur eine zu kleine Gruppe von Kadetten aufgenommen werden. In den Sommermonaten Juni bis August 1849 begann die Bordausbildung mit Fahrten von einer Woche. Im September wurde durch Umbau etwas mehr Platz geschaffen, so daß ab Oktober neben zwölf Mann Stammbesatzung 28 Kadetten unterzubringen waren, die übrigen 14 Kadetten des Jahrganges übten derweil auf einem Kutter. Durch ein Wechselsystem konnten alle Kadetten ihre Bordausbildung absolvieren. DEUTSCHLAND stand zur Ausbildung nicht zur Verfügung.

Die Kadettenschule hatte am 1. Dezember 1848 mit 28 Kadetten eröffnet, weitere 17 kamen im Laufe des Jahres 1849 dazu. Von den 45 Kadetten schieden drei bald wieder aus, von den verbliebenen 42 kamen 24 aus dem Erbherzogtum Schleswig-Holstein, die anderen aus den Seeuferstaaten Hamburg, Bremen, Mecklenburg und Hannover. Es waren auch einige Binnenländer dabei.

Es kam der Vorschlag, wenigstens in den Wintermonaten Seeleute der Handelsflotte zur unentgeltlichen theoretischen Ausbildung aufzunehmen. Leider löste man die Schule wieder auf, als die beiden Herzogtümer 1850/51 aus dem Bund ausschieden. So hatte die erste deutsche Bildungsanstalt einer Kriegsmarine eine sehr kurze Lebensdauer, aber durch die Form der theoretischen und praktischen Ausbildung hat sie für die weitere Entwicklung sowohl für die militärische als auch zivile maritime Ausbildung Deutschlands Zeichen gesetzt.[17]

Natürlich hatte die langsam – zu langsam – wachsende Bundesmarine ein großes Interesse sowohl an dieser Schule als auch an den Schulschiffen, denn Besatzungen gab es für die Kriegsschiffe kaum. Die meisten Seeleute kamen aus aller Herren Länder, viele Offiziere zum Beispiel aus Großbritannien und Belgien. Brommy war aber unermüdlich und setzte sein ganzes Organisationstalent ein, um mit völlig unzureichenden Mitteln sowie gegen den Widerstand und das Unverständnis der Ländervertreter die Bundesflotte weiterzubauen. Trotz allem führte er am 4. Juni 1849 seine wenigen Schiffe zum einzigen Gefecht gegen die Blockadeflotte der Dänen bei Helgoland – das Flaggschiff BARBAROSSA und die Raddampfkorvetten HAMBURG und LÜBECK drängten die Dänen auf die damals noch britische Insel zurück. Ein Warnschuß von der Insel zeigte Brommy, daß er bei der Verfolgung des Gegners den britischen Hoheitsgewässern zu nahe kam. Er mußte umkehren und das bis dahin siegreiche Gefecht abbrechen. Durch den Friedensvertrag vom 2. Juli 1850 wurde Schleswig-Holstein den Dänen zugesprochen.

Karl Rudolf Bromme, genannt Brommy, war am 10. September 1804 im Dorf Anger (heute Leipziger Stadtbezirk Anger-Crottendorf) geboren, ging mit 14 Jahren zur See und erwarb in der Navigationsschule Hamburg sein Steuermannspatent. Nach einigen Reisen auf deutschen Schiffen blieb er in Chile und trat in die 1818 entstehende Kriegsmarine dieses Landes ein. Ihr Oberbefehlshaber und Schöpfer war bis 1823 der Engländer Thomas Cochrane.

Mit seinem Chef und Lehrer ging er anschließend über Brasilien nach Griechenland. Zum Korvettenkapitän avanciert fuhr er auf griechischen Kriegsschiffen, als Kommandant der Korvette HYDRA nahm er 1827 an der Seeschlacht von Navarino teil. Nach 1832 gründete er schließlich die Marineschule von Piräus, deren Kommandant er bis 1848 war. In dieser Zeit schrieb er sein Lehrbuch »Die Marine – eine gemeinverständliche Darstellung des gesamten Seewesens für Gebildete aller Stände«, das in vielen Auflagen erschien. In ihm forderte er hohe fachliche und technische Kenntnisse, die er mit moralisch-ethischen Ansprüchen verband.

1845 hatte er an den preußischen König Friedrich Wilhelm IV. ein Gesuch um Übernahme in den preußischen Dienst gesandt, aber er erhielt eine enttäuschende Absage. Er ging im September 1848 nach Frankfurt am Main, wo er der Marineabteilung zugeordnet wurde. In der vom preußischen Prinzen Adalbert geleiteten Technischen Marinekommission war er für die Beschaffung der Schiffe, also für den unmittelbaren Aufbau der Flotte, verantwortlich. Gleichzeitig erarbeitete er eine Dienstordnung für die Bundesmarine.

Am 23. November 1849 war Brommy von Erzherzog Johann, dem Reichsverweser, zum Konteradmiral befördert worden. Natürlich hatte er sich diese Ehrung durch seinen Einsatz verdient, aber wie die Dinge lagen, war es schließlich ein Trostpflaster. Die Bundesflotte wurde am 2. April 1852 aufgelöst, der erste Versuch einer nationalen deutschen Flottenpolitik mißglückte. Am 31. März 1853 unterschrieb Brommy seinen letzten Befehl, er würdigte darin noch einmal besonders die Erfolge in der Ausbildung der Besatzungen und bedauerte schmerzlich den »inhaltsschweren Akt« der Auflösung. Als er am 9. Januar 1860 in St. Magnus bei Bremen starb, wurde die Leiche in die schwarz-rot-goldene Flagge seines ehemaligen Flaggschiffes BARBAROSSA gehüllt und beigesetzt.[18]

PREUSSISCHE FLOTTENPOLITIK

Das Verhalten Preußens bei der Auflösung der deutschen Bundesflotte und damit des Bundes selbst war ein Indiz dafür, in einem kommenden Deutschland ohne Österreich die Führung zu erhalten. Schon die Bildung des »Deutschen Zollvereins« im Jahre 1834, dem 18 Einzelstaaten angehörten, dokumentierte für Preußen einen relativ hohen Entwicklungsstand seiner Wirtschaft und das Bestreben, die hinderlichen Zollschranken zu beseitigen. Der größere ökonomische Raum sollte den Weg für einen nationalen Markt öffnen. Das hatte natürlich Auswirkungen auf die Handelsschiffahrt, auch wenn sie noch nicht unter nationaler Flagge stattfand. Infolge der Befreiungskriege und der Vorgänge in Europa reiften Entscheidungen heran, die für die Schiffahrt der deutschen Länder förderlich waren. So verschwanden die belastenden Zölle: der 1425 verhängte dänische Sundzoll, die 1651 erlassene englische Navigationsakte und die 1806 von Napoleon durchgesetzte Kontinentalsperre. Deutsche Reeder und Schiffer mußten sich stets solchen Behinderungen und Erschwernissen der Schiffahrt beugen, denn hinter ihnen stand niemals eine nationalstaatliche Macht.

Im Zusammenhang mit der Bildung der preußischen Kriegsmarine 1848 sind natürlich Maßnahmen der Sicherung der Schiffahrt des Zollvereins zu sehen, als man zum Beispiel vom Großherzog von Oldenburg, dessen familiäre Beziehungen zu den Hohenzollern offensichtlich und für beide Seiten nützlich waren, das Jadegebiet erwarb, um einen Zugang zur Wesermündung zu erhalten. Später entstand dort der Kriegshafen Wilhelmshaven. Am 19. November 1853 bildete man die preußische Admiralität, den Oberbefehl übernahm Prinz Adalbert von Preußen, der Neffe Friedrich Wilhelms III.

Nach den Kriegen von 1864 gegen Dänemark und 1866 gegen Österreich gelang es Preußen, am 18. August 1866 den »Norddeutschen Bund« aus 22 deutschen Staaten zu schaffen. Die Bundesverfassung vom 1. Juli 1867 bestimmte, daß der preußische König Wilhelm I., Bruder von Friedrich Wilhelm IV. und seit 1857 dessen Nachfolger, als Präsident die Außenpolitik leitete und Befehlshaber der Bundesarmee war. Zum Bundeskanzler wurde Otto von Bismark berufen. Die Verfassung legte auch die Bundesfarben fest, die natürlich nicht Schwarz-Rot-Gold waren. Die Preußen schufen sich eine neue Flagge, um sich selbst und die hansischen Traditionen zu dokumentieren: Aus dem Schwarz und Weiß der pruzzischen Farben nach der Eroberung durch die Kreuzritter und dem Rot und Weiß der Hanse entstand das Schwarz-Weiß-Rot des Norddeutschen Bundes.

Die 1857 begonnenen Verhandlungen über ein »Allgemeines Deutsches Handelsgesetzbuch« in Nürnberg und Hamburg (Seerecht) führten nach Gründung des Norddeutschen Bundes 1868 zum Bundesgesetz, das 1871 zum Reichsgesetz wurde: »Die Kauffahrteischiffe aller Bundesstaaten bilden eine einheitliche Handelsmarine.« Auf den Schiffen der Handelsflotte wurde die neue Flagge erst am 1. April 1868 gesetzt, während sie auf den Kriegsschiffen bereits seit dem 1. Oktober 1867 wehte. Erstes Schiff unter dieser Flagge war übrigens das Schulschiff NIOBE, das an diesem Tage im Hafen von Plymouthh lag und sich auf einer Ausbildungsreise in die Karibik und in die USA befand.

Die Entwicklung der preußischen Schiffahrt bis zur Gründung des Deutschen Reiches 1871 läßt sich am leichtesten an der militärischen Seemacht ablesen. Die wenigen Traditionen beschränkten sich auf die brandenburgischen Versuche unter dem

Das Marine-Museum Stralsund.

Großen Kurfürsten, eine Weiterführung der Bundesmarine kam nicht in Frage. 1849 umfaßte die preußische Marine 27 Kanonenboote, eine Korvette, nämlich das Schulschiff AMAZONE, und zwei bewaffnete, kleine Dampfschiffe mit einem Personalbestand von 1577 Mann.

Verstärkung ergab sich durch die Auflösung der Bundesmarine, denn die Preußen übernahmen BARBAROSSA und ECKERNFÖRDE. Da sie das letztgenannte Schiff wieder in GEFION umbenannten, zeigten sie deutlich, daß sie von den schwarz-rot-goldenen Traditionen des Deutschen Bundes nichts hielten.

Ende 1870 war der neue Kriegshafen Wilhelmshaven verwendbar, den man als Stützpunkt des Marinekommandos Nordsee benutzte. Da Kiel ab 1865 preußisch wurde, verlegte man das Marinekommando Ostsee von Danzig hierhin. Mit der Bildung des Norddeutschen Bundes ging die königlich-preußische Kriegsmarine in die Norddeutsche Bundesmarine über, blieb aber laut Verfassung unter preußischem Befehl. Sofort beschloß der Bundestag ein neues Flottenprogramm, 16 Panzerschiffe und 20 Korvetten sowie kleinere Fahrzeuge sollten gebaut werden. Als 1870 der Krieg gegen Frankreich ausbrach, waren zwölf größere Kriegsschiffe, darunter drei Panzerschiffe, und 21 Kanonenboote mit einem Personal von 160 Offizieren und 3300 Mann vorhanden.

PREUSSENS MARINE BRAUCHT GUTE SEELEUTE

Im Bereich der Ausbildung vollzog sich mit der Gründung der preußischen Marine endgültig die Trennung zwischen der militärischen und zivilen Schiffahrt. Wenn ein Junge die Absicht hatte, Offizier der Kriegsmarine zu werden, bewarb er sich im Alter von 17 Jahren (Obersekundareife) beim Seekadetten-Institut in Berlin. Der Lebensweg des späteren Großadmirals Tirpitz soll als Beispiel für den Ablauf des Ausbildungsprozesses dienen.[19] Am 19. März 1849 in Küstrin an der Oder geboren und in Frankfurt (Oder) aufgewachsen, strebte er bereits mit 16 Jahren zur Marine, am 1. April 1865 meldete er sich beim Kadetten-Institut in Berlin und wurde angenommen. Offiziere waren knapp, außerdem war drei Jahre vorher die AMAZONE gesunken. Etwa einen Monat später, am 15. Mai 1865, trat er seinen Dienst auf der Schraubenkorvette ARCONA in Kiel an. Vier Wochen lang wurden die angehenden Kadetten in den militärischen Bordbetrieb eingeführt, ehe sie mit dem Segelschulschiff NIOBE ihre erste große Reise antraten.

Die Fregatte ARCONA (gebaut 1858) fuhr 1862 bis 1876 als Schulschiff.

ARCONA gehörte zu einer Gruppe von sechs Korvetten, die – ab 1858 gebaut – über eine Dampfmaschine und eine Vollschifftakelung verfügten. 1862 wurde ARCONA als Kadettenschulschiff eingerichtet. NIOBE war 1849 auf der »Königlichen Werft« in Portsmouth für die britische Marine gebaut und 1861 an Preußen verkauft worden, sie sollte die gesunkene AMAZONE ersetzen, denn der Bedarf an Offizieren war groß. Der spätere Admiral von Blanc war 1865, als die erste Reise des Kadetten Tirpitz losgehen sollte, auf der NIOBE als Kapitänleutnant, er beurteilte die Situation in der preußischen Marine wie folgt: »Im Jahre 1865 waren die Verhältnisse in der Marine noch durchaus ungeregelt, der Dienstbetrieb eines Schiffes, das Leben der Offiziere in der Messe, der Geist des Ganzen hing von dem Persönlichen und der Denkungsart und dem Charakter der maßgebenden Persönlichkeiten ab; Überlieferungen, Reglements, eine gleichmäßige Erziehung gab es noch nicht. Das Offizierskorps namentlich entbehrte einer militärischen Schulung und in seinem Zusammenleben des guten Tones, es war alles genial, urwüchsig und rücksichtslos.« Diese Einschätzung erklärt die hohe Zahl von Schulschiffen in dieser Marine, es mußte so schnell wie möglich ein brauchbarer Stamm von Offizieren und Unteroffizieren geschaffen werden. So sollten die angehenden Offiziere auf der NIOBE, wie es die königliche Anordnung bestimmte, »die seemännische Erziehung, die dienstliche Ausbildung und den Unterricht in den Berufswissenschaften« erhalten.

Die Reise begann in Danzig und ging wegen einiger Reparaturen zuerst nach Plymouth. Dann segelte man über den Atlantik, um via Madeira und Kanarische Inseln Santo Domingo, eine Insel zwischen den Bahamas und Kuba, zu erreichen. Als guter Segler mit 1650 Quadratmeter Tuch in den Masten machte das Schiff schnelle Fahrt. Die Rückreise über Cadiz und Lissabon brachte es in die Nähe des Krieges von 1866 zwischen Preußen und Österreich. Der Kapitän ließ gefechtsklar machen, aber der Rest der Reise verlief ohne Zwischenfälle. Ein Jahr nach Eintritt in die Kriegsmarine wurde der junge Mann am 24. Juni 1866 nach einer Prüfung zum Seekadetten ernannt. Nun begann die eigentliche dreijährige Offiziersausbildung, die für Tirpitz anfangs

Mit NIOBE (gebaut 1853) in England) ersetzte die preußisch Marine 1861 die gesunkene AMAZONE (Ölgemälde von Hans Bohrt im Kieler Schiffahrtsmuseum).

auf der Schraubenkorvette GAZELLE stattfand. Mit ihr machte er 1866 eine Reise in das Mittelmeer, erhielt danach das Dienstzeugnis und ging im Winter 1868 zum Studium an die Marine-Schule nach Kiel. Hier lehrte man neben den traditionellen Fächern wie Navigation, Seemannschaft, Seetaktik und Artilleriewesen auch die neuen Fächer Schiffbau, Dampfmaschinenkunde und Allgemeine Dienstkenntnis. Nach knapp einem Jahr erfolgte am 22. September 1869 die Beförderug zum Unterleutnant zur See. Nach dem obligatorischen Artilleriekurs auf einem Artillerieschulschff (Trainingsschiff) erhielt er das erste Bordkommando auf dem Panzerschiff KÖNIG WILHELM, das zu seiner Zeit als größtes, schnellstes und am stärksten bewaffnetes Kriegsschiff galt. Es war 1868 in Großbritannien gebaut worden, hatte eine Wasserverdrängung von 9757 Tonnen und erreichte eine Geschwindigkeit von 14 Knoten. Außer der Dampfmaschine verfügte es über eine Vollschifftakelung, anstelle der Untersegel befanden sich an allen drei Masten Gaffelsegel. Eine Reise des Panzerschiffes zu den Azoren im Jahre 1870 mußte wegen des nahenden Krieges abgebrochen werden.

Am 25. Mai 1872 wurde Tirpitz zum Leutnant befördert und auf die Panzerfregatte FRIEDRICH CARL kommandiert. Im gleichen Jahr reichte er ein Gesuch um Aufnahme in die Marineakademie Kiel ein, im Oktober 1874 begann für ihn dort das Studium. Inzwischen zum Kapitänleutnant befördert, verließ er im Mai 1876 die Akademie und trat den Flottendienst auf dem Panzerschiff KRONPRINZ an. Dieser Ausbildungsweg kann wie folgt zusammengefaßt werden:

Ein Jahr Vorbereitung auf Schulschiffen, drei Jahre Fahrzeit als Seekadett auf einem Schulschiff, ein Jahr Studium an der Marineschule Kiel, fünf bis sechs Jahre Flottendienst als Leutnant, eineinhalb Jahre Studium an der Marineakademie.

Ein strebsamer Mann wie Tirpitz brauchte also bis zum Kapitänleutnant etwa zwölf Jahre. Das war natürlich nur mit einer väterlichen Geldzuwendung durchzustehen. Im Falle Tirpitz bedeutete das spürbare Opfer für einen preußischen Justizbeamten und einen eisernen Willen des jungen Mannes. Ehrgeiz und Können brachten ihn bald in leitende Stellungen bei der neuen Torpedowaffe und auf dem Gebiet der Ausbildung.

Die Kaiserliche Marine hielt, wie noch darzustellen ist, diese Ausbildungsstruktur im Prinzip bis zum Ende des Ersten Weltkriegs bei. Als am 18. Januar 1871 das Deutsche Reich gegründet worden war, hatte sich sowohl bei der Kriegs- als auch bei der Handelsmarine ein wohlgeordnetes Ausbildungswesen herausgebildet, wenn auch letztere noch keine Schulschiffe einsetzen konnte. In der Kriegsmarine waren die Schulschiffe jedoch integrierender Bestandteil der Ausbildung geworden und stellten sich in drei Klassen für die verschiedenen Ausbildungsstufen dar: Kadettenschulschiffe, Seekadettenschulschiffe, Schiffsjungenschulschiffe.

Am 12. Januar 1855 war eine 1846 in Großbritannien gebaute Fregatte gekauft worden, die unter dem Namen THETIS als Schulschiff für Seekadetten und Schiffsjungen in Dienst gestellt wurde. Als Kriegsschiff löste sie die Fregatte GEFION ab, die danach (1864–1870) als Artillerieschulschiff diente. Die Kadetten, also die frisch eingestellten Jungen von 17 oder 18 Jahren, absolvierten auf den Kadettenschulschiffen ihr erstes Ausbildungsjahr während der Reisen in Nord- und Ostsee sowie im Atlantik. Sie hatten Matrosenarbeiten zu verrichten und waren bei Segelmanövern für den Kreuzmast verantwortlich. Die Schulschiffkapazität erweiterte sich, als die Schraubenkorvette ARCONA ab 1869 für die Ausbildung von Seekadetten eingesetzt wurde. Sie war 1855–1859 auf der neu eingerichteten Königlichen Werft in Danzig als Typschiff einer Schiffsgruppe gebaut worden – daher die lange Bauzeit. Mit der Vollschifftakelung von etwa 2000 Quadratmetern konnten alle Segelmanöver geübt werden. 1859 war die ARCONA als Flaggschiff eines kleinen Geschwaders, zu dem die Schulfregatte THETIS, der Schoner FRAUENLOB und das Versorgungsschiff ELBE gehörten, nach Ostasien entsandt worden, um in diesem Raum preußische Handelsinteressen zu vertreten. Die Besatzungen konnten zu dieser Zeit nur mit Mühe zusammengestellt und erst während der Reise zu vollwertigen Seeleuten herangebildet und erzogen werden. So sammelte man Erfahrungen für die weitere Gestaltung der Ausbildung, denn diese mehrjährige Reise verlangte den Männern alles ab, viele komplizierte Situationen stellten sie vor schwerste Bewährungsproben.

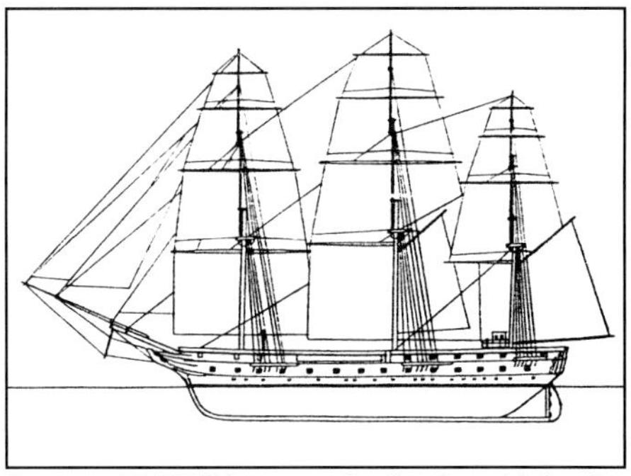

Korvette THETIS kam aus England und fuhr ab 1855 als Schulschiff für die preußische Marine.

Das schlimmste Ereignis war wohl der Untergang des Schoners FRAUENLOB, der für eine Ostasienreise keineswegs geeignet war. Im schweren Taifun an der japanischen Küste, geschleppt durch das Flaggschiff, ging das kleine Schiff mit der gesamten Besatzung am 2. September 1860 unter. An eine Rettung war bei diesem Wetter überhaupt nicht zu denken. Nach zwei Jahren, acht Monaten und 27 Tagen erreichte die ARCONA am 5. Oktober 1862 ihren Heimathafen Danzig. Bereits am 17. März 1864 nahm sie nach einer umfangreichen Überholung als Flaggschiff des Kapitäns zur See Jachmann, Chef der Marinestation Ostsee in Danzig, am Gefecht bei Jasmund (Rügen) gegen überlegene dänische Streitkräfte teil.

Jachmann arbeitete bis 1849 an der Navigationshauptschule Danzig, war Offizier auf dem Schulschiff AMAZONE gewesen und wurde mit dem Schiff von der preußischen Kriegsmarine übernommen. Er erkannte deutlich, daß die meist aus dem Heer kommenden Offiziere unzureichend für den Dienst auf Kriegsschiffen vorbereitet waren. Auch der Mangel an Fachleuten für den technischen Dienst machte sich zunehmend bemerkbar, guter Nachwuchs mußte also her. Deshalb war es logisch, daß ARCONA vom 21. September 1869 an als Seekadetten-Schulschiff der Ausbildung zur Verfügung gestellt wurde. Damit war gleichzeitig ein ehrenvoller Auftrag verbunden: Das Schiff repräsentierte Preußen bei der Eröffnung des Suez-Kanals.

Es erreichte am 15. November 1869 Port Said und erhielt einen Ankerplatz neben dem Gegner von Jasmund, der dänischen Korvette SJARLLAND. Nach den Feierlichkeiten begann die Rückreise, die sich allerdings durch den Krieg von 1870/71 sehr in die Länge zog. Es lief den Hafen von Lissabon an, den es am 6. März 1871 nach dem Friedensschluß in Richtung Wilhelmshaven verließ. Als Schulschiff blieb ARCONA bis 1884 in Dienst: 1873–1874 Weltreise als Seekadetten-Schulschiff, 1876–1884 Schulschiff für Maschinisten und Heizer, Vierjährig-Freiwillige sowie Männer der Seewehr II. 1884 wurde das Schiff nach einer fast dreißigjährigen, wechselvollen Dienstzeit verschrottet.[20]

Die Erfahrungen und Ereignisse der vergangenen Jahre zeigten, daß eine gediegene Ausbildung auch für Mannschaften und Unteroffiziere notwendig war. Preußen verstand sich noch immer als Landmacht, es war unter den Offizieren des Heeres durchaus nicht standesgemäß, sich mit der Schiffahrt, auch nicht mit der Kriegsmarine, zu beschäftigen. So mußte man bei der Nennung von Marinedienstgraden noch lange den entsprechenden Grad des Heeres in Klammern dahintersetzen. Wer wußte schon, daß ein Kapitänleutnant einem Hauptmann des Heeres oder gar einem Rittmeister der Kavallerie entsprach. Dienstzeit auf einem Kriegsschiff wurde noch nicht einmal als Militärdienstzeit anerkannt. In der ersten Reichsverfassung von 1871 legte man deshalb im Artikel 53 ausdrücklich fest, daß die zum Dienst in der Kaiserlichen Marine verpflichteten Männer vom Dienst im Landheer befreit sind.

1862 hatte die preußische Kriegsmarine von Großbritannien die beiden Kriegssloops MUSQUITO und ROVER, die 1851 bzw. 1853 gebaut worden waren, gekauft. Es handelte sich um zweimastige Schiffe, wie sie seit dem 18. und 19. Jahrhundert in der britischen Kriegsmarine verwendet wurden, sie hatten meist eine Schnau-, Ketsch- oder Brigantine-Takelung. Sie wurden beide zu Briggs umgetakelt, erhielten Segel von je 1035 Quadratmetern und galten als hervorragende Segler. Als Schiffsjungen-Schulschiffe nahmen sie jeweils acht Offiziere und 142 Mann an Bord. Sie versahen ihren Dienst bis 1891 bzw. 1890, wurden dann als Hulks benutzt und 1906 abgewrackt. Von Zeit zu Zeit setzte die Marineleitung den Topsegelschoner HELA, ein Schwesterschiff der gesunkenen FRAUENLOB, zur Ausbildung von Schiffsjungen ein. HELA war jedoch kein guter Segler und mußte schließlich umgebaut werden.

Bis zum Beginn des deutsch-französischen Krieges hatte sich die preußische Kriegsflotte soweit gefestigt, daß eigene Strukturen in der Organisation, auf dem Gebiet der Ausbildung und im Bereich der Dienstränge sowie der Uniform entstanden waren. Grundlage bildete die »Allerhöchste Uniform-Bestimmungen über die Uniformänderung und Rangangleichung in Preußen« vom 27. April 1849. Erstmalig wurde das »Marineblau« eingeführt. Nach einigen Experimenten entstanden allgemeine Anzugsbestimmungen, die durch den »Allgemeinen Marinebefehl (A.B.M.) Nr. 48« vom 1. Januar 1858 Verbindlichkeit erlangten.

Die »Allerhöchste Cabinetts-Ordre« vom 20. Mai 1864 legte neue Rangabzeichen und Dienstränge fest, die in der deutschen Marine im Prinzip bis heute gültig sind:

Lieutenant zur See 1. Klasse = Kapitänleutnant
Lieutenant zur See 2. Klasse = Leutnant zur See
Volontär-Kadett = Kadett.[21]

Zeitgenössische Darstellung des Kadetten-Schulschiffes NIOBE und der beiden Schiffsjungen-Schulschiffe ROVER und MUSQUITO.

Mit der Bildung der Marine des Norddeutschen Bundes am 1. Juli 1867 wurde diese seit Beginn des 19. Jahrhunderts währende Entwicklungsphase abgeschlossen. Nach der Gründung der preußischen Marine waren bis 1871 insgesamt 11 Schulschiffe im Einsatz (siehe Tabelle 2).

Die grosse Zeit der Segelschiffe

Zwischen 1800 und 1875 erlebte Deutschland eine tiefgreifende Umwälzung seiner wirtschaftlichen und sozialen Verhältnisse durch die Industrielle Revolution – ein Vorgang technischer und demographischer Wandlungsprozesse.

Nach der Gründung des Norddeutschen Bundes, dem Wegfall der Zollschranken und der damit verbundenen »Freiheit der Meere« entstand als Folge der wirtschaftlichen und technischen Entwicklung auch in Deutschland eine moderne Schiffahrt. Die damit im Zusammenhang stehende Entwicklung der Handelsflotte Preußens und der deutschen Küstenländer ergibt sich für den Zeitraum bis 1871 aus der nachfolgenden Tabelle:

Stadt-bzw. Bundesstaat	Zeitraum	Tonnageentwicklung in BRT von	auf
Bremen	1825–1854	15 300	117 500
Hamburg	1837–1865	26 000	179 000
Oldenburg	1835–1871	5 400	45 400
Mecklenburg	1836–1871	39 600	101 700
Preußen	1825–1865	75 000	270 000

Die Weltschiffahrt erhielt mit der Einrichtung der ersten Linien (Black Ball Line, Red Star Line, Swallow Tail Line) eine neue Organisationsform, die sich sowohl auf die Qualität der Überseetransporte (Postlinien) als auch auf das schnelle Wachstum der Flotten der einzelnen Länder und Reedereien auswirkte. Gleichzeitig vollzog sich der Übergang von der Segelschiffahrt zur Dampfschiffahrt. Die zweite Hälfte des 19. Jahrhunderts wird oft als Höhepunkt der Segelschiffahrt bezeichnet, als die großen Tiefwassersegler immer weiter vervollkommnet wurden, um sich gegenüber den Dampfern zu behaupten.

Auf dem Gebiet des Schiffbaues erfolgte der Übergang zum Eisen- und Stahlschiff sowohl für Segelschiffe als auch für Dampfer. Der erste eiserne seegehende Segler Deutschlands entstand im Binnenland, als die Werft Jacobi, Haniel und Huyssen in Duisburg-Ruhrort 1845 für die seit 1829 bestehende Schiffahrtslinie Köln/Ruhrgebiet–Großbritannien die eiserne Brigg DIE HOFFNUNG baute, der 1847/48 die Bark FORTSCHRITT folgte.[22]

Die Behauptung, die 1858 auf der Reiherstiegwerft Hamburg gebaute Bark DEUTSCHLAND sei das erste eiserne deutsche Segelschiff gewesen[23], stimmt in keiner Weise. Der erste auf einer Seewerft gebaute eiserne Segler entstand 1854 auf der Neptun-Werft in Rostock, es war die Bark DER ORIENTALE, der 1857 die Bark HERZOGIN MARIE folgte.[24] Es sollte auch nicht unerwähnt bleiben, daß 1851 auf dieser renommierten Werft unter Leitung von Albrecht Tischbein und Wilhelm Zeltz der erste seetüchtige eiserne Schraubendampfer Deutschlands gebaut wurde.[25]

In vielen deutschen Küstenstädten entstanden leistungsfähige Werften, die in der Lage waren, die deutsche Handelsschiffahrt mit guten Schiffen zu versorgen. Aus Handwerksbetrieben und Manufakturen gingen die Werften des 19. Jahrhunderts hervor, die sich bald zu Großbetrieben entwickelten. Dazu kamen die großen Reedereien, die zwischen 1815 und 1871 entstanden. Die Ostsee-Reedereien blieben nach der Reichsgründung allmählich hinter den Nordsee-Reedereien zurück. Die Handelsflotte des Norddeutschen Bundes bestand 1868 aus 4964 Segelschiffen und 116 Dampfern, die mit 1,3 Millionen Tonnen (1 Tonne = 1000 kg) vermessen waren. Bis kurz vor der Reichsgründung waren immerhin 42 Prozent aller deutschen Schiffe in den Ostseehäfen beheimatet.

Ausbildung in den deutschen Küstenstaaten

Bis zum Beginn des deutsch-französischen Krieges 1870/1871 verfügten die deutschen Staaten über 24 Navigationsschulen (Tabelle 4), von denen sich sieben in Preußen befanden. Auf die Gründung zweier Schulen während der Napoleonischen Kriege ist kurz einzugehen.

Der Hafen von Tönning, ab 1784 durch den Bau des Eiderkanals im Aufwind begriffen, erlebte besonders in den Jahren von 1803 bis 1807 durch die Kontinentalsperre einen bemerkenswerten Höhepunkt. 1799 hatte der Lotseninspektor Heinrich Brarens vom zuständigen Amt in Kopenhagen die Erlaubnis erhalten, in Tönning eine Navigationsschule einzurichten, die er bis 1826 leitete. Schule und Hafen nahmen während der Kontinentalsperre eine Schlüselstellung ein. Über den Hafen der Stadt am Eiderkanal lief der größte Teil der Versorgung Hamburgs und anderer Städte, die Schule hatte eine starke Zunahme der Schülerzahlen zu verzeichnen – das waren die sogenannten »vier goldenen Jahre« dieser kleinen Stadt.

Genau umgekehrt verhielt sich die Situation in Lübeck, das wegen der Kontinentalsperre in eine starke wirtschaftliche Depression geraten war. Die »Gesellschaft zur Beförderung gemeinnütziger Tätigkeit« erkannte mit Weitblick, daß die bis dahin vorhandenen Möglichkeiten, Schiffer und Steuerleute für ihre kommenden Aufgaben vorzubereiten, nicht mehr ausreichten, daß somit endgültig eine Navigationsschule entstehen müsse. 1808 erstellte man bei der Gründung der Schule in Lübeck eine Schulordnung, die in vielen Teilen Modellcharakter erhielt, wie einige Auszüge zeigen:[26]

»Es können nur solche aufgenommen werden, welche schon einige Seereisen mitgemacht, ... im Schreiben und Rechnen geübt und folgende Bedingungen zu erfüllen geneigt sind« (Vorwort). Teilnahme ohne Unterbrechung über die sechs Monate sowie Besuch je-

Der Hafen von Töning.

Schul- und Trainingsschiffe der Kaiserlichen Marine

Da es nicht einfach ist, eine vollständige Übersicht über die zu Ausbildungszwecken eingesetzten Schiffe zu erstellen, sollte man drei Gruppen bilden:
- als Schulschiffe gebaute Fahrzeuge,
- ältere, vorübergehend zur Ausbildung genutzte Kriegschiffe,
- stationäre Schulschiffe (meist ältere Kriegsschiffe).

Weiterhin interessiert der Ausbildungszweck für Schiffsjungen – Kadetten – Seekadetten.

Als Trainingsschiffe sind zu nennen Artillerieschulschiff, Torpedoschulschiff, Schulschiff für Maschinenwaffen, Maschinistenschulschiff, U-Schule.

Die in Tabelle 2 genannten Schulschiffe, die nach 1871 noch im Dienst waren, werden in die Betrachtung einbezogen, es waren

Segelfregatte NIOBE	Kadettenschulschiff
Brigg ROVER	Schiffsjungen-Schulschiff
Brigg MUSQUITO	Schiffsjungen-Schulschiff
Brigg UNDINE	Schiffsjungen-Schulschiff
Korvette ARCONA	Seekadetten-Schulschiff.

Außer ARCONA waren die genannten Fahrzeuge nach ihrer Eingliederung in die preußisch-deutsche Kriegsmarine ausschließlich als Schulschiffe eingesetzt und sind daher zur ersten Gruppe zu zählen, während ARCONA nach dem Bau 1858 noch bis 1869 als Kriegsschiff (Auslandskreuzer) fuhr.

Eine Bemerkung zu UNDINE: sie war 1871 nach dem Vorbild der beiden in England gebauten Sloops MUSQUITO und ROVER direkt als Schulschiff gebaut worden. Am 27. Oktober 1884 trieb sie ein schwerer Sturm auf die Westküste Dänemarks zu, nördlich der Einfahrt zum Limfjord, ein Freisegeln war nicht mehr möglich. Um 16.00 Uhr erfolgte die erste Grundberührung und setzte sie über eine Sandbank. Der Kapitän ließ die Anker ausbringen, aber die Ketten brachen. UNDINE trieb vor Topp und Takel auf das nächste Riff und erlitt schlimme Erschütterungen durch die Brecher der gewaltigen Brandung. Die Bewohner des dänischen Küstenortes Agger begannen eine aufopferungsvolle Rettungsarbeit und kämpften um jedes Menschenleben.

Brigg UNDINE – 1871 in Deutschland gebautes Schulschiff für Schiffsjungen, es sank am 28. Oktober 1884.

Erst gegen 24.00 Uhr gelang es, mit einem Raketenapparat eine Leinenverbindung herzustellen, um 1.00 Uhr betrat der erste Gerettete den Strand. Bis 7.00 Uhr morgens waren alle 149 Mann der Besatzung geborgen. Dann wurde die Brigg endgültig von der See zerschlagen. Das besonders bei Nordweststurm gefürchtete Seegebiet hatte wieder, wie so oft, ihr Opfer geholt.[42]

Außer den aus der preußischen Marine übernommenen Schulschiffen weist die Tabelle 5 solche Einheiten aus, die unmittelbar nach ihrem Bau zu Ausbildungszwecken verschiedener Art eingesetzt wurden, einige von ihnen gingen mit Beginn des Krieges 1914 in den aktiven Einsatz.

Die schnelle Entwicklung der Artillerie forderte eine kurzfristige Lösung, weshalb bereits 1870 von Großbritannien das veraltete, 1857 gebaute Linienschiff RENOWN gekauft und als Artillerie-Schulschiff meist stationär in Kiel und später in Wilhelmshaven genutzt wurde. In der »Rostocker Zeitung« vom 6. Oktober 1871 erschien eine Meldung, daß RENOWN im Hafen von Wismar lag, um in der darauffolgenden Woche nach Kiel zurückzukehren. Das Holzschiff verfügte über eine Vollschifftakelung von 4500 Quadratmetern sowie über eine Dampfmaschine von 2400 PS. 1872 beseitigte man die Takelage und nutzte die 1871 reparierte Maschine für das neue, 1881 gebaute Artillerie-Schulschiff MARS. 1881 beendete RENOWN ihre Dienstzeit, bis 1892 stand sie als Wohnhulk in Wilhelmshaven zur Verfügung, um dann zum Abwracken an eine englische Firma verkauft zu werden.

Da ein fast durchgehend stationäres Artillerie-Schulschiff auf die Dauer den Ansprüchen nicht genügen konnte, baute die Kaiserliche Werft in Wilhelmshaven 1881 die MARS mit einer Schonertakelung von 328 Quadratmetern, die später auf ein Stützsegel von 260 Quadratmetern reduziert wurde. Die überholte, von RENOWN übernommene Maschine ist 1896 wiederum erneuert worden, mit deren 2000 PS das Schiff eine Geschwindigkeit von 12 Knoten erreichte. Bewaffnung und Besatzung änderten sich je nach Ausbildungsauftrag, es konnten 17 bis 64 Offiziere, bis zu 80 Fähnriche (Seekadetten) und 219 bis 374 Mann an Bord genommen werden. Die Fahreigenschaften wurden von Fach-

Artellerie-Schulschiff MARS – gebaut 1879.

leuten nicht gerade gelobt: sehr steif, schnell und stark schlingernd, luvgierig mit starker Abdrift[43]

Mit einer Wasserverdrängung von 3542 Tonnen gehörte MARS immerhin zu den größeren Schiffen dieser Zeit und führte mit dem imposanten Aussehen als Flaggschiff, als »Simulaker«, das Übungsgeschwader bei den Manövern an. In der Flotte waren für dieses Schiff auch die Spitznamen »Gummipanzer« oder »Kanonenzirkus« im Schwange. Es besaß zu keiner Zeit einen Kampfwert, 1914 außer Dienst gestellt nutzte man es noch bis 1921 als Wohnhulk. Übrigens hat der Einsatz von Schulschiffen während der Manöver, wie er bereits erwähnt wurde, nie Freude und Zustimmung bei der Bildungs-Inspektion hervorgerufen. Es klingt wie ein dankbarer Stoßseufzer, wenn es hieß:[44] »Es ist erreicht! Die Herbstübungsflotte braucht die Schulschiffe nicht mehr.«

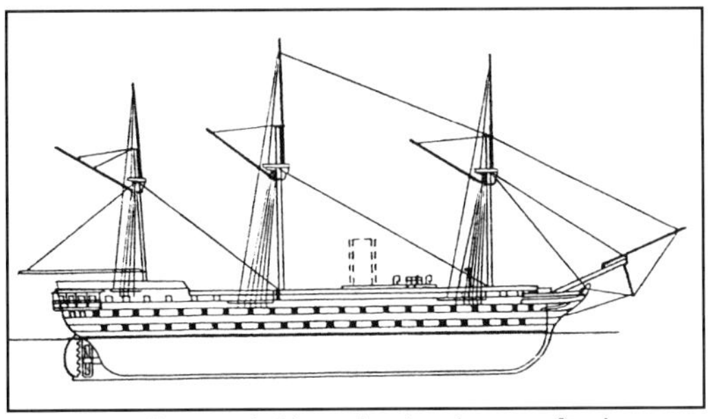

Für die Artillerieausbildung kaufte die preußische Marine 1870 das alte britische Linienschiff RENOWN.

Ihre von Tirpitz in Ermanglung von Kriegsschiffen eingeführte Nutzung bei Manövern führte nicht nur zu ihrem Ausfall für die Ausbildung sondern brachte meist auch längere Werftzeiten mit sich, da durch die erhöhten Anforderungen besonders an den Maschinen Schäden auftraten. Kriegsschiffe operierten also in den Manövern gemeinsam mit den Schulschiffen. Man fuhr, sagte man, gleichzeitig mit Kutsch- und Ackerpferden. Mit der Realisierung des Flottengesetzes von 1900 standen zunehmend vollwertige Kriegsschiffe zur Verfügung.

Die Artillerieausbildung war sowohl für ältere Offiziere als auch für junge Leutnants und Fähnriche (vor 1900 Seekadetten), für Seekadetten (vor 1900 Kadetten) sowie für Mannschaften erforderlich – ein umfangreiches Programm, das den Einsatz weiterer Schiffe erzwang. Als ständiger Begleiter für MARS ist der Tender HAY zu nennen, der erst 1936 durch BRUMMER ersetzt wurde und somit fast 30 Jahre lang der Ausbildung diente. Die Marineleitung nahm jedoch auch, mitunter kurzfristig, aktive Kriegsschiffe aus der Flotte, um sie als Artillerie-Schulschiffe zu verwenden.

Es muß noch einmal auf das Torpedo-Schulschiff BLÜCHER eingegangen werden, das sofort nach der Fertigstellung nach einem entsprechenden Umbau als Versuchsschiff für die in Österreich neu entwickelte Torpedowaffe und ein Jahr später als Schulschiff in Dienst ging. 1886 erfolgte die Zuordnung der BLÜCHER zur neugebildeten Inspektion des Torpedowesens. In dieser Funktion nahm sie 1887 an der Flottenparade anläßlich der Grundsteinlegung des Nord-Ostsee-Kanals teil. Als die Torpedo-Inspektion 1902 in Mürwik eine Ausbildungsbasis erhielt, verholte BLÜCHER dorthin als stationäres Schulschiff, um nach der Außerdienststellung 1906 als Hulk für die Unterbringung der Lehrgangsteilnehmer zu dienen. An ihre Stelle trat das frühere Panzerschiff WÜRTTEMBERG (gebaut 1878).

Am 6. November 1907 ereignete sich auf BLÜCHER eine schwere Kesselexplosion, 16 Tote und 18 Schwerverletzte waren die traurige Bilanz. Die umfangreichen Beschädigungen führten am 29. Februar 1908 zur endgültigen Außerdienststellung. Als Wohnhulk stellte die Marineleitung das ehemalige Panzerschiff KAISER zur Verfügung, das in URANUS umbenannt wurde.[45]

Der 1908 gebaute Panzerkreuzer BLÜCHER II wurde jedoch weniger als zeitweiliges Artillerie-Schulschiff (1911–1914) als vielmehr durch seinen Untergang am 24. Januar 1915 in der Schlacht auf der Doggerbank bekannt.

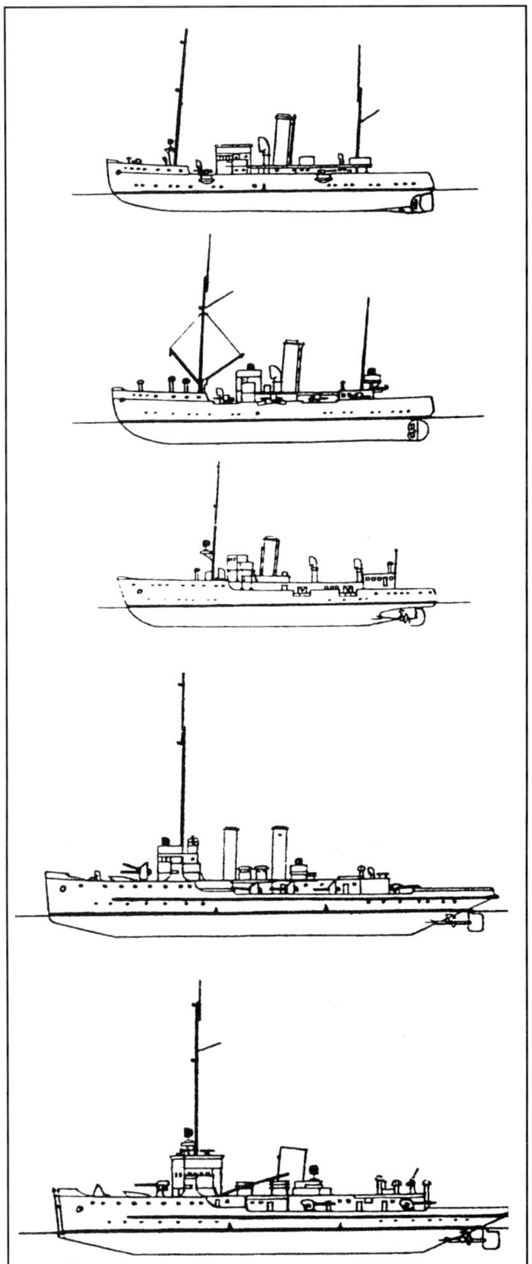

Die Tender der Artillerie-Schulschiffe befanden sich viele Jahre lang im Einsatz: Fuchs 1906–1928, Hay 1907–1932, Delphin 1906–1925, Drache 1908–1945.

Ab 1858 ließ die preußische Marine fünf Gedeckte Korvetten bauen, deren Typschiff die mehrfach genannte ARCONA war, das ab 1869 als Kadetten-Schulschiff diente. Die Schwesterschiffe erhielten die Namen GAZELLE, VINETA, HERTHA und ELISABETH. Nach der Reichsgründung sollten sie aus dem aktiven Dienst genommen werden und durch die moderneren Schiffe der BISMARCK-Klasse im Rahmen des Flottengründungsplanes von 1872 ersetzt werden. Nur ARCONA erfuhr eine Weiterverwendung als Schulschiff. Ab 1887 wurde ELISABETH als Hulk für die Ausbildung der Heizer und Maschinisten verwendet. Der Einsatz der Korvette HERTHA als Seekadetten-Schulschiff wird von Admiral Scheer[46] beschrieben, der von 1880 bis 1882 dort seine Seekadettenreise absolvierte. Nicht nur sein Bericht über die Reise selbst sondern auch seine Äußerungen über den Ausbildungsprozeß sind bemerkenswert.

Die Korvetten der BISMARCK-Klasse entstanden in den Jahren von 1875 bis 1880 (BISMARCK, STOSCH, MOLTKE, STEIN und GENEISENAU). Als fregattgetakelte Schiffe verfügten sie über 2419-PS-Maschinen, die ihnen eine Geschwindigkeit von 12 Knoten gaben. Außer BLÜCHER gingen die Schiffe in den aktiven Dienst, wurden hauptsächlich im Ausland eingesetzt und nahmen an der Eroberung der Kolonien teil. Für den Auslandsdienst sehr wohnlich eingerichtet, war ihr Einsatz als Schulschiffe für den Offiziers- und Unteroffiziersnachwuchs ohne größere Schwierigkeiten und Umbauten möglich. Ihr gutes Seeverhalten unterstrich diese Weiterverwendung: GNEISENAU ab 1887, STOSCH und STEIN ab 1888 sowie MOLTKE ab 1891. Viele repräsentative Aufgaben hatten sie auch als Schulschiffe zu erfüllen.

Gedeckte Korvette STEIN fuhr 1886 als Seekadetten-Schulschiff.

Als MOLTKE 1900/01 auf Mittelmeer-Reise war, mußte, als das Schiff in Beirut lag, im Auftrag des Kaisers am Grabe des Sultans Saladin in Damaskus am 11. Dezember 1900 ein Kranz niedergelegt werden. Anschließend lief es nach Konstantinopel (Istanbul), um dort dem regierenden Sultan ein Geschenk des Kaisers zu überbringen – notwendige Repräsentation eines Schulschiffes der Kaiserlichen Marine.

MOLTKE wurde 1908 aus der Fahrt genommen und am 24. Oktober 1910 aus der Schiffsliste gestrichen. Danach erfolgte der Einsatz bis 1918 als Beischiff der U-Boote unter Umbenennung in ACHERON.

So trugen diese Gedeckten Korvetten die Hauptlast einer erweiterten Ausbildung und fuhren bis 1907 (STOSCH) bzw. bis 1908 (MOLTKE und STEIN) in dieser Funktion. Nur GNEISENAU schied früher aus. Am 16. Dezember 1900 lag sie nahe der Hafeneinfahrt von Malaga vor Anker, als ein schwerer Sturm aufkam. Der Versuch, die Maschine anzuwerfen, mißlang, auch war ein Freisegeln wegen des unzureichenden Seeraumes nicht möglich – das Schiff strandete. Leider waren 40 Tote zu beklagen.

Zu diesem Zeitpunkt bestand die Besatzung unter dem Kommandanten Kapitän zur See Kretschmann aus 14 Seeoffizieren, 49 Seekadetten, einem Offizier der Marine-Infanterie, einem Marine-Ingenieur, zwei Ärzten, einem Zahlmeister, einem Geistlichen und 380 Unteroffiziere und Mannschaften, das heißt aus Deckoffizieren, Unteroffizieren der Decks- und Maschinenbereiche, Matrosen, Heizern sowie Schiffsjungen.

In den Jahren des Einsatzes dieser Schiffe – nur BISMARCK wurde nicht als Schulschiff genutzt und 1892 außer Dienst gestellt – wurden auf ihnen die vorgegebenen Programme vorbildlich realisiert und den Kadetten, Seekadetten und Schiffsjungen eine solide Ausbildung gesichert. Jährlich waren das 200 Seekadetten (ab 1900 Fähnriche), die vor dem Besuch der Marineschule ihre Fahrenszeit absolvierten, sowie 800 bis 1000 Schiffsjungen, denen hier die »Seebeine wuchsen«. Heimathafen aller Schulschiffe, die der Bildungs-Inspektion unterstanden, war Kiel-Friedrichsort.

Die Stammbesatzungen wurden sorgfältig ausgewählt. Als Kommandant wirkte ein Fregattenkapitän oder - wie im Falle der Gneisenau – ein Kapitän zur See. Der älteste Kapitänleutnant war 1. Offizier, und die nächsten drei Offiziere dieses Ranges waren Navigator, Chef der Artillerie und Verantwortlicher für die Ausbildung. Dem Navigator ordnete man vier Oberleutnants als Wachoffiziere zu, während weitere vier bis sechs Leutnants die anderen Ressortleiter unterstützten.

Nach dem aktiven Einsatz vereinfachte man die Vollschifftakelung der großen Schulschiffe der BISMARCK-Klasse, mit der dennoch alle Segelmanöver geübt werden konnten. Jeder Kadett oder Schiffsjunge kannte seine Wache, denn beim Aufsteigen erhielt er eine Schiffsnummer – mit einer geraden Zahl gehörte er zur Backbordwache, mit einer ungeraden reihte er sich in die Steuerbordwache ein. Jede Wache teilte sich in zwei Halbwachen, von denen wiederum je zwei ein Quartier bildeten. Am Oberärmel der Kleidungsstücke trugen die Schüler zusätzlich einen roten bzw. grünen Streifen, die ihre Zugehörigkeit zur Backbord- bzw. Steuerbordwache äußerlich sichtbar machten.

Wenn die Schulschiffe STOSCH, MOLTKE und GNEISENAU am Schluß der Kieler Woche zu den neumonatigen Reisen nach Westindien, Südamerika oder in das Mittelmeer ausliefen, hatten sie jeweils 40 Seekadetten, drei bis vier Anwärter für das Marine-Schiffbaufach sowie 70 Schiffsjungen des zweiten und 140 Schiffsjungen des ersten Lehrjahres an Bord.

Es war für alle Jungen – ob Kadetten oder Schiffsjungen – ein beeindruckendes Erlebnis, wenn sie endlich an Bord kamen. Obwohl die Schiffsjungen noch keine Soldaten waren, begann nun ein Soldatenleben, das sich nicht nur auf das Bordleben überhaupt sondern auch auf Geschützexerzieren und militärischen Drill erstreckte. Bereits morgens ging es los, die Spielleute zogen mit Trommeln und Pfeifen durch die Decks und sangen den Weckruf aus:

Seesoldat, Seesoldat, stehe doch auf
und zurre die Hängematte und bringe sie rauf,
denn kommst Du nicht zur rechten Zeit,
so kriegst Du drei Stunden Strafarbeit.

Darauf folgte der Ruf des Wachtmeisters:

Reise, reise überall, zurrt Hängematten!
Einer stößt den andern an,
jeder purrt den Nebenmann!
Wollt Ihr raus! Wollt Ihr raus! Wer liegt noch?

Aber es machte viel mehr Spaß, nach dem Aufstehen immer höher in den Mast zu steigen, bis schließlich jeder Tag mit einer Partie »über die Toppen« begann – erst dann erfolgten »Reinschiff« und Frühstück.

Trotz einer harten Ausbildung auf diesen Schiffen gab es auf langen Reisen auch Freizeit. Zwei Spiele, so heißt es in den Berichten aus dieser Zeit, waren sehr beliebt und konnten in größeren Gruppe veranstaltet werden: das »Frischwachspiel« und der »Schuhzeck«. Ersteres ist nichts anderes als das sogenannte »Schinkenkloppen«, wie es früher auch bei den Kindern an Land bekannt war. Zum Schuhzeck setzten sich die Jungen im Kreis an Deck, zogen die Beine an und schoben unter den hochgestellten Knien einen Schuh hindurch, den der in der Mitte kniende Junge erobern mußte. Dabei sangen sie das Liedchen: »Stiefel, Stiefel du mußt wandern ...« Auch das kannten die Kinder an Land.

Aber die erste Reise hatte auch ihre Schattenseiten. Spätestens im Skagerrak brachten die meisten Jungen ihr »Opfer« – Seekrankheit war angesagt. Bis auf den heutigen Tag hilft da nur Arbeitstherapie. Damals kam unter diesen Bedingungen das Kommando »Alle Mann – klar zum Manöver!« Vielleicht wurden die breiten Marssegel gerefft, damit die leicht angeschlagenen Jungen nicht zu hoch in die Masten zu steigen hatten. Bald war die Seekrankheit überwunden, die Welt sah wieder freundlicher aus.

Die langen Reisen sicherten nicht nur eine ordnungsgemäße Ausbildung sondern ermöglichten es auch, ein beachtliches Stück von der Welt zu sehen.

Die gedeckte Korvette SOPHIE fuhr 1884 bis 1899 als Schiffsjungen-Schulschiff.

Zur Realisierung des Flottengründungsplanes von 1872 entstand in den Jahren 1880 und 1881 ein Gruppe kleinerer Korvetten (leichte Kreuzer) mit den Namen CAROLA, OLGA, MARIE und SOPHIE. Nach einer gewissen Fahrzeit in der aktiven Flotte übernahm sie die Bildungs-Inspektion. Nach zwölfjährigem Flotteneinsatz erfolgte 1893 der Umbau der Korvette CAROLA zum Artillerie-Schulschiff. 1904, also ein Jahr vor der Außerdienststellung, war übrigens Joachim Ringelnatz, der Autor vieler Seemannsgedichte, als Einjährig-Freiwilliger zu einem Lehrgang auf diesem Schiff.

Die drei übrigen Schiffe der Gruppe (siehe Tabelle 6) fuhren als Schulschiffe für Schiffsjungen, Kadetten oder Seekadetten. 1885 liefen zwei Schiffe vom Stapel, die als Schulschiffe von sich reden machten, weil mit ihnen der Einsatz von Segelschiffen für die Ausbildung in der Kaiserlichen Marine vorläufig beendet wurde, es waren das die Gedeckte Korvette CHARLOTTE und die Glattdeckkorvette NIXE.

Das letztgenannte Schiff war bis 1894 als Auslandskreuzer eingesetzt und wurde dann als Schiffsjungen-Schulschiff der Ausbildung zur Verfügung gestellt. Auf NIXE war Platz für 125 Schiffsjungen. Das Vollschiff hatte eine Segelfläche von 1579 Quadratmetern und eine Maschine von 733 PS. Von 1900 ab nutzte man den nun 15 Jahre alten Segler als Wohnschiff, um ihn 1916 abzubrechen.

Als NIXE 1894 zur Bildungs-Inspektion kam, wurden Auffassungen laut, die sich gegen den Einsatz von Schulschiffen richteten. Die Gegner argumentierten, daß die Seeleute auf den Schiffen auszubilden seien, auf denen sie später kämpfen sollten. Ähnliche Argumente gab es damals auch in der Handelsflotte, weil die Ausbildung auf den Segelschulschiffen des sich bildenden Schulschiff-Vereins nicht praxisnah genug sei.

CAROLA, ein Schwesternschiff der SOPHIE, war 1893 bis 1905 Artillerie-Schulschiff.

CHARLOTTE wurde nach dem Auslandsdienst von 1897 bis 1909 als Kadetten- und Schiffsjungen-Schulschiff verwendet. Die Besatzung bestand aus 20 Offizieren und 436 Mann einschließlich der 50 Kadetten und 230 Schiffsjungen. Mit diesem Schiff endete 1909 die Segelschiffsausbildung, die erst 1924 mit der NIOBE wiederbegann.

Auch CHARLOTTE wurde von 1897 bis 1909 als Schulschiff für Schiffsjungen eingesetzt.

Es ist noch eine Schiffsgruppe zu nennen, zu der die Großen Kreuzer FREYA, VICTORIA, LOUISE und HANSA gehörten, die 1897 und 1898 vom Stapel liefen und von 1907 bis 1909 als Schulschiffe Verwendung fanden. Ab 1914 versahen sie den Küstenschutz, um nach dem Kriege verschrottet zu werden.

Wie aus den Tabellen 6 und 7 zu ersehen ist, blieben mehrere ältere Fahrzeuge für die Ausbildung in Fahrt oder wurden stationär genutzt. Abschließend sei die Panzerfregatte KÖNIG WILHELM erwähnt, die von 1865 bis 1869 auf der Werft Thames Iron in London gebaut wurde. Die sehr lange Bauzeit ist auch darauf zurückzuführen, daß dieses für seine Zeit mächtigste Kriegsschiff als FATIKH für die türkische Marine vorgesehen war. Noch während der Bauphase kauften es 1867 die Preußen und ließen es nach ihren Vorstellungen vollenden. Es wurde am 20. Februar 1869 in die Kriegsmarine des Norddeutschen Bundes eingereiht, um bis 1904, mehrere Male umgebaut und erneuert, aktiv in der Flotte zu dienen. Dann nutzte man es als Hafenschiff sowie als stationäres Exerzier- und Wohnschiff für Schiffsjungen. Der höhere Bedarf an Seeleuten ab 1914 führte dazu, daß KÖNIG WILHELM zur weiteren Verwendung nach Mürwik verlegt wurde. Erst 1921 erfolgten Außerdienststellung und Abbruch.

Die Bezeichnungen der Dienstgrade für die Offiziersschüler der Schulschiffe und die zentralen Schulen der Bildungs-Inspektion änderten sich 1900: der frühere Kadett, der mit 17 oder 18 Jahren eintrat, hieß nun Seekadett. Früher war ein Seekadett ein Schüler, der nach der großen Schulschiffsreise eine Seekadetten-Prüfung ablegte, um die Marineschule zu besuchen. Nun hieß er Fähnrich.

Die Strukturierung der Ausbildung in der Kaiserlichen Marine des Deutschen Reiches hatte um 1900 einen gewissen Abschluß erreicht. Die größer werdende Zahl der Schulschiffe, ihre Spezialisierung sowie einige Vereinfachungen in der Ausbildungsorganisation zeigten den kommenden Krieg an.

Segelschiff oder Dampfer

Mit der Reichsgründung kam es zu einer stürmischen Weiterentwicklung der Handelsflotte auf der Grundlage der vorhandenen Strukturen in den deutschen Küstenstaaten. Das betraf sowohl die Werften als auch die Reedereien. Gleichzeitig waren diese Jahre durch den Übergang zur Dampfschiffahrt geprägt, der sich in der Kriegsmarine früher und schneller vollzog als in der Handelsschiffahrt. Die Handelsflotte des Norddeutschen Bundes wurde als einheitliche deutsche Flotte unter der schwarz-weiß-roten Flagge in das Deutsche Reich übernommen.

Die Entwicklung der Großsegler erreichte in dieser Zeit eine neue Qualität, es begann die letzte Phase ihrer Existenz. So gin-

Hoher Besuch auf dem Schulschiff CHARLOTTE 1901, die Kaiserin begrüßt die Offiziere.

gen die Schiffbauer und Reeder nach 1875 zielstrebig dazu über, den länger und schlanker werdenden Segelschiffen einen vierten Mast zu geben. Der Übergang zu den stolzen Viermast-Rahschiffen erfolgte jedoch nur zögernd, denn bis 1865, im Verlaufe von 64 Jahren, wurden nur 13 Schiffe dieses Typs gebaut. Insgesamt sind von 1801 bis 1931 in der Welt 439 Viermast-Rahschiffe und sieben Fünfmast-Rahschiffe gebaut worden, die als Krönung des Segelschiffbaues betrachtet werden müssen.[47] Die immer stärker aufkommenden Dampfschiffe forderten die verbliebenen Segelschiffswerften heraus. Noch führten die Werften Großbritanniens, denn 1881 wurde dort das erste Stahlschiff, die Bark CARLESTON, von 1381 BRT gebaut. Ingenieure dieses Landes, Bessemer und Thomas, hatten Verfahren zur Gewinnung von Stahl aus Roheisen entwickelt. Der neue Werkstoff gestattete dem Schiffbau im Zusammenhang mit verbesserten Walzverfahren weitergehende Möglichkeiten als das Eisen. Aber in Großbritannien und Frankreich ließ das Interesse an Segelschiffen sehr schnell nach, man setzte dort konsequenter auf die Dampfer.

1887 begannen deutsche Werften ebenfalls, Schiffe aus Stahl zu bauen, dabei sind an erster Stelle Blohm & Voss in Hamburg sowie Tecklenborg in Geestemünde zu nennen. Aber auch die Rostocker Neptun-Werft ging den 1854 begonnenen Weg weiter und baute – um zwei Beispiele anzuführen – 1889 die Bark SELENE und das Vollschiff SENATOR VERSMANN für Hamburger Reeder.

Die zweite Hälfte des 19. Jahrhunderts wird oft als die Blütezeit der Segelschiffahrt überhaupt und der Tiefwassersegler speziell angesehen. Die Entwicklung der Dampfschiffahrt verlief anfangs recht zögernd, so daß Dampfer zu Seglern umgebaut wurden. Das war meist gar nicht schwierig, weil die komplette Takelage vorhanden war und durch den Ausbau der Maschine wertvoller Transportraum entstand. Es gibt zahlreiche Beispiele solcher »converted steam-ships«. Schiffbauer, Reeder und Seeleute ließen sich sehr viel einfallen, um durch technische Veränderungen auf den Segelschiffen einen hohen Grad der Rationalisierung des Schiffsbetriebes zu erreichen und die Sicherheit zu erhöhen. Schon die Tatsache, daß die Barktakelung sowohl die Baukosten als auch den Bedienungsaufwand senkte, führte zur Bevorzugung der Barkschiffe. Zwar wurden immer wieder hohe Takelagen aufgetürmt und über den Bramsegeln noch Royal- und sogar Skysegel gefahren, aber die Leinewandpyramiden gefährdeten die Sicherheit von Schiff, Ladung und Besatzung. Havarien durften sich die Reeder nicht leisten, wenn sie konkurrenzfähig bleiben wollten.

Zur Vermeidung von Übertakelungen ließ man immer häufiger die obersten Segel weg und verlängerte dafür die Rahen, um die Segelflächen konstant zu halten. Die Segelschwerpunkte lagen tiefer und günstiger, die Segel konnten bei schwerem Wetter länger stehen bleiben, und die Männer waren während der Arbeit weniger gefährdet. Schließlich setzte sich eine Takelage durch, die ein Segelschiff nicht mehr so schlank und elegant erscheinen ließ, es wirkte gedrungener. Sie war in Großbritannien entwickelt worden und erhielt die Bezeichnung »baldheaded rig« (Glatzkopftakelage). Erstes Schiff dieser Art war die Viermast-Bark DUCHALBURN (2058 BRT), die 1887 auf der berühmten Segelschiffs-Werft von Barclay, Curis and Co., in Grennock entstand. In die Gruppe der »Baldheader« gehört auch die heute als Museumsschiff in Mariehamn (Alands-Inseln) liegende Viermast-Bark POMMERN, 1903 in Glasgow als MNEME gebaut.

Übrigens bezeichnete man diese Takelage auch als »Jubilee-Rig«, weil 1887, im Jahr der Einführung, das 50. Regierungsjubiläum der britischen Königin Victoria gefeiert wurde. Die See-

Viermast-Bark POMMERN liegt als Museumsschiff in Marienhamn (Alands-Inseln) als Erinnerung an die letzte große Segelschiffs-Reederei Erikson.

leute der USA, an hohe, schlanke Takelagen der Klipper gewöhnt, nannten dieses Rig respektlos »poor man's rig« (Arme-Leute-Takelage).

Die Arbeit der »Männer vor dem Mast« blieb trotz aller technischer Neuerungen schwer, ja sie wurde schwerer, denn immer mehr Arbeit kam auf immer weniger Seeleute zu. Die Schiffe wurden größer, ihre Vermessung nahm von 1000 bis auf 5000 BRT zu. Kamen 1830 auf einen Mann, bezogen auf die Vermessung, 15 BRT, so waren es 1880 etwa 40 BRT und 1890 sogar 90 BRT, bei der PREUSSEN erreichte dieser Wert endlich 106 BRT.

Noch deutlicher wird die Relation Ladungsmenge–Mann: 1850 rechnete im Durchschnitt 25 Tonnen Ladung pro Besatzungsmitglied, 1910 waren es bereits 125 Tonnen. Die Rationalisierung auf den Großseglern ging also zu Lasten der »Männer vor dem Mast«, denn sie hatten auch die Lade-Lösch-Arbeiten zu erledigen.

Die dafür erforderliche moralische »Aufrüstung« der Seeleute ergab sich aus dem Kampf gegen die Dampfer, gegen die sogenannten »Smoke-Ewer«. Nur der Seemann auf den Segelschiffen wurde als vollwertig angesehen. So bildete sich in diesen Jahrzehnten eine auf vielen Gebieten übertriebene und nicht immer sachliche Überschätzung der Segelschiffe heraus, die schließlich zu einer Beibehaltung des 1887 entstandenen »Segelschiffs-Paragraphen« führte.

Natürlich verloren die Segelschiffe ihre Bedeutung nicht von heute auf morgen, noch konnten sie sich im harten Konkurrenzkampf mit den Dampfern behaupten, sie wurden größer, schlanker und schneller:

Baujahr	Typ	Name	Länge	Breite	L/B	BRT
1850	Bark	DEUTSCHLAND	50,0	9,8	5,5	876
1870	Bark	DOROTHEA	58,0	10,2	5,7	1 033
1885	Bark	BIRMA	69,3	11,6	5,9	1 550
1895	5-M-Bark	POTOSI	120,1	15,2	7,9	4 026
1902	5-M-Volls.	PREUSSEN	124,2	16,2	7,7	5 081

Bemerkenswert ist das Längen-/Breiten-Verhältnis, ausgedrückt im Faktor F, das deutlich zunahm und gegen »acht« strebte. »Meine Herren«, sagte einmal der berühmte Schiffbauer Dr. Claußen von der Tecklenborg-Werft, »die Stabilität liegt in der Länge.« Und nach der Regel »Länge läuft« wurden dann diese Schiffe gebaut. In den Fünfmast-Rahschiffen manifestierte sich diese Feststellung Claußens in beeindruckender Weise, die Geschwindigkeiten dieser Großsegler steigerten sich von etwa 10 auf nahezu 20 Knoten. Da konnten die Dampfer dieser Zeit noch nicht mithalten. Mit den genannten beiden deutschen Fünfmast-Schiffen der Reederei Laeisz sind offensichtlich obere Grenzen im Bau von Segelschiffen erreicht worden, größere Fahrzeuge waren nicht mehr handhabbar. So ist es kein Wunder, daß es auf der Welt nur sieben Fünfmast-Rahschiffe gegeben hat, die außer der PREUSSEN als Barkschiffe getakelt waren. Vier von ihnen segelten unter deutscher Flagge, zwei unter französischer für die Reedereien Bordes und Prentout, das kleinste Fahrzeug der Gruppe, die KJÖBENHAVN, war frachtfahrendes Segelschulschiff der dänischen Handelsmarine. Aus Tabelle 8 ist zu ersehen, daß alle Fünfmaster durch Unfälle verloren gingen, von den Besatzungen der MARIA RICKMERS und der KJÖBENHAVN fehlte jede Spur, die Besatzungen der anderen Schiffe konnten fast vollständig abgeborgen werden.

Die berühmtesten Tiefwassersegler gehörten zu Beginn des 20. Jahrhunderts der Reederei Ferdinand Laeisz in Hamburg, deren Schiffe Namen mit dem Anfangsbuchstaben »P« trugen, weshalb für sie die Bezeichnung »Flying-P-Liner« aufkam. Die POTOSI erwarb sich sogar die Ehrenbezeichnung eines »deutschen Wunderschiffes«.

Der ehemalige Bootsmann Charlie Müller beurteilte sie einmal wie folgt:[48] »Die POTOSI war für ihre Größe das handlichste Schiff, auf dem ich gefahren habe. Nie wurden wir auf der Freiwache herausgeholt. Die Wache konnte sie auch bei schwerstem Wetter allein bearbeiten. Die Segel ließen sich so dicht geien, daß sie schon festgemacht waren, wenn man nur die Gordings dicht holte. Kapitän Hilgendorf, der Teufel von Hamburg, war nicht leicht zufriedenzustellen, aber er war ein glänzender Kapitän und Navigator, und er wußte haargenau, wo der richtige Wind wehte. Wir gingen durch die Le-Maire-Straße (Feuerland) – für ein so großes Schiff eine gefährliche Sache, aber Hilgendorf wußte, was er wagen konnte: während der ganzen Reise fierten wir nie die Bramsegel weg. Natürlich war die Potosi ein nasses Schiff, und wenn sie durch die schweren Seen jagte, stand das Vor- und Achterdeck gestrichen voll.«

Diese Schilderung gibt Anlaß, einiges über Kapitän Robert Hilgendorf zu berichten, seinen Werdegang zum weltberühmten Segelschiffskapitän darzustellen, wie er in der zweiten Hälfte des 19. Jahrhunderts in der deutschen Handelsschiffahrt typisch war. Am 31. Juli 1852 im pommerschen Küstenort Schievelhorst am Ufer des Oderhaffs geboren, sammelte er auf dem Kutter seines Vaters, den er schon als Zwölfjähriger führen konnte, seine ersten seemännischen Erfahrungen. Später fuhr er auf Ostseeseglern, ehe er 1873 seine dreijährige Dienstzeit bei der Kaiserlichen Marine begann. Beeindruckend gestaltete sich schon sein erster Einsatz auf der Schraubenfregatte ARCONA, denn hier lernte er Dinge kennen, die ihm in der vergleichsweise bescheidenen Ostseefahrt verschlossen geblieben waren. Auf dem großen Kriegsschiff, das als Vollschiff mit 2000 Quadratmetern ein guter Segler war, erhielt er seine erste Ausbildung. Da er sehr wissensdurstig und einsatzbereit war, wurde er schnell befördert und verschaffte sich zahlreiche Einblicke in Theorie und Praxis, vor allem in der Navigation. Die ARCONA fuhr zu dieser Zeit bereits als Schulschiff, so konnte er auch wichtige Eindrücke in der Ausbildung und der Disziplin auf einem großen Schiff sammeln.

1876 legte er an der Navigationsschule Hamburg-Altona die Steuermannsprüfung ab, anschließend fuhr er auf der Hamburger Barkentine NAUTIK als Alleinsteuermann. Nachdem er 1879 die Schifferprüfung bestanden hatte, zog es ihn zu Laeisz. Nach eingehender Überprüfung durch Vater Ferdinand und Sohn Carl Laeisz wurde er eingestellt und erhielt sein erstes Kommando als Obersteuermann auf der hölzernen Bark PARNASS (646 BRT). 1881 übernahm er das Schiff als Kapitän und bewährte sich, so daß ihn Ferdinand Laeisz 1882 zum Kapitän seiner neusten Bark PARSIVAL (1075 BRT) berief. Aber bereits auf der dritten Reise sank das Schiff leckgeschlagen vor Kap Hoorn, die Besatzung ging in die Boote und wurde von der britischen Bark SARACA gerettet. In die Heimat zurückgekehrt übernahm er das Kommando über die Bark PROFESSOR und danach über die Bark PRIVAT. Hier passierte es Hilgendorf zum ersten und letzten Mal, daß er die Bramstengen des Fock- und Großmastes heruntersegelte. Aber er half sich aus eigener Kraft. Als er in Hamburg mit vollen Segeln einlief, hatte er dennoch eine schnelle Reise gefahren. Er behielt das Vertrauen des Reeders, der ihm die Führung weiterer Schiffe übergab: Vollschiffe PERGAMON (1447 BRT) und PALMYRA (1797 BRT) sowie die Viermast-Bark PLACILLA (2845 BRT). Mit dieser ersten Viermast-Bark der Laeisz-Reederei begründete er seinen Ruhm, denn bereits die erste Reise war ungewöhnlich schnell: 58 Tage vom Englischen Kanal nach Valparaiso. Auf den Meeren und in den Häfen fiel der Name Hilgendorf immer häufiger mit Hochachtung und Bewunderung. Er führte die ihm anvertrauten Schiffe, wie es die »Instruktionen« des Reeders Carl Laeisz vom Juni 1892 forderten. Es galt schon etwas, unter Hilgendorf gefahren zu haben, der viel von sich und seinen Männern verlangte, der auf Disziplin und Ordnung achtete, aber auch alles, was möglich war, für sie tat. »Harte Arbeit, aber gutes Essen«, war einer seiner Wahlsprüche. Er setzte jedoch auch seinen zweiten Wahlspruch konsequent durch: »Man kann nie zu wenig trinken – aber leicht zu viel.«

Hierbei traf er sich mit den »Instruktionen« seines Reeders: »Unbedingte Nüchternheit im Dienst setze ich bei meinen Capitainen als so selbverständlich voraus, daß ich kaum zu erwähnen brauche, daß ein einziger Fall, wo ein Capitain sich angetrunken zeigen sollte, ihn für mich unwiderruflich unmöglich macht. Auch verlange ich, daß der Capitain einen jeden Steuermann, welchen er einmal angetrunken oder auf Wache schlafend betrifft, mir sofort meldet, damit er entlassen und nicht wieder in meinen Dienst angestellt wird.«[49]

Respekt, Anerkennung und Hochachtung empfanden Steuerleute, Bootsleute, Matrosen und Schiffsjungen für »ihren Alten«, wenn sie ihn den »Düwel von Hamburg« nannten. Die Seeleute zwischen Sidney und London bezeichneten ihn als »The Flying German«. Wenn andere Kapitäne die Obermarssegel wegnahmen, ließ er noch beide Bramsegel stehen und rauschte vorbei. Das war nicht allein seinem Können zuzuschreiben sondern auch der wetterharten Takelage der Laeisz-Schiffe. Aber er kannte jeden Wind und nutzte ihn mit Raffinesse. Nie wagte er zuviel, aber immer ging er an die Grenze des Möglichen – daher die schnellen Reisen. Er segelte mit Kopf, mit der klaren Kenntnis über den Zusammenhang zwischen Luftdruckverteilung und Wind, oft bezeichnete man ihn als Wissenschaftler des Segelns. Seine Seeleute sagten, wenn er im Kartenhaus rechnete und Windbeobachtungen auswertete: »Nu is de Ohl wedder am Zaubern.«

Reeder und Kapitän hatten, als Hilgendorf die 3088 BRT große Viermast-Bark PITLOCHRY übernahm, schon ein noch größeres Schiff im Auge, die Fünfmast-Bark POTOSI. Natürlich übernahm sie Hilgendorf als Kapitän. Zehn Reisen hat er von 1895 bis 1901 mit ihr gemacht, immer schnelle Reisen. Auch hier entsprach er voll den Wünschen seines Reeders, in dessen »Instruktionen« es hieß: »Meine Schiffe können und sollen schnelle Reisen machen; daraus folgt, daß auch alles, was hierzu an Bord notwendig ist als Riggen, Segel, Tauwerk etc. vollständig und im allerbesten Zustand sein muß ...«

1901 verließ Kapitän Hilgendorf nach 22 Jahren die Reederei Laeisz und blieb an Land als nautischer Sachverständiger der Handelskammer. Von seinem 50. bis 75. Lebenjahr versah er dieses Amt, ehe er 1927 in den verdienten Ruhestand trat. Am 4. Februar 1937 starb er, der 66mal das Kap Hoorn umrundet hatte, einer der legendärsten Seeleute der Welt.[50]

Die oft gebrauchte Bezeichnung »Tiefwassersegler«, die am Ende des 19. Jahrhunderts aufkam, hängt mit einer älteren Verordnung zusammen, nach der ein »Heuervertrag bei Fahrten im Atlantik zwei Jahre, bei Fahrten über die beiden Kaps hinaus drei Jahre galt«.[51] Diese Tiefwassersegler galten zumeist als schöne, zweckmäßige und schnelle Schiffe. So benötigte die auf der Neptun-Werft in Rostock gebaute Bark PARMA, ebenfalls ein P-Liner, im Jahre 1905 unter Führung des Kapitäns Schröder für die Reise von Hamburg nach Valparaiso nur 61 Tage. Auch die bereits erwähnte, ebenfalls bei »Neptun« gebaute stählerne Bark SELENE segelte schnell, die Strecke vom Englischen Kanal bis Iquique legte sie 1892 unter Kapitän Israel in nur 67 Tagen zurück. Das war im Zeitraum zwischen 1890 und 1895 die zweitschnellste Zeit, nur POTOSI unter Kapitän Hilgendorf war 1895 um einen Tag schneller.

Die leistungsfähigen deutschen Segelschiffswerften bauten

Der Deutsche Schulschiff-Verein setzte ab 1901 das Vollschiff GROSSHERZOGIN ELISABETH als Segelschulschiff ein, es war 1945 an Frankreich abzuliefern.

Schiffe für die bekanntesten Reedereien, von denen einige noch heute als Museumsschiffe schwimmen und viele zu ihrer Zeit als Segelschulschiffe eine große Rolle spielten. Sie waren eine gelungene Komposition von maximaler Leistungsfähigkeit und großer Stabilität bei hoher Geschwindigkeit ohne übermäßig hohe Takelagen.

1913 gab es im Deutschen Reich 32 Reedereien, die über insgesamt 143 Tiefwassersegler verfügten, das waren 88 Barken, 54 Vollschiffe und eine Barkentine (siehe Tabelle 9).[52]

Die Reederei Rickmers, auf deren Werft viele bekannte Segelschiffe gebaut worden waren, hatte zu diesem Zeitpunkt bereits auf Dampfschiffe umgestellt und nur noch die Viermast-Bark RENÉ RICKMERS und die Fünfmast-Bark R. C. RICKMERS in der Fahrt, um damit den eigenen Offiziersnachwuchs auszubilden.

Der Norddeutsche Lloyd Bremen, damals eine reine Dampfschiff-Reederei, hatte 1901 und 1902 zwei bei Rickmers gebaute frachtfahrende Segelschulschiffe in Dienst gestellt: HERZOGIN SOPHIE CHARLOTTE (gebaut 1895) und HERZOGIN CECILIE (gebaut 1902).

Zu den 32 Reedereien zählte man auch den Deutschen Schulschiff-Verein, der 1913 über die Segelschulschiffe GROSSHERZOGIN ELISABETH (gebaut 1901) und PRINZESS EITEL FRIEDRICH (gebaut 1909) verfügte. Das dritte Segelschulschiff, die Bark GROSSHERZOG FRIEDRICH AUGUST, wurde erst 1914 fertiggestellt. Diese drei Schiffe dienten nur der Ausbildung und fuhren keine Fracht.

Damit endete die eigentliche Segelschiffszeit, wenn sich auch noch einige »Stützpunkte« hielten oder, wie das durch Erikson auf den Alands-Inseln geschah, neu bildeten.

Viermast-Bark HERZOGIN CECILIE war ab 1902 frachtfahrendes Segelschulschiff des Norddeutschen Lloyd Bremen.

Der Segelschiffsparagraph

Beschäftigt man sich mit der Ausbildung von Seeleuten nach der Reichsgründung und vor allem mit dem Einsatz von Segelschulschiffen ab 1900, so muß man die maritime Gesetzgebung dieser Zeit beachten. Bereits zur Zeit des Norddeutschen Bundes entstanden durch die Gewerbe-Ordnung vom 21. Juni 1869[53] einige Grundlagen für die Ausbildung, die nach 1871 weiterhin galten. Im § 31 heißt es im Abschnitt über Gewerbetreibende: »Seeschiffer, Steuerleute und Lootsen müssen sich über den Besitz der erforderlichen Kenntnisse durch ein Befähigungszeugnis der zuständigen Verwaltungsbehörde ausweisen.«

Von den im Titel VII der Gewerbe-Ordnung für »Gewerbegehülfen, Gesellen, Lehrlinge, Fabrikarbeiter« ausgewiesenen Maßnahmen waren die einfachen Seeleute jedoch ausgeschlossen, sie hatten keinen Lehrlingsstatus. Der »Mann vor dem Mast« blieb ein angelernter Transportarbeiter, erlernte seinen »Beruf« im Prozeß der Arbeit. Der »Moses« war der Anfänger und damit letzter Mann an Bord. Die Besatzung hatte sich dem Diktat des Kapitäns, des »master next god«, zu unterwerfen, er besaß das Recht, vom Seemann »unweigerlichen Gehorsam« einzufordern.

Freilich gab es Fälle, wo Härte in der Durchsetzung der Disziplin erforderlich war, aber das hing sehr oft vom Ruf und von den Maßnahmen der Reederei ab. Villiers charakterisierte den Seemann der Segelschiffszeit und seine Lage wie folgt: »Ohne Stempel und Papiere, ohne Paß und deshalb für die Behörden in den Hafenstädten ein lästiges Ärgernis, falls nicht gleich ein ›verdächtiges Subjekt‹ – so war mancher Mann im Schiffsvolk aller Rassen zur Schiffahrt sozusagen verdammt. Er hatte keine Chance, an Land fußzufassen, und durfte schon froh sein, wenn ihm die Gendarmen an Land keine Scherereien machten.«[54]

Die Seemannsordnungen von 1872[55] und 1902[56] trugen dieser Tatsache weitgehend Rechnung – vom Heuerabzug bis zum Freiheitsentzug gab es alle Möglichkeiten der Bestrafung.

Wegen des »unregelmäßigen Wechsels von Arbeitsort und Arbeitszeit« blieben Seeleute von der Ausbildung ausgeschlossen. Renommierte Reedereien wählten selbst die einfachen Seeleute sorgfältig aus, auch wenn sie keine Chance hatten, Offizier zu werden. »Schiffsjungen werden nur angenommen, wenn ich sie selbst angenommen habe; ich nehme nur am Wasser aufgewachsene Söhne von Seefahrern; solche kann nur der Capitain empfehlen«, das war die Auffassung von Carl Laeisz in seinen »Instruktionen«. Weiterhin heißt es darin: »Angesichts der heutigen sozialdemokratischen Neigung unter den Mannschaften hat der Capitain sich großer Vorsicht in der Behandlung der Leute zu befleißigen und darauf zu achten, daß die Steuerleute hierin vernünftig handeln. Die Disziplin an Bord muß unter allen Umständen aufrechterhalten werden, aber mit Takt und Ruhe geht es besser als mit roher Gewalt.«[44] Wenn man bedenkt, daß Laeisz bei seinen sozusagen »handverlesenen« Besatzungen solche Weisungen herausgab, dann kann man sich vorstellen, welche Befürchtungen andere Reeder haben mußten.

Die niedrigbesetzten Schiffe am Ausgang der Segelschiffszeit erzwangen nicht nur eine hohe Disziplin sondern auch harte, gefährliche Arbeit. Der Personaleinsatz war eng kalkuliert, Viermast-Barken von 3000 BRT hatten nicht mehr als 34 Mann an Bord. Der Segelschiffsmatrose konnte sich nicht auf gewerkschaftliche Berufsorganisationen stützen, wie sie im letzten Drittel des 19. Jahrhunderts an Land bereits bestanden. Bis in das 20. Jahrhundert hinein definierten Soziologen die Seeleute deshalb als eine »randständige Gesellschaft«.

Der Übergang von der Segel- zur Dampfschiffahrt verlief durchaus nicht konfliktlos, besonders in Deutschland dominierte das Bewußtsein, daß die Männer auf dem Dampfern ja eigentlich keine rechten Seeleute seien. Die Einschätzung vom »eisernen Matrosen« auf den hölzernen Schiffen, die denen auf den »eisernen Schiffen« gegenübergestellt wurden, zeigt eine völlig überholte Grundeinstellung. Die anderen Schiffahrtsnationen, besonders Großbritannien und Frankreich, hatten sich längst von der Segelschiffahrt getrennt. Oft wurde in Deutschland der Dampferkapitän mit einem Lokführer verglichen, man hielt den Dienst auf den Dampfern für unpersönlich und eines Seemannes für unwürdig – und dann verfluchte man die modernen Maschinen und beschwor die »gute, alte Zeit«.

Die Küstenbevölkerung ziehe sich aus diesen Gründen von der Seefahrt zurück, es entstünde eine »Seeflucht«, wie es bei den Bauern eine »Landflucht« gegeben habe. Traditionen würden verfallen, eine Berufsehre existiere nicht mehr, Offizier würde einer nur, um an Land eine brauchbare Stellung zu ergattern. »Früher«, schreibt Vogel[57], »war es selbstverständlich, daß jeder als einfacher Matrose anfing, und daß er, wenn er Intelligenz, Mittel (wozu die Heuerersparnisse ausreichten) und Willen besaß, zum selbständigen Schiffsführer aufrücken konnte. Wenn er das nicht wollte, oder wem es nicht glückte, der fuhr oft lange zur See in der Art gehobener Matrosenstellung oder als Zimmermann, Bootsmann usw. Diese Leute bildeten die Elite der Seeleute, die in dieser Stellung zufrieden waren.«

Aus solchen Äußerungen läßt sich ein tragisches Unverständnis für den wirtschaftlichen und technischen Fortschritt auch in der Schiffahrt erkennen, den nicht jeder nachvollziehen konnte. So bildete sich die Auffassung heraus: Nur wer auf einem Segelschiff seine Fahrenszeit begonnen oder wenigstens für eine gewisse Zeit auf einem solchen gefahren habe, sei der bevorzugte Mann.

Nimmt man den »Ratgeber für die Berufswahl – Heft Seemann der Handelsflotte« des Jahres 1910 zur Hand[58], wird als wesentliche Änderung gegenüber der »reinen Segelschiffszeit« die Tatsache der Spaltung der Besatzung in zwei Gruppen, nämlich in die normalen Seeleute und die nicht aus ihnen hervorgegangenen Offiziere, erläutert. Zu letzteren kommen dann noch das Maschinenpersonal und das Aufwartepersonal.

Aus diesen hier skizzierten Auffassungen und Positionen entwickelte sich in Deutschland ein Standpunkt, der sich später negativ auf die Ausbildung und Besetzung der Schiffe auswirken sollte: es entstand der sogenannte »Segelschiffsparagraph«. Im § 8 der »Bekanntmachung, betreffend den Nachweis der Befähigung als Seeschiffer und Seesteuermann« vom 6. August 1887 wurde gefordert, daß vor dem Besuch der Navigationsschule eine Fahrzeit von 24 Monaten als Vollmatrose liegen müsse, von denen zwölf Monate auf einem Großsegler zu absolvieren waren.[59] Zu diesem Zeitpunkt entsprach die Festlegung den aktuellen Bedingungen, aber leider wurde sie fast bis zum Beginn des Zweiten Weltkriegs weitergeschleppt.

Es geht bei dieser Erörterung keineswegs darum, den Wert eines Segelschulschiffes für die Ausbildung auch in der heutigen Zeit zu bestreiten, das Gegenteil ist der Fall. Sie bleiben Charakterschulen und sind wichtige Bestandteile der Ausbildung auch – oder gerade – in der Zeit weitgehend technisierter und automatisierter Schiffe. Es war jedoch unverantwortlich, diese überlebte Forderung in der strikten Art noch aufrecht zu erhalten, als die Segelschiffe im Schiffsverkehr kaum noch eine Rolle spielten.

Es besteht hier nicht die Möglichkeit, auf Einzelheiten – positive und negative – einzugehen, die diesen oft absurden Standpunkt umgaben. Es genügt, auf die Verhandlungen des V. Deutschen Schiffahrtstages am 31. März und 1. April 1913 in Berlin hinzuweisen, als es um die »unlauteren Stellenvermittlungen der Schiffsjungen«, die sich daraus ergaben, ging.[60]

Ausbildungswege in der Handelsflotte

Im »Ratgeber«[61] sind, wie in ähnlichen anderen Schriften,[62] die Möglichkeiten dargestellt, die ein Junge hat, der zur See fahren will. Zuerst wird festgestellt, daß die Laufbahnen in der Kriegsmarine unleugbar manche Vorteile böten, »vorausgesetzt, daß sie ihm nach seiner Vorbildung bzw. seinen Geldmitteln überhaupt zugänglich sind«. Die Differenz zwischen dem Seeoffizier der Kaiserlichen Marine und dem der Handelsflotte wird dabei keineswegs umgangen: »Wer es in der Marine zu nichts brachte, weil der Mann eben keine militärische Natur ist, kann ein hervorragender Handelsschiffskapitän werden.« Natürlich muß der Zivilseemann seiner Wehrpflicht entsprechend § 4 der Wehrordnung nachkommen und drei Jahre bei der Kaiserlichen Marine dienen. Wer es sich finanziell leisten konnte und später Offizier der Handelsmarine werden wollte, konnte die Militärzeit auf ein Jahr reduzieren (Einjährig-Freiwilliger).

Ferner wird darauf hingewiesen, die Jungen nicht zu früh aufs Schiff zu schicken, mit 16 bis 17 Jahren käme er immer noch früh genug. Damit wird in diesen Schriften also nur der zukünftige Schiffsoffizier angepeilt, denn die meisten Jungen gingen damals mit 14 Jahren in das Berufsleben – auch in der Handelsschiffahrt.

Abgesehen von moralischen und intellektuellen Vorbedingungen wie gute persönliche Eigenschaften und Charakterfestigkeit gab es Gesundheitsanforderungen, auf die besonders zu achten sei. Die Gefahren der Seefahrt werden deutlich dargestellt, um vor allen Dingen den aus dem Binnenland kommenden Bewerbern, die bereits zu dieser Zeit immer zahlreicher wurden, weil die »seemännische Bevölkerung« nicht mehr den erforderlichen Ersatz aufbringen konnte, einen möglichst treffenden Einblick zu geben.

Nachfolgend werden sechs Zugänge zur Handelsflotte angegeben:

Gewöhnliche Jungenlaufbahn

Die erste Seeausrüstung nebst Reise zum Liegeplatz des Schiffes, Gebühren und Unterkunft bis Anbordgehen kosteten bis zu 250,00 RM, im ungünstigsten Falle konnten es 400,00 bis 500,00 RM mehr sein. Wurde da eine Vermittlungsgebühr für einen Großsegler mit einbezogen? Ein Wustrower Kapitän meinte, daß es die sogenannten »Fünfhundertmarkjungen« gab, die sich einen direkten Weg auf ein Segelschiff und damit auf die Navigationsschule für 500.– Mark leisten konnten.[63] Zum Trost verwiesen die Autoren auf die Monatsheuern, die für den normalen Durchlauf von drei Jahren gezahlt wurden:

Schiffsjungen	10,00–15,00 RM
Leichtmatrosen	30,00–35,00 RM
Matrosen	55,00–60,00 RM.

Kost und Logis waren frei, dabei – wird bemerkt – könne der Seemann noch sparen, allerdings werde im Urlaub keine Heuer bezahlt.

Immer wieder wird versichert, daß jeder Junge, der es nur wollte, Steuermann und schließlich Kapitän werden könne. Alle Wege führten auf das Achterdeck, also auf die Brücke. Im Grunde genommen seien zwei Wege möglich: »Der eine führte aus dem Mannschaftslogis durch die Ankerklüse, sagten die Seeleute, der andere durch den Einfluß der Familie, und das nannte man durch das Heckfenster steigen.«[64] Aber zunehmend verschoben sich die Relationen zwischen den beiden Möglichkeiten, denn der erste Weg wurde immer schwieriger, wie die nachfolgenden Erläuterungen des »Ratgebers« beweisen. Allein die Kosten für die Ausbildung selbst, für den Besuch einer höheren Schule zur Erreichung der »Sekundareife« (Einjähriges) und dann gar für den einjährig-freiwilligen Militärdienst waren kaum erschwinglich.

SCHIFFSJUNGEN-PENSIONÄRE

Um die Seefahrt auf einem der anerkannten Großsegler beginnen zu können, wurden die Jugendlichen bei entsprechenden Beziehungen als Pensionäre oder Lehrlinge (apprentices) aufgenommen. Ihre Unterbringung an Bord erfolgte, wie es eindeutig hieß, getrennt von der Mannschaft. Dafür sei pro Tag eine Pension zu zahlen. Für solche Bewerber waren die Anlaufstellen für Schiffsjungen vorgesehen, die von Reedervereinigungen wie »Hamburgischer Verein Seefahrt« (gegründet 1903) oder »Verein der Reeder des Unterwesergebietes« in Bremen eingerichtet worden waren. Diese hatten Regelungen erarbeitet und herausgegeben, die für eine ordnungsgemäße Bewerbung erforderlich waren:

- Aufnahme für Segelschiffe nicht vor dem 15. Lebensjahr;
- Gesundheitsattest;
- Bezahlung der Ausbildungskosten für ein Jahr in Höhe von 350,00 RM, Monatsheuer 5,– Mark;
- Kauf der Ausrüstung laut Liste auf eigene Kosten;
- Unterlagen wie Geburtsschein, Erlaubnis des Vaters oder des Vormundes sowie ärztlicher Befund.

Freistellen gab es nur für wenige gute Jungen, aber auch in diesem Falle sind die Kosten für die Ausrüstung selbst zu tragen. Diese Form der Ausbildung hatte viel Ähnlichkeit mit der Maßnahme von 1830, als drei Danziger Schüler auf PRINZESS LOUISE eine Weltreise machten.

DIE DEUTSCHE SEEMANNSSCHULE HAMBURG

Die 1862 gegründete Deutsche Seemannsschule war keine Berufsschule im Sinne der »Gewerbe-Ordnung« des Jahres 1869, die im § 106 einen Besuch der Fortbildungsschule vorsah, ihn aber nicht zur Pflicht machte. Für die Seemannsschule sollte man eher die 1824 in Berlin eingerichtete Gewerbeschule als Vorbild werten, es entstand eine Art zivile Kadettenanstalt, in der Jungen aus bürgerlichen Familien auf den Seemannsberuf und auf die Offiziersausbildung vorbereitet wurden.

In ihrer Broschüre »Die Errichtung eines Erziehungsinstitutes in Deutschland zur Vor- und Heranbildung junger Leute für das Seefach« setzten sich Gerad Schuirmann und Georg Thaulow 1862 für die Gründung einer solchen Schule ein. Beide waren sie als Offiziere und Kapitäne sowohl in der Marine des Deutschen Bundes als auch in der Handelsflotte gefahren und kannten den Wert einer gediegenen Ausbildung. Sie führten die 1785 in Amsterdam entstandene »Kweekschool voor de Zeevart« als nachahmenswertes Beispiel an:

»Und so wie Holland einen großen Teil der aus jener Schule hervorgegangenen Zöglinge als Steuermannseleven oder Offiziersaspiranten in seiner Colonial-Marine benutzt, so würde auch eine praktische deutsche Seemannsschule für die zum Schutz unserer Küsten bestimmten Kanonenboote einen wichtigen Teil der Bemannung liefern und dadurch wesentlich zur Wehrtüchtigkeit Deutschlands zur See beitragen können.«[65] Hamburg sei als Standort sehr gut geeignet. Die Schiffsjungen sollten auf einem dreimastigen Segelschiff wohnen, um sich sofort an das Bordklima zu gewöhnen. Ausbildung und seemännische Erziehung der Jungen seien so einzurichten, »damit sie nach einem zweijährigen Cursus – zu welchem sie im Alter von 13 bis 15 Jahren aufgenommen sind – als gewandte Decksjungen oder Leichtmatrosen ihren Dienst auf deutschen oder fremden Schiffen antreten können«. Es sollten schließlich 150 bis 200 Schüler an der Schule sein. Weiterhin war ein Kutter oder Schoner für Übungsfahrten zu beschaffen, vorerst wollte man sich mit einigen Ruder- und Segelbooten begnügen. Als Anlagekapital berechneten sie 20 000 Taler.

Im Februar 1862 setzten sie die Einrichtung der Schule durch. Das Geld reichte zwar nicht für den Bau eines Schulschiffes, aber ein Haus auf dem Steinwerder war möglich. Am 6. Oktober 1863 gelang es, wenigstens ein hölzernes, dreimastiges Vollschiff, von den Schülern scherzhaft als »Trocken-Ewer« bezeichnet, an Land aufzustellen.

Übrigens gaben beide Initiatoren, die auch die ersten Leiter der Deutschen Seemannsschule wurden, ab 1864 die Zeitschrift HANSA, heute noch führende Fachzeitschrift, heraus. 1869 berichtete die Leitung der Schule auf Seite 1269 dieser Zeitschrift, daß seit der Eröffnung der Schule am 1. Dezember 1862 insgesamt 243 Zöglinge aufgenommen und ausgebildet wurden. In einer Bilanz des Jahres 1880 teilte sie mit, daß die besten Schüler in Abstimmung mit den staatlichen Stellen der Hansestadt Hamburg auf den vier Lotsenschonern an Übungsfahrten teilnehmen konnten, wenn sie pro Tag 1,20 RM bezahlten.

In einer präzisierten Formulierung der Einstellungsbedingungen hieß es, daß »sittlich unbescholtene« und gesunde Jungen genommen werden, die nicht jünger als 13 aber nicht älter als 17 Jahre sein durften. Ferner mußte der Bewerber eine gute Handschrift vorweisen, die Muttersprache beherrschen sowie gute Kenntnisse in Geographie, Geschichte und Rechnen haben.

Von 1867 ab erwirkte die Leitung der preußischen Kriegsmarine, daß an der Seemannsschule einjährige Lehrgänge für Jungen mit höherer Schulbildung einzurichten seien. Damit sollten diese sich auf das Kadettenexamen vorbereiten, um dann in den Monaten April bis Oktober an der sechsmonatigen Reise des Kadettenschulschiffes Niobe zur seemännischen und militärischen Ausbildung teilnehmen zu können. An ihrem Ende stand die Seekadetten-Prüfung.[66]

Nach der Verlegung (1888/89) von Steinwerder nach Waltershof ließ die Schulleitung vor das neue Schulgebäude ein eisernes Schiff stellen. 1900 gab es im Zusammenhang mit der Gründung des »Deutschen Schulschiff-Vereins« die Überlegung, die Seemannsschule aufzulösen, aber sie blieb erhalten und wurde am 5. März 1913 von Waltershof nach Finkenwerder verlegt. Große Reedereien hatten ihre Vertreter im Kuratorium, die den Erhalt und die Förderung der für sie so wichtigen Einrichtung durchsetzten.

Ursprünglich dauerte die Ausbildung für Jungen zwischen 13 und 15 Jahren insgesamt zwei Jahre, wofür pro Jahr 800,00 RM bezahlt werden mußten; für Jungen im Alter von 16 bis 17 Jahren war nur ein Jahr erforderlich, das 900,00 RM kostete. Bücher und Ausrüstung kosteten weitere 200,00 RM, dazu kamen 40,00 RM Taschengeld pro Jahr. Nach Ablauf dieser Ausbildung erfolgte die Verteilung der Jungen auf die Schiffe, damit sie entsprechend den im »Ratgeber« angegebenen Möglichkeiten weitergeführt werden konnten. Der Besuch der Navigationsschule wurde dadurch erleichtert, daß durch die Ausbildung an der Seemannsschule drei Monate Segelschiffszeit angerechnet wurden.

Die Hausordnung[67] der Schule entsprach natürlich weitgehend der Bordordnung eines Segelschulschiffes. In zwölf Paragraphen und zusätzlichen Verhaltensregeln spiegelten sich die strengen Erziehungsgrundsätze wider, denen sich die Zöglinge zu unterziehen hatten. Wie an Bord erfolgte ein Einteilung in zwei Wachen (§ 1). Die Kojenordnung (§ 2) legte fest, daß nach der Abendmusterung die Nachtruhe begann. Im Sommer ertönte die Bootsmannspfeife morgens um 5.30 Uhr, im Winter eine Stunde später.

§ 3 bestimmte die Ruderordnung, es handelte sich dabei eigentlich um das morgendliche »Reinschiff«: Eine Wache bemannte die Ruderboote und reinigte sie, die andere schwang Besen und Feudel im Schiff.

Laut § 4 (Tischordnung) begann das Frühstück um 7.00 Uhr, die übrigen Backszeiten waren 12.00 Uhr Mittagessen, 16.00 Uhr Kaffeezeit, 19.00 Uhr Abendessen.

Jede Wache bildete laut § 5 sozusagen eine Klasse, um die Fächer Englisch, Spanisch, Französisch, Geographie, Stilübungen, Turnen, Fechten, Schiffsmodellbau und Nautik zu absolvieren.

Die Musterungen (§ 6) fanden täglich morgens um 9.00 Uhr, um 14.00 Uhr und kurz vor der Nachtruhe statt.

In der Kirchgangsordnung des § 7 sicherte die Schulleitung jedem Schüler die volle Glaubensfreiheit zu.

§ 8 gewährt einen Einblick in die Urlaubsordnung, die jeden Sonntag nachmittags – außer für Diensttuer – Landgang zuließ: im Sommer von 13.00 bis 21.30 Uhr, im Winter von 13.00 bis 18.30 Uhr. An anderen Tagen wurde Urlaub nur in Ausnahmfällen gewährt. Die Freistunden legte § 9 fest: Die Stunden von 12.00 bis 14.00 Uhr, von 16.00 bis 17.00 und abends nach dem Unterricht standen jedem Schüler zur individuellen Gestaltung zur Verfügung.

Turnen und Fechten fand laut § 10 an jedem Sonnabend während des Nachmittags unter Leitung eines Lehrers statt. Der Sonnabend war gleichzeitig der Tag der Großreinigung der Schule, wie in der Bade- und Reinigungsordnung (§ 11) zu lesen ist.

Die Krankenordnung des § 12 schließt die Sammlung strenger, aber notwendiger Festlegungen ab.

Strenge Regeln – aber sie waren damals so oder ähnlich in allen Internaten üblich. Nicht jeder Fachmann empfahl den Besuch der Seemannsschule, weil die Ausbildung an Land stattfand. Seemann wird man nur auf See, sagten sie. Dennoch anerkannten sie die Qualität von Ausbildung und Erziehung sowie die Vermittlung von Schiffsjungenstellen auf Segelschiffen. Die Schule gab jährlich 72 Schüler an die deutschen Segelschulschiffe ab. Das sogenannte Jungenjahr auf einem Segelschulschiff einer Reederei kostete etwa 150,00 RM für die Ausrüstung aus der Kleiderkammer und 250,00 RM für Verpflegung, Unterricht und Arzt.

Nach dem ersten Ausbildungsjahr auf dem Schulschiff ging der Hauptteil der jungen Seeleute von Bord und in die »gewöhnliche Laufbahn«. Wer die Navigationsschule besuchen wollte, blieb zwei weitere Jahre an Bord und hatte jählich 600,– Mark für Verpflegung, Ausbildung sowie ärztliche Behandlung zu bezahlen. Dazu kam ein Betrag von 100,00 bis 200,00 RM für Bekleidungsersatz und Taschengeld. Auf diese Weise war die Seemannsschule Hamburg fest in das gesamte Ausbildungssystem integriert und bereitete einen leistungsfähigen Nachwuchs für Flotte und Navigationsschule vor.

DEUTSCHER SCHULSCHIFF-VEREIN

Die schnelle Entwicklung der deutschen Handelsflotte von 1,5 Millionen BRT im Jahre 1900 auf 5,5 Millionen BRT 1914 bedeutete natürlich einen beachtlichen Bedarf an Seeleuten. Der harte Konkurrenzkampf zwischen Segel- und Dampfschiffen sowie die stark favorisierte Ausbildung auf Segelschulschiffen, verbunden mit übermäßig konsequenter Einhaltung des Segelschiffsparagraphen, förderten bei Reedern, Schiffahrtsexperten und Regierungsstellen zahlreiche Überlegungen, die Segelschulschiffahrt für die Handelsflotte neu zu beleben. In Preußen gab es eine lange, positive Tradition, so daß die Gedanken wohl in diese Richtung gingen. Nach einer Abstinenz von etwa 50 Jahren sollten auf Anregung des Großherzogs von Oldenburg, selbst Absolvent der Navigationsschule Elsfleth, wieder Segelschulschiffe fahren. Er gab schließlich den Anstoß zur Gründung des »Deutschen Schulschiff-Vereins«. Als sehr naher Verwandter des Deutschen Kaisers, denn seine Frau Elisabeth war eine Hohenzollern, konnte er mit »allerhöchster« Gunst sowie materieller Unterstützung der Industrie, der Reedereien und der Banken rechnen.

Bereits 1898 hatte Kapitän Arenhold auf die Bedeutung der Segelschiffe für die Ausbildung nachdrücklich hingewiesen, da die Zahl der dem § 8 (Segelschiffsparagraph) entsprechenden Großsegler spürbar abnahm. Auch beim Norddeutschen Lloyd Bremen hatte man Überlegungen in die gleiche Richtung angestellt. Das Problem stand somit auf der Tagesordnung. Im Herbst 1899 verhandelte der Großherzog Friedrich August von Oldenburg mit den wichtigsten Reedern in Hamburg und Bremen, am 17. Dezember 1899 konstituierte sich ein Arbeitsausschuß, der Statuten eines »Deutschen Schulschiff-Vereins« (DSV) vorzubereiten hatte. Die Gründung erfolgte am 12. Januar 1900, die Statuten beschloß eine Versammlung am 26. September 1902 in Düsseldorf.

Ausgehend von umfangreichen Erfahrungen einer fast hundertjährigen preußisch-deutschen Schulschiffahrt entschied sich der DSV für den Einsatz von Segelschulschiffen, die keine Fracht transportierten, also für »reine« Segelschulschiffe. Die Werft Joh. C. Tecklenborg in Geestemünde übernahm den Bau eines Vollschiffes, dessen Körper sich bei zwei durchgehenden Decks und fünf bis zum Oberdeck reichenden Schotten mit sechs wasserdichten Räumen für diesen Zweck hervorragend eignete. Diese Konstruktion bürgte für hohe Sicherheit, die einem Schulschiff unbedingt zusteht. Das Schiff verfügte über eine 12 Meter lange Back und eine 24,5 Meter lange Poop mit dem Kartenhaus. Der Kapitän, die Offiziere, die Lehrer und der Arzt wohnten unter dem Poopdeck, die 150 Kadetten hatten ihre Unterkünfte im Zwischendeck unter der Poop.

An den Masten befanden sich 14 Rahsegel: Untersegel an Fock- und Großmast (nicht am Kreuzmast), darüber doppelte Mars- sowie einfache Bram- und Royalsegel. Als Schratsegel dienten drei Vorsegel, zwischen den Masten jeweils drei Stagsegel und ein Gaffelsegel am Kreuzmast.

Das Vollschiff lief am 7. März 1901 vom Stapel und erhielt den Namen GROSSHERZOGIN ELISABETH. Da die Großherzogin als Taufpatin wegen Krankheit nicht anwesend sein konnte, vollzog ihr Bruder, Herzog Adolf Friedrich von Mecklenburg, Sohn des Großonkels des Kaisers, den Taufakt mit den Worten: »Zur Ehre deiner Patin, zum Besten der deutschen Schiffahrt.«[68] Am 31. März 1901, nachts um 1.30 Uhr, verließ das neue Segelschulschiff mit 119 Schiffsjungen und 31 Kadetten den Liegeplatz in Elsfleth zur ersten Reise nach Swinemünde, die Winterreise 1901/02 ging nach Westindien. Im ersten Einsatzjahr legte es 11 900 Seemeilen zurück.

Für die Musterung auf der GROSSHERZOGIN ELISABETH und damit für die Einstellung beim Schulschiff-Verein waren folgende Bedingungen zu beachten:[69]

§ 1. Die Haupteinstellung erfolgte jährlich nach Ostern, einige wenige Jungen konnten im Herbst aufgenommen werden.

§ 2. Das Einstellungsalter lag zwischen 14 und 16 Jahren, Einjährig-Freiwillige wurden bis zum 18. Lebensjahr eingestellt.

§ 3. Die Bewerbungen mußten für die Einstellungen nach Ostern bis 1. März und für die Herbsteinstellungen bis 1. August vorliegen, die Aufnahme der Einjährig-Freiwilligen erfolgte nur im Frühjahr. Über die Aufnahme entschied nach Anhörung eine Kommission, deren Vorsitzender der Großherzog von Oldenburg war.

§ 4. Zum Antrag auf Einstellung gehörten folgende Unterlagen: Geburtsurkunde, Bescheinigung über Wiederimpfung, Zustimmung des Vaters oder Vormunds, ausführliches Schul- und Schwimmzeugnis, Zeugnis der Unbescholtenheit, Gesundheitszeugnis (auch vom Augenarzt), Photographie (wenn vorhanden).

§ 5. Eine nochmalige ärztliche Untersuchung erfolgte bei der Einstellung.

§ 6. Die Dauer der Ausbildung und Anmusterung als Schiffsjunge beträgt etwa 11 Monate. Als Vorbedingung für die Zulassung zur Steuermannsprüfung findet nur die Fahrzeit nach Beendigung des 15. Lebensjahres Anrechnung.

§ 7. Besonders tüchtigen Knaben von ausreichender Schulbildung soll Gelegenheit geboten werden, sich in weiteren zwei Jahren an Bord des Schulschiffes in der Stellung als Kadett oder Leichtmatrose einen Teil der zur Ablegung der Steuermannsprüfung erforderlichen Fahrzeit zu erwerben. In die Kadettenabteilung können nur solche jungen Leute übergehen, welche die Berechtigung zum einjährig-freiwilligen Militärdienst besitzen. Die Kadetten erhalten an Bord theoretischen Unterricht soweit, daß der Besuch der Seefahrtschule (Navigationsschule) zur Ablegung der Steuermannsprüfung sich von acht bis neun Monaten auf etwa vier Monate verkürzt.

§ 8. Nach der Ausbildung zum Schiffsjungen (also nach einem Jahr) stellte der Kapitän ein Zeugnis aus und empfahl den Einsatz in der gewünschten Reederei, wobei die dem Verein beigetretenen Reedereien bevorzugt wurden.

§ 9. Bei der Einstellung waren für Verpflegung, Unterricht und ärztliche Behandlung 250,00 RM und für die Ausrüstung der Kleiderkammer des Schiffes 150,00 RM zu zahlen.

§ 10. Wer laut § 7 an Bord blieb, hatte jährlich weitere 600,00 RM bezahlen, die Vervollständigung der Kleidung erfolgte auf eigene Kosten. Die an Bord verbleibenden Leichtmatrosen zahlten pro Jahr 250,00 RM für Unterkunft, jedoch wurde ihnen eine geringe Heuer gezahlt.

§ 11. Vor Beginn der Auslandsreise konnten die Eltern den Jungen auf Antrag wieder von Bord nehmen. In diesem Falle erhielten sie 100.– Mark der nach § 9 eingezahlten Summe zurück. Bei schlechtem Verhalten des Jungen konnte der Kapitän die Abmusterung veranlassen.

§ 12. Die Jungen durften keine Geschenke von Angehörigen und Freunden annehmen.

§ 13. Über teilweisen Erlaß der Zahlungen laut § 9 oder Freistellungen entschied der Großherzog.

§ 14. Nach Aufnahme als Schiffsjunge war durch den Vater oder Vormund ein durch die Ortspolizei bestätigter Verpflichtungsschein vorzulegen.

Das von den Schülern aufzubringende Schulgeld reichte natürlich nicht, die Schiffe zu betreiben, deshalb zahlten die beteiligten Reedereien ihre Anteile, denn sie bekamen durch den DSV hervorragend vorbereitete Offiziersanwärter. Auch die Verbindung zur Kaiserlichen Marine war leicht zu erkennen, weil die Reedereien fast ausschließlich Reserveoffiziere zum Einsatz auf die Segelschulschiffe des Vereins delegierten. Damit gelangten zahlreiche Erziehungsgrundsätze der Kriegsmarine in diese Ausbildung. Es wurde betont, daß Marineoffiziere und Handelsschiffsoffiziere ein gutes Einvernehmen anstrebten. Das wurde für die beiden ersten Einsatzjahre der ELISABETH dem Korvettenkapitän Rüdiger nachgesagt, der von der Kriegsmarine kam.

Die genannten Bestimmungen zur Einstellung und der Verlauf der Ausbildung verdeutlichen, daß die an sich sorgfältig ausgewählten Jungen nach dem ersten Jahr, dem Schiffsjungenjahr, einer weiteren Auswahl unterzogen wurden. Die tüchtigsten Jungen, die Kadetten werden konnten, sollten besonders gefördert werden, denn sie waren nicht nur als Handelsschiffsoffiziere, sondern auch als Reserveoffiziere der Kaiserlichen Marine vorgesehen.

Diese Ausbildungsmethode beim Schulschiff-Verein wurde von vielen Kennern der Zusammenhänge als eine Art »Selbstbedienung« bezeichnet. Natürlich herrschte auch hier das preußische »Anciennitätsprinzip«, bei denen die älteren Zöglinge immer mehr Rechte besaßen als die jüngeren. So waren die Altkadetten über weite Strecken die eigentlichen Ausbilder, in jeder Schiffsjungen-Division befanden sich mindestens zwei von ihnen, sie waren dem Ausbilder verantwortlich. Division, Korporalschaft und andere Einteilungsbegriffe entstammten nicht nur dem militärischen Wortschatz sondern waren im Prinzip notwendig für den Schulbetrieb. Dabei wurden die Kadetten als mehr oder weniger privilegierte Schüler durch ihre Stellung in der Bordhierarchie auf ihren zukünftigen Beruf als Offiziere vorbereitet. Ein Altkadett rangierte stets vor einem Matrosen oder Leichtmatrosen, er mußte im Hafen die Funktion eines Wachoffiziers übernehmen. Diese und andere Maßnahmen waren Ausdruck einer sorgsam geplanten und konsequenten, auch gegenseitigen Erziehung, die mit einer gut organisierten Ausbildung einherging.[70]

Zu Beginn des 20. Jahrhunderts kam sowohl in der Kriegs- als auch in der Handelsmarine die Diskussion auf, daß die Ausbildung auf reinen Schulschiffen zu wenig praxisbezogen sei. Im militärischen Bereich redete man einer verstärkten Ausbildung auf einem aktiven Kriegsschiff das Wort. In der Handelsmarine meinte man, daß die Fahrzeit auf einem Segelschulschiff des DSV nur zur Hälfte als geforderte Segelschiffszeit anerkannt werden könne, weil der Lade-Lösch-Betrieb und einige andere für die kommerzielle Schiffahrt notwendige Ausbildungsinhalte nicht vermittelt werden. Es blieb jedoch bei der vollen Anrechnung, denn der Segelschiffs-Verein führte berechtigt ins Feld, daß die als Obermatrosen aus der Kriegsmarine ausscheidenden Seeleute ebenfalls die volle Anerkennung als Handelsschiffsmatrosen erhielten, obwohl sie nie mit dem Ladungsbetrieb in Berührung gekommen seien.

Auf alle Fälle bewährte sich die Ausbildung auf dem ersten Segelschulschiff des DSV, die Reedereien übernahmen die Absolventen jeder Ausbildungsstufe sehr gern. Bis 1905 übergab der DSV 190 Zöglinge an Hamburger Reedereien, 114 Zöglinge an Bremer Reedereien und 140 Zöglinge an andere Reedereien.

In sieben Einsatzjahren des Vollschiffes GROSSHERZOGIN ELISABETH, des ersten Schulschiffes des Vereins, wurden insgesamt 778 junge Seeleute (93 Kadetten, 121 Vollmatrosen und 564 Leichtmatrosen) der deutschen Handelsschiffahrt zugeführt.

Neue Aufgaben entstanden aus der zunehmenden Notwendigkeit, Deckspersonal für die Dampfer auszubilden. Ein entsprechender Versuch verlief positiv, denn 72 Prozent der Absolventen gingen zur Steuermannsschule, während von den verbleibenden 28 Prozent einige den Seemannsberuf aufgaben, die meisten blieben im Mannschaftsgrad in der Flotte. Deshalb beschloß der Schulschiff-Verein 1907, ein neues Segelschulschiff in Dienst zu stellen. Damit ging er von der alten Praxis ab, nur Offiziersanwärter auszubilden, er wollte auch die Ausbildung qualifizierter deutscher Seeleute der unteren Dienstränge im großen Maße sichern.

1910 wurde das Vollschiff PRINZESS EITEL FRIEDRICH in Dienst gestellt. Es lief am 12. Oktober 1909 vom Stapel, war mit 1561 BRT vermessen, führte 25 Segel mit einer Gesamtfläche von 1900 Quadratmetern. Wiederum kam die enge Beziehung des Großherzogs von Oldenburg zum Kaiserhaus zum Ausdruck: obwohl es bereits eine Viermast-Bark als Segelschulschiff des Bremer Lloyd mit dem Namen seiner Tochter, nämlich HERZOGIN SOPHIE CHARLOTTE, gab, konnte sie zum zweiten Mal als Namensgeberin auftreten. Sie hatte in der Zwischenzeit den zweiten Sohn Kaiser Wilhelms II., den Prinzen Eitel Friedrich, geheiratet. Nach den damaligen Regeln regierender Häuser führte die Ehefrau eines nicht erbberechtigten Prinzen dessen Namen.

Das 1910 gebaute Vollschiff PRINZESS EITEL FRIEDRICH war Segelschulschiff des Deutschen Schulschiff-Vereins und liegt heute als Museumsschiff in Gdingen (Polen).

Das von Blohm & Voss gebaute Schiff wurde für die Intensivierung der Ausbildung von Offiziersanwärtern eingesetzt, während die GROSSHERZOGIN ELISABETH und die 1914 übernommene Bark GROSSHERZOG FRIEDRICH AUGUST (Name des regierenden Großherzogs und Vorsitzenden des DSV) ausschließlich der Ausbildung von Decksmannschaften für Segelschiffe und Dampfer der Großreedereien diente.

Der Bau der Bark war am 31. März 1913 beschlossen worden, bereits ein Jahr später, am 1. März 1914, war sie segelfertig. Mit 1701 BRT vermessen verfügte sie im Gegensatz zu den beiden anderen Schiffen des DSV über einen Hilfsmotor. Die 21 Segel hatten eine Fläche von 2026 Quadratmetern. Die Schiffsjungen

Die Bark GROSSHERZOG FRIEDRICH AUGUST wurde 1914 als Segelschulschiff des Deutschen Schulschiff-Vereins in Dienst gestellt und fährt heute als STADSRAATD LEHMKUHL unter norwegischer Flagge.

erhielten eine siebenmonatige Grundausbildung im Rudergehen, im Loggen und Loten sowie im Bootsdienst, Tauwerksarbeiten und Segelexerzieren. Da diese neue Form der Ausbildung die gewünschten Erfolge aufwies, stellten die Reedereien wie HAPAG und der Norddeutsche Lloyd trotz eigener Ausbildung auf frachtfahrenden Segelschulschiffen vorrangig solche Seeleute für den Mannschaftsbereich ein und suchten sie durch Jahreskontrakte zu binden. Die Stammbesatzung der Fünfmast-Bark R.C. RICKMERS bestand zum Beispiel fast ausschließlich aus ehemaligen Schiffsjungen von den Segelschulschiffen des DSV.

Eine Untersuchung der sozialen Zusammensetzung der Schiffsjungen und Kadetten aus den Jahren vor dem Ersten Weltkrieg zu verschiedenen Zeiten und in Beziehung zur genannten unterschiedlichen Ausbildungsaufgabe nach Indienststellung der PRINZESS EITEL FRIEDRICH ist in den Tabellen 11, 12 und 13 zusammengefaßt.[71] Für die GROSSHERZOGIN ELISABETH wird die Zusammensetzung der insgesamt 151 Jungen während der Reise 1901/02 (Fall a nach der ursprünglichen Form) durch die Tatsache geprägt, daß sowohl Schiffsjungen (also 1. Lehrjahr) als auch Kadetten an Bord waren, die allerdings in Tabelle 12 (Schulabschlüsse) nicht berücksichtigt wurden, weil die Teilung in der Aufgabenstellung noch nicht erfolgt war. Von den 119 Schiffsjungen kamen somit auch nur 27 Jungen (= 22,7 Prozent) aus der Volksschule, alle übrigen hatten eine höhere Ausbildung.

Die soziale Herkunft der 32 Kadetten und der 119 Schiffsjungen entsprach ebenfalls dieser Logik, die Zahl der Jungen aus den »unteren Ständen« war sehr gering. Das Segelschulschiff PRINZESS EITEL FRIEDRICH hatte im Ausbildungsjahr 1912/13 (Fall b) solche Schiffsjungen an Bord, die einmal Offiziere werden sollten. Ihre soziale Herkunft unterschied sich wesentlich vom Fall c, denn die GROSSHERZOGIN ELISABETH hatte im gleichen Jahr nur solche Schiffsjungen an Bord, die als Matrosen ausgebildet wurden. Die gleiche Signifikanz zeigt sich in der Schulbildung, denn fast alle Jungen kamen aus der Volksschule. Von 1902 bis 1918 bildete der Deutsche Schulschiff-Verein 3608 Seeleute aus:

	1902 bis 1913/14	1914/15 bis 1917/18	insgesamt
Kadetten	182	60	242
Vollmatrosen	316	320	636
Leichtmatrosen	965	210	1175
Leichtmatrosen-Dampfer	528	1003	1531
Köche	10	14	24
	2001	1607	3608

Die Zahlen zeigen, daß sich das Profil der Ausbildung durch den DSV seit 1900 wesentlich änderte, daß in zunehmendem Maße Mannschaften für ihren Einsatz besonders in Großreedereien und damit auf Dampfern ausgebildet wurden.

Bis 1914 führten GROSSHERZOGIN ELISABETH und PRINZESS EITEL FRIEDRICH die Fernreisen nach den südlichen Inseln des Atlantik, in den karibischen Raum und mitunter in das Mittelmeer durch, während der Sommermonate blieben die Schiffe traditionsgemäß in den Heimatgewässern. Die neue, in der Kieler Bucht vor Anker liegende GROSSHERZOG FRIEDRICH AUGUST wurde bis Kriegsbeginn nur stationär genutzt. Nach Kriegsausbruch erfolgte die stationäre Nutzung der drei DSV-Schiffe in Absprache mit der Kaiserlichen Marine, die Jungen wurden in den Kriegsdienst einbezogen. So übernahmen 1914 die Besatzungen der PRINZESS EITEL FRIEDRICH und der GROSSHERZOGIN ELISABETH in Swinemünde im Zuge der Mobilmachung bestimmte Aufgaben der Kriegsmarine, die von der Seekriegsleitung hoch eingeschätzt wurden.

An einem Beispiel soll der Weg eines Schiffsjungen des Segelschulschiffes GROSSHERZOGIN ELISABETH verfolgt werden: Herrmann Piening wurde am 3. Juli 1888 in Ottensen geboren und besuchte in seiner Heimatstadt die Realschule bis zum sogenannten »Einjährigen« (Obersekundareife). Mit 17 Jahren, also 1905, musterte er als Schiffsjunge auf der GROSSHERZOGIN ELISABETH an, die er nach einem Jahr als Schiffsjunge verließ. Der Schulschiff-Verein vermittelte ihn an die Reederei G.J.H. Siemers in Hamburg, dort begann er seinen Weg auf dem 1892 gebauten Vollschiff SUSANNA (1975 BRT). Ehe er 1909 die Navigationsschule Altona besuchte, fuhr er noch auf Segelschiffen verschiedener Nationen: norwegisches Vollschiff HÖVDING, deutsche Bark NOVA, US-Vollschiff HENRY FALLING, australische Bark DANIEL, australischer Schoner DASHING WAVE, englische Bark TASMANIA.

Als Steuermann kam er zur Reederei Laeisz und fuhr auf den Flying-P-Linern PETSCHILI, PARCHIM und PONABE. Nach seiner

Dienstzeit als Einjährig-Freiwilliger bei der Kaiserlichen Marine legte er 1913 die Kapitänsprüfung ab. 1914 war er Erster Offizier auf der Viermast-Bark PINGUIN (2224 BRT), die 1903 auf einer italienischen Werft als ERASMO gebaut worden war. Laeisz kaufte das Schiff 1912 und setzte es noch bis Kriegsbeginn ein. 1919 wurde es an Frankreich abgeliefert und 1924 verschrottet.

Nach 1918 fuhr er bei verschiedenen Reedereien, ehe er 1926 wieder bei Laeisz eine Anstellung fand. Als Kapitän übernahm er die Viermast-Bark PEKING, die als Schwesterschiff der PASSAT 1911 bei Blohm & Voss gebaut worden war. Als das frachtfahrende Segelschulschiff PADUA am 5. April 1928 zur dritten Reise auslief, war Herrmann Piening der Kapitän. Vier Reisen blieb er auf diesem Schiff und musterte am 10. Oktober 1930 nach einer wenig glücklichen Reise ab. Er führte bis zum Beginn des Zweiten Weltkriegs verschiedene Schiffe, wurde von der Kriegsmarine übernommen und ging 1945 wieder zu Laeisz. Am 20. Juni 1960 starb er.[72]

Das Leben dieses Kapitäns ist ein fast typisches Beispiel für einen Seemann, der seine Laufbahn an Bord eines Segelschulschiffes des Deutschen Schulschiff-Vereins begann. »Fast typisch«, weil Herrmann Piening nicht Kadett war, sondern einige Jahre richtig »vor dem Mast« gefahren ist.

SEGELSCHULSCHIFFE DES NORDDEUTSCHEN LLOYD

In diesem der Dampfschiffahrt zugewandten Betrieb überlegten die Experten bereits 1896, wie man unter den Bedingungen einer abnehmenden Segelschiffahrt in der Lage sei, gute Seeleute, vor allem Offiziere, unter den Forderungen des »Segelschiffs-Paragraphen« heranzubilden. Schließlich entschied sich die Reedereileitung für den Einsatz frachtfahrender Segelschulschiffe. Die Vorbereitungen erfolgten unter der Leitung des Direktors der Seefahrtschule Bremen, Dr. Schilling. 1900 kaufte man von der Reederei Rickmers das auf der eigenen Werft 1895 gebaute erste Stahlschiff, die Viermast-Bark ALBERT RICKMERS. Es verfügte über einen Raum von 2395 BRT und konnte 3550 Tonnen laden. »Rickmers Reismühlen, Rhederei und Schiffbau-Aktiengesellschaft« Bremen hatte den Segler in der Ostasienfahrt zum Reistransport eingesetzt. Für die Zwecke des neuen Besitzers war er umzubauen – die Poop wurde zur Unterbringung der Kadetten bis über die Schiffsmitte hinaus von 44 Fuß auf 138 Fuß (von 13,5 auf 42,1 Meter verlängert, dann übernahm der Norddeutsche Lloyd das Schiff als HERZOGIN SOPHIE CHARLOTTE.

So begann in Deutschland der Einsatz von Segelschulschiffen in der Frachtfahrt im großen Maßstab, wie sie zum Beispiel in Großbritannien seit 1873 und in Rußland seit 1899 eingeführt worden war. Damit löste die Reedereileitung die Frage nach der Ausbildung von Offiziersanwärtern auf ihre Weise, man zog die frachtfahrende Segelschulschiffahrt vor. Aber dahinter standen weitere Überlegungen: Die Reederei wollte ihre Offiziere und Kapitäne praxisnah in eigener Regie ausbilden und erziehen. Möglicherweise spielten hierbei Erfahrungen der Bremer Navigationsschule von 1790 in ihrer strengen, wohlorganisierten Form eine Rolle. Auf alle Fälle betonte der Autor des »Ratgebers«,[73] daß zur Zeit, also um 1910, die Ausbildung beim Norddeutschen Lloyd die beste und sicherste sei. Deshalb solle jeder, dem es Kosten und Vorbildung erlauben, dorthin als Kadett gehen. Damit war der Weg aus der Ankerklüse auf das Achterdeck noch stärker eingeschränkt. So war die nachfolgende Bemerkung durchaus zu verstehen: »Unter Vermeidung von Arbeiten oft recht untergeordneter Art, die herkömmlich dem Schiffsjungen sonst vielfach aufgepackt werden und die seemännisch-pädagogisch ganz zwecklos sind, umfaßt der straffe Dienst auf den Schulschiffen in sorgfältiger, systematischer, praktischer und theoretischer Hinsicht alles, was zu der Seemannschaft des künftigen Offiziers gehört.« Mehrere Konsequenzen ergaben sich daraus: Auf der einen Seite war der alte patriarchalische Charakter der Schiffahrt und die damit verbundene Rekrutierung der Steuerleute und Schiffer beendet, auf der anderen Seite war zu erkennen, daß der zukünftige Offizier nicht mehr mit dem alten Steuermann und Schiffer vergleichbar war. Außerdem zeigte die militärisch angelegte Ausbildung das Bemühen, den Handelsschiffsoffizier dem Seeoffizier der Kaiserlichen Marine gegenüber aufzuwerten, was allerdings nie gelang. Damit wurde den Kadetten von Anfang an klargemacht, warum für ihre Unterbringung die Back nicht nach achtern sondern die Poop nach vorn verlängert wurde. Hier ist sie wieder, die Regel aus dem Jahre 1830 für die Unterbringung der Kadetten auf der PRINZESS LOUISE: getrennt von der Mannschaft.

Die Erfolge in der Ausbildung und der steigende Bedarf der wachsenden Reederei veranlaßte die Leitung, 1902 eine Viermast-Bark in Auftrag zugeben, die, ebenfalls bei Rickmers gebaut, den Namen HERZOGIN CECILIE erhielt. Cecilie war die Tochter des Großherzogs von Mecklenburg-Schwerin, die den erstgeborenen Sohn des Kaisers heiratete und somit Kronprinzessin wurde. Emphatisch schwärmte der spätere Laeisz-Kapitän Robert Miethe über sein ehemaliges Schulschiff: »Für uns war das Schiff eine Art Lebewesen, und Kapitän und Besatzung waren dazu da, ihm zu dienen.«[74] Kein Wunder bei einem so stolzen, berühmten Schiff und der schönen Namensgeberin! Mit 3242 BRT vermessen war CECILIE einer der schnellsten Segler, die je die sieben Meere durchfurchten. Am 22. April 1902 lief sie vom Stapel und begann die Jungfernreise nach Portland (Oregon) im Juni 1902. Die dreijährige Ausbildung kostete 3550,00 RM: 250,00 RM für die erste Ausrüstung, 1000,00 RM jährlich (Verpflegung, Unterricht, Arzt), 100,00 RM jährlich für Kleidungsersatz und Taschengeld.

Um die für den Besuch der Navigationsschule erforderliche Gesamtfahrzeit von vier Jahren zu erreichen, wurden die nunmehrigen Matrosen (nach dreijähriger Kadettenzeit auf dem Schulschiff) als Unteroffiziere oder Hilfsoffiziere für eine Monatsheuer von 50.– bis 60.– Mark auf einem Dampfer gemustert. Der Steuermannslehrgang an den Navigationsschulen Elsfleth oder Bremen dauerte dann nur drei bis vier Monate.

An Bord jedes Segelschulschiffes des NDL befanden sich neben der Stammbesatzung und den 60 Kadetten zwei Lehrer:

Einer kam von der Bremer Schule, einer wurde aus den Offizieren der Reederei ausgewählt. Jährlich stellte die Reederei 40 Kadetten ein, die zu je 20 auf die beiden Schiffe verteilt wurden. Die 60 Kadetten eines Schiffes setzten sich somit aus je 20 jedes Ausbildungsjahres zusammen. Sie waren in Wachen eingeteilt, neben der praktischen Ausbildung fanden täglich drei Stunden theoretischer Unterricht statt, über den die Seefahrtschule Bremen die Kontrolle ausübte.

Der Unterrichtsplan für die Kadetten-Schulschiffe (Tabelle 14) war 1901 erarbeitet worden und gewährt dem Leser einen Einblick in die Anforderungen, die man an zukünftige Offiziere stellte. Dabei ist zu beachten, daß ein großer Teil des Lehrumfangs einer Navigationsschule enthalten ist.[75]

Die Kadetten erhielten nach Jahrgängen getrennt als Schiffsjungen, Leichtmatrosen, Matrosen ihren Unterricht. Der Lehrplan zeigt, daß man von den Kadetten eine höhere Schulbildung (mindestens das »Einjährige« = Sekundareife) forderte, wie es der Berechtigungsschein zum einjährig-freiwilligen Dienst vorsah.

Die Hauptarbeit an Bord diente der praktischen Aneignung seemännischer Fertigkeiten. Hierzu teilte man die Kadetten in drei Abteilungen ein, so daß bei vollem Betrieb je ein Drittel der drei Jahrgänge den Wachen zugeteilt waren, die den eigentlichen Decksdienst im Vierstunden-Rhythmus wahrzunehmen hatten. Unabhängig von dieser Zeiteinteilung hatten die Kadetten vormittags von 8.00 bis 11.00 Uhr oder nachmittags von 12.00 bis 15.00 Uhr theoretischen Unterricht, dem jeweils eine Stunde Freizeit folgte. Durch die Einfügung der Unterrichtszeit in den Wachdienst verschob sich die Wache täglich so, daß die einzelnen Abteilungen ihre Wache nicht zur gleichen Tageszeit zu besetzen hatten. Da die seemännische Ausbildung dem theoretischen Unterricht voranzugehen hatte, war bei umfangreicheren Arbeiten eine Unterbrechung des theoretischen Unterrichts auf kürzere Zeit vorgesehen.

Auch für die Ausbildung beim Bremer Lloyd soll ein Beispiel dargestellt werden, das die Zusammenhänge von Auswahl, Ausbildung und Weiterentwicklung zeigt. Einer der bekanntesten Seemänner dieser Reederei, der sowohl als Kadett als auch als Offizier auf ihren frachtfahrenden Segelschulschiffen fuhr, war Kapitän Otto Lehmberg. Als Sohn eines Kaufmannes im Jahre 1888 in Templin (Uckermark) geboren, legte er mit 16 Jahren das »Einjährige« (Sekundareife) ab und wurde 1905 zusammen mit weiteren 29 Jungen auf dem Segelschulschiff HERZOGIN SOPHIE CHARLOTTE gemustert. Die erste Reise, die insgesamt 15 Monate dauerte, war aufregend genug: in Madeira stieg ein Junge ab, weil er Heimweh hatte, am Kap Hoorn wurde das Schiff entmastet und mußte zur Reparatur nach Montevideo zurücklaufen. Dann erst ging die Reise nach Honolulu weiter.

Das zweite und dritte Jahr absolvierte er ebenfalls auf diesem Schiff und konnte auch im vierten Jahr auf ihm bleiben, um gleich anschließend zur Seefahrtschule Bremen gehen zu können. Mit 23 Jahren war er Steuermann. Seine Dienstzeit als Einjährig-Freiwilliger absolvierte er nach einer dreimonatigen Landausbildung als Matrose auf dem Linienschiff MECKLENBURG, danach ging er wieder zum NDL. Nach zwei Jahren als 4. Offizier auf dem Segelschulschiff HERZOGIN SOPHIE CHARLOTTE legte er in Bremen sein Examen als Kapitän ab.

Bis zum Ersten Weltkrieg fuhr er auf NDL-Dampfern und mußte dann in den Krieg. 1920 aus französischer Gefangenschaft entlassen ging er zu seiner alten Reederei zurück. Über Kapitän Lehmberg wird an späterer Stelle zu berichten sein, weil er bis zum Zweiten Weltkrieg auf Lloyd-Segelschulschiffen eine Rolle spielte.[76]

Beide Segelschulschiffe waren als schnelle Segler bekannt. So gehörte HERZOGIN CECILIE zu den Schiffen, die am schnellsten Kap Hoorn von Ost nach West umrundeten, die »schnelle Reisen auf der berühmt-berüchtigten 50°-zu-50°-Süd-Strecke« schafften. Sie brauchte 1903 acht Tage, die besten Laeisz-Schiffe benötigten Zeiten zwischen sieben und zehn Tagen. In der kürzesten Zeit bewältigte die Viermast-Bark PRIWALL die Strecke mit fünf Tagen und 14 Stunden.

Die Reisen zur Westküste Südamerikas waren immer mit zwei Umrundungen des gefürchteten Kaps verbunden. Oft mußten auch die stärksten Schiffe die Fahrt nach tage- ja wochenlanger harter Knüppelei bei schwerstem Wetter abbrechen, um arg zerzaust Montevideo, Rio de Janeiro oder die Falkland-Inseln als Nothafen anzulaufen. Im September 1905, also während des Südwinters, mußte das Segelschulschiff HERZOGIN SOPHIE CHARLOTTE unter Führung des Kapitäns Zander aufgeben. Kurz vor dem Kap ließ der Kapitän mit stark reduzierten Segeln beidrehen, da der Sturm voll losbrach. Um Mitternacht zeigte ein mehrmaliges scharfes Knallen an, daß auch diese wenigen noch stehenden Segel zum Teil weggeflogen waren. Außerdem war das Rack der Großmarsrah gebrochen, so daß sie auf die Großrah stürzte. Sofort kam das Kommando »Alle Mann!« Das Schiff rollte stark in der schweren See von 39° Backbord nach 43° Steuerbord. Nun mußte aufgeentert werden, um die Marsrah auf der Großrah zu laschen. Nach dieser gefahrvollen, anstrengenden Arbeit war das »Besanschot an« eine echte Beruhigung, denn nach der Aufregung in der wild tanzenden Takelage schmeckte ein Schluck Rum und ließ die flatternden Nerven zur Ruhe kommen. Der Kapitän befahl, daß alle Mann bis zum Hellwerden an Deck zu bleiben hatten. Nachdem das Schiff einigermaßen aufgeklart worden war, kam etwa um 7.45 Uhr bei einer starken Steuerbord-Schlagseite der Großtopp von oben, er war oberhalb der Marsstenge abgebrochen. Nun schlug der schwere Stahlmast, durch Brassen- und Stagenverbindungen hatte er die Stengen des Vor- und Kreuzmastes mitgerissen, durch Rollbewegungen ständig gegen die Unterwasser-Außenhaut an Steuerbord. Also mußten die losgerissenen Teile der Takelage eingefangen oder gekappt werden. Die Gefahr für das Schiff war noch nicht gebannt, als der Erste Offizier die unter Deck arbeitenden Kadetten nach oben rief: »Jungs an Deck! Ihr sollt nicht wie Ratten in der Falle versaufen, ihr sollt wenigstens sehen, wenn ihr untergeht!«

Den ganzen Tag über tobte der Kampf gegen die See, gegen das Wetter. Alle Boote waren unbrauchbar – eingeklemmt, zerschlagen. Um die Mittagszeit ließ der Kapitän den Proviantraum öffnen – Henkersmahlzeit? So gut es ging durfte jeder essen und bekam noch eine halbe Flasche Rotwein. Erst um 22.00 Uhr entspannte sich die Lage, an Vor- und Kreuzmast konnten endlich neue Marssegel angeschlagen werden, damit das Schiff wieder Fahrt machte. Gerade auf Ostkurs liegend wurde Port Stanley auf den Falkland-Inseln als Nothafen in Aussicht genommen. Doch schließlich entschied sich der Kapitän, zur Reparatur nach Montevideo zu laufen. Trotz der Notbesegelung erreichte das Schiff bei günstigem Wind eine Geschwindigkeit von nahezu elf Knoten, machte seinem Namen alle Ehre und lief nach elf Tagen in den Hafen ein.[77]

Auch dieses Beispiel zeigt, wie problematisch der Einsatz frachtfahrender Segelschulschiffe war, da sie die Reisezeit einhalten mußten und auf diese Weise unnütze Gefahren heraufbeschworen. Es gab auch vor dem Ersten Weltkrieg Reeder, die mit reduzierten Besatzungen fuhren, unter dem Deckmantel einer praxisnahen Ausbildung nahmen sie Schiffsjungen oder Kadetten an Bord. Segelschiffsausbildung ist bis auf den heutigen Tag zu befürworten, aber sie sollte nie im Rahmen einer Frachtfahrt stattfinden.

1909 befand sich das frachtfahrende Segelschulschiff HERZOGIN CECILIE mit Weizen beladen auf der Reise von Port Augusta in Australien nach Falmouth in Großbritannien. Sie lief am 9. März 1909 aus. In den Tagen danach gingen die britische CITY OF LONDON, die französische ADMIRAL COURBET und die italienische CAVALIERE CLAMPA mit dem gleichen Ziel in See. Am Kap Hoorn gab es schweres Wetter, HERZOGIN CECILIE erlitt zahlreiche Schäden, alles ging jedoch gut, und nach einer Reise von 99 Tagen erreichte sie am 15. Juni 1909 den Hafen von Falmouth. Von den drei anderen Schiffen fehlte jede Spur, ihr Schicksal ist zwar ungewiß, aber es wird sie am Kap Hoorn erwischt haben. Vier Großsegler begannen die Weizenregatta des Jahres, drei blieben verschollen – Seemannslos.

Die beiden Segelschulschiffe des NDL wechselten nach 1918 die Flagge: HERZOGIN SOPHIE CHARLOTTE mußte an Großbritannien angeliefert werde, fuhr von 1924 bis 1927 als GJERTRUD für eine norwegische Reederei und wurde dann abgewrackt. Die finnische Segelschiffsreederei Erikson kaufte 1921 die HERZOGIN CECILIE, die noch bis zu ihrer Strandung am 25. April 1936 als weltweit bekannter schneller Segler unter finnischer Flagge segelte.

SEGELSCHULSCHIFFE ANDERER REEDEREIEN

Nach 1900 setzten auch andere Reedereien eigene Segelschulschiffe ein. 1903 und 1904 entstanden für die Hamburger Reederei A.C. de Freitas und Co. zwei Viermast-Schonerbarken bei der schottischen Werft Dockyard & Co. in Greenock. Unter den Namen BEETHOVEN und MOZART fuhren sie auf den üblichen Seglerrouten dieser Zeit und nahmen Kadetten an Bord. Schiffe dieser Art betrachtete man in der deutschen Handelsschiffahrt mit Skepsis, denn ihre gewaltigen Schonersegel hatten Bäume von etwa 15 Meter Länge und waren nicht ohne Tücken. Unter den Seeleuten kursierte damals die Story, daß ein Schoner-Kapitän, dessen riesige Bäume im Sturm wild schlugen, von einem Dampfer-Kapitän, der seine Hilfe anbot, angerufen wurde. Dieser fragte, wer wohl dieses Schiff führe, vom Segelschiff erfolgte die Antwort: Solange sich diese verdammten Bäume noch nicht selbständig gemacht hatten, war ich das.

Aber es zeigte sich, daß solche Schiffe auch ihre Vorteile hatten. Sie waren schnell, und die Reisedauern entsprachen denen der gewohnten Rahschiffe. Auf alle Fälle konnten die Besatzungszahlen merklich gesenkt werden. Jedes genannte Schiff war mit einem Kapitän, drei Steuerleuten, je einem Bootsmann, Zimmermann, Segelmacher, Schmied, Koch und Steward sowie acht Matrosen und zwölf Kadetten besetzt. Ein Rahsegler benötigte (ohne Kadetten) 26 bis 28 Mann statt der hier eingesetzten 15. Die Baukosten waren wegen der einfacheren Takelage ebenfalls niedriger.

Die Schiffe waren mit 2005 BRT vermessen und stellten den Versuch dar, durch eine wirksame Rationalisierung den Konkurrenzkampf mit den Dampfern zu bestehen. Die Takelage umfaßte vier Vorsegel, fünf Rahsegel am Fockmast (Focksegel, doppelte Mars- und doppelte Bramsegel), an den übrigen drei Masten befanden sich je ein Gaffelsegel mit Gaffeltoppsegel sowie Schratsegel zwischen den Masten: zum Fockmast drei zwischen den übrigen je eines. Da nur acht Matrosen gemustert waren, hatten die Kadetten schon sehr bald schwer zu arbeiten. Aus Berichten[78] geht hervor, daß mitunter bis zu 22 Jungen an Bord waren. Vor Beginn der ersten Reise waren 500.– RM zu bezahlen, die Kosten für die Ausrüstung trugen die Eltern selbst. Für das zweite und dritte Ausbildungsjahr waren jeweils weitere 240,00 RM erforderlich. Im ersten Jahr erhielten die Kadetten monatlich 5,00 RM als Heuer, im zweiten (Leichtmatrosen) 20,00 RM und im dritten (Matrosen) 40,00 RM. Bei Nichteignung erfolgte eine Abmusterung, ohne daß ein Anspruch an die Reederei bestand.

Zum Schicksal beider Segelschulschiffe sei kurz bemerkt: MOZART lag während des Ersten Weltkriegs in Tantal und kehrte 1921 mit einer Ladung Salpeter nach Ostende zurück. Sie war abzuliefern und fuhr bis 1935 für die Reederei Lundgvist in Mariehamn (Alands-Inseln), um dann in England abgewrackt zu werden.

Freitas verkaufte BEETHOVEN an Daniel Steen in Tönsberg, dann übernahm 1913 die österreich-ungarische Handelsflotte das Schiff, um es für die Ausbildung einzusetzen. Auf der Reise von Newcastle (Australien) nach Valparaiso mit einer Kohlenladung verschwand es nach dem 29. März 1914 spurlos. An Bord waren 37 Mann, darunter 19 Kadetten.[79, 80]

Ähnliche Bedingungen wie bei Freitas galten bei der Segelschiffs-Reederei »Alster« und anderen, auch Laeisz und Rickmers begannen, ihren Offiziersnachwuchs auf eigenen Frachtseglern auszubilden. So erlebte die Schulschiffahrt in der deutschen Handelsmarine ab 1900 einen Aufschwung, der sich in zwei Hauptrichtungen präsentierte. Er wurde vor allem durch das Festhalten am Segelschiffs-Paragraphen initiiert, außerdem konnten die Betriebskosten in der letzten Phase der Frachtfahrt mit Großseglern reduziert werden.

Navigationsschule – Seefahrtschule

In der Offiziersausbildung der deutschen Handelsflotte zeichnete sich bei allem Streben nach inhaltlicher und organisatorischer Integration eine neue Differenzierung in der Form ab, daß durch die Verlagerung der Schiffahrt in die Nordsee die frühere Bedeutung der Navigationsschulen an der Ostseeküste verlorenging. Von 1900 bis 1906 legten insgesamt 3132 Steuerleute ihre Prüfungen an deutschen Navigationsschulen ab, von denen 2262 Mann (= 72,2 Prozent) Schulen der Nordseeküste besucht hatten. Im gleichen Zeitraum beendeten 2373 Steuerleute erfolgreich ihre Ausbildung zum Schiffer, auch von ihnen wurden die meisten an Schulen der Nordseeküste geprüft: 1689 Mann (= 71,2 Prozent).

Die Ursachen lagen natürlich nicht vordergründig in der kommerziellen Schwerpunktverschiebung, sondern in der sich daraus ergebenden personellen Quellen aus der Hamburger Seemannsschule, dem Schulschiff-Verein und den Schulschiffen der großen Reedereien. Man kann feststellen, daß sich einige Navigationsschulen zu regelrechten »Hausschulen« der Großreedereien (Bremen) oder Reedereigemeinschaften (Hamburg) profilierten.

1904 gab es in Deutschland 23 Navigationsschulen, von denen sich 12 an der Ostseeküste und 11 an der Nordseeküste befanden. Zwei der Schulen, Wischhafen und Blumenthal, waren 1879 wieder geschlossen worden, während die in Bremerhaven im gleichen Jahr den Unterricht aufnahm. Eine neue »Bekanntmachung, betr. den Befähigungsnachweis und die Prüfung der Seeschiffer und Steuerleute der deutschen Kauffahrteischiffe«, erschien am 16. Januar 1904.[81] Die Prüfungsordnungen von 1869, 1870 und 1887 gingen dieser Ordnung, die 1906, 1909 und 1910 ergänzt wurde, voraus. Sie galt bis 1925.

Alle Integrationsabsichten scheiterten, es kam zu keinem einheitlichen maritimen Schulsystem. Das einzige Ergebnis entsprang mehr dem Bestreben, fremdsprachliche Bezeichnungen durch deutsche Begriffe zu ersetzen: 1915/16 wurden die deutschen Navigationsschulen in Seefahrtschulen umbenannt. Einen ersten Versuch, eine Vereinheitlichung der Navigationsschulen des Norddeutschen Bundes zu erreichen, erfolgte bereits 1869, als sich eine Kommission in Berlin mit der Ausbildung von Seeleuten befaßte, Grundlagen waren die Forderungen der Praxis:
- Einheitliche Anforderungen an allen Navigationsschulen;
- Bildung einer Aufsichtsbehörde mit Prüfungsinspektoren;
- Schaffung einheitlicher Lehrbücher;
- Trennung der Lehrgänge in solche für die »Große Fahrt« (12 Monate) und für die Ostsee, Nordsee und Englischer Kanal (6 Monate).

Trotz der deutlichen Vorherrschaft Preußens im Norddeutschen Bund und der in diesem Bundesland bereits seit 1840 geschaffenen Prüfungsordnung gab es keine endgültige Einigung. Es sollte noch mehr als 50 Jahre dauern, ehe ein integriertes Schulsystem durch die Gesetzgebung des Jahres 1925 erreicht werden konnte.

Unmittelbares Ergebnis der ersten Anstrengungen von 1869 war die »Bekanntmachung btr. die Prüfung der Seeschiffer und Seesteuerleute auf deutschen Kauffahrteischiffen« vom 30. Mai 1870,[82] durch die sowohl die Fahrzeit vor dem Schulbesuch als auch die Prüfungsanforderungen eine erste Vereinheitlichung fanden. Trotzdem blieben noch zahlreiche divergierende Punkte übrig, die vom Lehrbuch bis zu den Rechenmethoden der Schiffsortbestimmung reichten. In jedem Falle bestand die Prüfung aus je einem schriftlichen, mündlichen und praktischen Teil. Die zentral festgelegten Prüfungsanforderungen führten zunächst zum Einsatz von Inspektoren, um mehr Objektivität zu gewährleisten. Die Reichsgründung ermöglichte, weitere Gebiete durch Verordnungen eindeutiger zu fassen:
- Definition des Begriffes »Küstenfahrt« und Wegfall der Kategorie »Schiffer auf europäischer Fahrt«;
- Nachweis der Seetauglichkeit und der Sehtüchtigkeit durch medizinische Untersuchungen;[83, 84]
- Einführung der Fächer Gesundheitslehre und Maschinenkunde an den Navigationsschulen.[85]

Der Übergang vom Segelschiff zum Dampfschiff erforderte jedoch nicht nur bestimmte Grundkenntnisse auf dem Gebiet der Maschinenkunde, sondern auch eine geordnete Ausbildung des Maschinenpersonals. Im Ausland waren die Prüfungen von Maschinisten längst üblich, auch die Kaiserliche Marine verfügte in Kiel über eine Maschinistenschule mit dazugehörigen Trainingsschiffen. Aber die deutsche Handelsflotte tat sich auf diesem Gebiet etwas schwer. Nach einigen aus der Gewerbeordnung von 1869 hervorgegangenen Übergangsbestimmungen erschien schließlich die »Bekanntmachung btr. die Vorschriften über den Befähigungsnachweis und die Prüfung der Maschinisten auf Seedampfschiffen der deutschen Handelsflotte« vom 26. Juli 1891,[86] in denen die Patente festgelegt wurden. Natürlich übernahmen die Reeder sehr gern ehemalige Angehörige der Kaiserlichen Marine, denen man eine dem früheren Dienstgrad entsprechende Zuerkennung für die Handelsflotte gab. Aus der Wirtschaft nahm man Bewerber mit den Berufen Schlosser, Dreher, Monteur oder Schmied, die das 20. Lebensjahr überschritten hatten, über eine gute Schulbildung verfügten, eine praktische Arbeits- und Lehrzeit von mindestens vier Jahren nachweisen konnten und wenigstens drei Jahre in einer Dampfmaschinenfabrik gearbeitet hatten.[87]

Die Bedingungen für die Befähigungsnachweise wurden 1909 und 1913 präzisiert und der technischen Entwicklung angepaßt.

Neben dem Maschinenpersonal kamen vor dem Ersten Weltkrieg auch die Funker auf die Schiffe, da Bordfunkstellen auf Segel- und Dampfschiffen eingerichtet wurden. Nach 1906 waren diese Funkstellen nach heftigem Streit mit der damals dominierenden Marconi-Gesellschaft Eigentum des Konzerns »Telefunken«,[88] deshalb erfolgte die Ausbildung der Funker durch diesen Betrieb. Damit waren sie nach Recht und Gesetz Angestellte des Konzerns und erhielten den Beamtenstatus. Daraus ergaben sich Konsequenzen für die Anwendung der Seemannsordnung auf diesen Personenkreis.

Deutsche Schulschiffahrt zwischen zwei Kriegen

Neuer Anfang

»Der Kaiser ging, die Generale blieben«, war eine oft gebrauchte Charakterisierung der Zeit nach dem Ersten Weltkrieg. Die revolutionären Ereignisse, die das Kriegsende begleiteten, trugen zu einem großen Teil die Seeleute. »Die Flottenmannschaften haben im Kriege Übermenschliches geleistet. Versagt hat ein großer Teil der Führer, die sich durch die Nachahmung der üblen Gewohnheiten ihrer Vorbilder, Wilhelm II. und Tirpitz, Ansehen und Vertrauen bei den Matrosen verscherzten.«[89] Überheblichkeit besonders der Seeoffiziere, mangelhafte Ausbildung auf dem Gebiet der Menschenführung sowie das sture Festhalten an einer überholten Einsatzkonzeption der Hochseeflotte ließen die Konfrontation zwischen der Leitung und den Mannschaften anwachsen.

Auf dem Linienschiff KÖNIG bildete sich am 28. Oktober 1918 ein Matrosenrat, um die kommenden, komplexer werdenden Aktionen führen zu können. Es ging darum, die spontane Bereitschaft der Seeleute in die erforderliche Richtung zu lenken, damit die Feuer aus den Kesseln gerissen werden, um das geplante Auslaufen der Flotte 1918 zu verhindern. Die Ereignisse sind bekannt und führten zu den Wirren der Nachkriegszeit. Der Waffenstillstandsvertrag forderte, sämtliche U-Boote und eine Gruppe von Kampfschiffen abzuliefern sowie alle übrigen Schiffe der Kriegsmarine abzurüsten. Die Blokade Deutschlands wurde fortgesetzt, deutsche Handelsschiffe auf See wurden beschlagnahmt.[90]

Für die zukünftige Kriegsmarine Deutschlands ergaben sich aus den Verträgen eindeutige Festlegungen (z.B. Artikel 181 und 190 des Versailler Vertrages): sechs Linienschiffe, sechs Kleine Kreuzer, zwölf Zerstörer und zwölf Torpedoboote mit einem Personalbestand von 15 000 Mann (davon 1500 Offiziere).

Die deutsche Handelsflotte hatte alle Schiffe abzuliefern, deren Raumgehalt über 1600 BRT lag, von den Fahrzeugen zwischen 1000 und 1600 BRT war die Hälfte des Bestandes zu übergeben. Damit verblieben unter deutscher Flagge meist veraltete Frachter mit einem Gesamtraum von 673 000 BRT. Bereits am 1. April 1922 besaßen die deutschen Reedereien wieder eine beachtliche Anzahl von Schiffen. Als 1924 die Wirtschaftsentwicklung wieder aufwärts ging, waren sie in der Vorderhand, denn vor Beginn der Weltwirtschaftskrise 1929 verfügte die deutsche Handelsflotte über 4,0 Millionen BRT Schiffsraum, von dem 50 Prozent jünger als fünf Jahre waren.

Im allgemeinen wird das Ende des Ersten Weltkriegs als Ende der Segelschiffahrt bezeichnet. Bis auf Reste verschwanden die großen Frachtsegler von den Meeren. Genau betrachtet verfügte außer Finnland nur noch Deutschland über eine größere Segelschiffsflotte. Die Verluste während des Krieges und die Ablieferung deutscher Großsegler setzten ein deutliches Ende. Allein 63 Viermast-Barken, drei Viermast-Vollschiffe und eine Fünfmast-Bark waren vernichtet worden – 15 Prozent der jemals in der Welt gebauten Segelschiffe dieser Typen.[91]

Die hier genannte Fünfmast-Bark (siehe Tabelle 8) war ein Schiff, über das man in diesem Zuammenhang sprechen muß, es handelte sich nämlich um die ehemals deutsche R.C. RICKMERS. Sie war 1906 in der Rickmers-Werft

Die Viermastbark MAGDALENE VINNEN fuhr für die Reederei Vinnen als Segelschulschiff, später als KOMMODORE JOHNSEN für den Norddeutschen Lloyd und heute als SEDOW für die Sowjetunion.

für den eigenen Schiffahrtsbetrieb gebaut worden, um die 1892 verschollene Fünfmast-Bark MARIA RICKMERS zu erstezen. Der Reeder benutzte das neue Schiff zur Ausbildung des eigenen Offiziersnachwuchses, sie war mit 5548 BRT nach der FRANCE II der zweitgrößte Rahsegler. In Cardiff wurde er vom Krieg überrascht und als NEATH unter britischer Flagge eingesetzt. Am 27. März 1917 versenkte das deutsche U-Boot U 66 das stolze Schiff vor Island. Widersinn des Krieges!

Vinnen ließ fünf Fünfmast-Toppsegler bauen, die auch der Ausbildung dienten, ADOLF VINNEN strandetet auf der ersten Reise.

Es kann nicht Aufgabe dieser Betrachtung sein, über die nach 1919 abgelieferten Großsegler detaillierte Angaben zu machen. Nur einige, die als Segelschulschiffe eine Rolle spielten, werden in Tabelle 10 genannt und kurz beschrieben. Es erweist sich, daß die Länder, an die Segelschiffe abzuliefern waren, dafür keine Verwendung hatten, denn sie hatten die Segelschiffahrt seit der Jahrhundertwende aufgegeben. So gelang es zum Beispiel Laeisz, einige seiner ehemaligen Schiffe billig zurückzukaufen, um sie wieder gewinnbringend in der Salpeter- und Getreidefahrt einzusetzen. Ab 1923 wollte auch die Vinnen-Reederei an der Massengutfahrt dieser Zeit partizipieren. Die »Schiffs- und Maschinenbau AG. Germania« in Kiel erhielt den Auftrag, fünf Segler von je 1860 BRT zu bauen. Die Viermast-Bark MAGDALENE VINNEN hatte die Ausbildung des eigenen Offiziersnachwuchses übernommen, die neuen Schiffe sollten mit Minimalbesatzung Fracht fahren. Die Fünfmast-Toppsegel-Schoner, die nicht nur am Fockmast, sondern auch am Mittelmast Rahsegel trugen, waren ein sehr rationeller Typ. Diese sogenannte »Vinnen-Takelung« war fast einmalig, ihre Segelfläche betrug 1840 Quadratmeter. Da sie 2400 Tonnen Ladung nehmen konnten und schnelle Segler waren, fuhren sie für den Reeder gutes Geld ein.

ADOLF VINNEN strandete bereits auf der ersten Reise am 9. Februar 1923 bei Kap Lizzard. CARL VINNEN fuhr von 1924 bis 1931 unter dem Kommando des Rostocker Kapitäns Ernst Weitendorf, der 1951 noch im hohen Alter als erster Kapitän das DDR-Segelschulschiff WILHELM PIECK führte. 1939 in Cartagena aufgelegt wurde sie 1946 durch die Briten nach Gibraltar geschleppt und 1947 vom deutschen Reeder Schliewen gekauft, der 1951 die beiden Viermast-Barken PAMIR und PASSAT übernahm. Als diese Reederei 1954 Konkurs anmeldete, wurde CARL VINNEN in Bremerhaven abgewrackt. Zwei Schiffe dieser Gruppe, CHRISTEL VINNEN und WERNER VINNEN, baute der Reeder 1934 bzw. 1937 zu Motorschiffen um. Wie das fünfte Schiff dieser Gruppe, SUSANNE VINNEN, wurden alle zur Ausbildung eingesetzt:[92]

CARL VINNEN	1923–1939
CHRISTEL VINNEN	1923–1939
SUSANNE VINNEN	1923–1929
WERNER VINNEN	1923–1938.

Trotz des Niederganges der Segelschiffahrt entstand 1913 eine Reederei, die als letztes Refugium der stolzen Tiefwassersegler angesehen werden muß. Der finnische Kapitän Gustav Erikson aus Mariehamn auf den Alands-Inseln, die vor den Ersten Weltkrieg zum russischen Zarenreich gehörten und nach 1918 der neu entstandenen Republik Finnland zugesprochen wurden, kaufte 1913 die mit 1011 BRT vermessene Bark TJERMAI (Baujahr 1883). Gleich danach erwarb er die Viermast-Bark RENÉ RICKMERS (2135 BRT, Baujahr 1887), der er den Namen ALAND gab. Sie strandete jedoch während der ersten Reise für Erikson am 20. August 1914 in Neu-Kaledonien. Diese Tatsache veranlaßte ihn, nie wieder ein aufgekauftes Schiff umzubenennen. So fuhren sie alle, die er im Verlaufe von 29 Jahren, also bis 1942, kaufte, mit ihrem ursprünglichen Namen. Auch einige deutsche Schiffe kamen in seinen Besitz.

Die Besatzungen seiner Schiffe bestanden sehr oft aus Seeleuten, die ihre Segelschiffszeit vor dem Besuch der Steuermannsschule absolvieren mußten und nicht nur für niedrige Heuer fuhren, sondern sogar bezahlten. Man sagte treffend, daß auf den Erikson-Schiffen meist ebenso viele zahlende wie bezahlte Seeleute gemustert waren. Dennoch muß ihm hoch angerechnet werden, daß er bis zu seinem Tode mit aller Kraft und mit viel Hingabe für das Überleben der Rahsegler kämpfte. »Ich liebe diese Schiffe. Wenn ich einmal nicht mehr bin, werden auch sie nicht mehr sein, aber solange ich bin, werden auch sie sein.« Mancher Offizier hätte unter den damaligen Bedingungen sein Patent nicht erreichen können, wenn es die Tiefwassersegler des Gustav Erikson nicht gegeben hätte. So kann man die meisten seiner Segler als Ausbildungsschiffe (Schiffe mit Ausbildungsauftrag) ansehen.

Ein Segler, der ab 1921 dieser Reederei gehörte, hatte bereits vor dem Kriege auf sich aufmerksam gemacht: HERZOGIN CECILIE. Die 1902 gebaute Viermast-Bark, frachtfahrendes Segelschulschiff des Norddeutschen Lloyd, hatte von 1914 bis 1920 in Coquimbo (Chile) gelegen und war dann an Frankreich abzuliefern, von da gelangte sie 1921 zu Erikson. Auch unter finnischer Flagge machte sie schnelle Reisen und errang 1927, 1928, 1931 und 1936 die Trophäe für die schnellste Reise in der australischen Getreidefahrt. Ihr gelang 1934 ein spektakulärer Triumph, für den es keine Auszeichnungen oder Wettprämien gab, der aber – sozusagen in aller Stille – die Schnelligkeit eines großen Frachtseglers nachhaltig und augenscheinlich demonstrierte: Ein britscher Passagierdampfer befand sich im Oktober 1934 auf der Reise nach Rio de Janeiro, als voraus ein großes Segelschiff gesichtet wurde. Der Kapitän wollte seinen Passagieren natürlich den Anblick eines solchen Schiffes mit geblähten Segeln ermöglich. Mit »voller Fahrt voraus« wollte er es einholen und überholen, um so zu zeigen, daß Dampfschiffe einem alten »Windjammer« überlegen sind. Aber der Kapitän des Segelschiffes, Sven Erikson, wollte sich das nicht bieten lassen, als hervorragender Seemann holte er aus seiner Bark alles heraus. Der Wind nahm zu und erreichte fast Sturmstärke, so daß er seine Geschwindigkeit auf 16, 17 und schließlich 18 Knoten steigerte. Da konnte der Dampfer nicht mehr mithalten. 34 Segel mit einer Fläche von etwa 3000 Quadratmetern optimal an den Wind gebracht, trieben die CECILIE voran. Der englische Kapitän, die Besatzung und die Passagiere konnten die hohe Anerkennung und Bewunderung nicht verhehlen. Ritterlich und sportlich fair grüßte der Dampferkapitän mit dem Typhon und dippte die Flagge. Der Finne dankte in gleicher Weise, wie es auf See üblich ist.

Nur zwei Jahre später, am 25. April 1936, lief der schnelle Segler im Nebel an der Steilküste von Devonshire in der Nähe von Salcombe in die Felsen und schlug leck. Er hatte gerade als Sieger bei Falmouth die »Ziellinie« überfahren und Order für die Ladung bekommen. Erikson versuchte, das Schiff abzubergen, aber es gelang nicht – eines der schnellsten, schönsten Segelschiffe aller Zeiten, ein ehemals frachtfahrendes Segelschulschiff, war unwiderruflich verloren.

Als Gustav Erikson 1947 starb, ließ der Sohn die meisten Schiffe verschrotten, nur einige wenige aus dieser Flotte blieben erhalten, sie liegen in verschiedenen Hafenstädten und künden von einer großen Vergangenheit der Windjammer: PASSAT in Travemünde, VIKING in Göteborg, PEKING in New York und POMMERN in Mariehamn.

In Deutschland ging die Frachtfahrt mit Tiefwasserseglern in den dreißiger Jahren zu Ende. 1935 besaßen fünf Reedereien noch insgesamt sechs Großsegler, von denen vier als frachtfahrende Segelschulschiffe eingesetzt waren.

Wie geht es weiter?

Noch verlief die Ausbildung wie vor dem Ersten Weltkrieg, aber der Neuaufbau der Handelsflotte Deutschlands erzwang Verbesserungen, um sie den neuen Bedingungen anzupassen. Die Annahme, daß es nach dem Kriege einen Überschuß an Mannschaften und Offizieren geben würde, bestätigte sich nicht. Der VIII. Seeschiffahrtstag am 4. und 5. April 1921 schlug deshalb verschärfte Auswahl- und Prüfungsbestimmungen für Offiziere der Handelsflotte vor, aber sie waren unnötig. Das Gegenteil trat ein: Die Kurse wurden verkürzt, die Prüfungen sogar in einigen Fällen erleichtert und durch Darlehen der Reedereien gefördert. Einige Reeder versuchten, die ökonomisch günstigere Segelschiffahrt zu betreiben, wodurch es Möglichkeiten gab, die Bedingungen des »Segelschiffs-Paragraphen« von 1887 zu erfüllen. So war ihr vorübergehendes Aufleben zu verzeichnen. Segelschiffe aller Klassen und Größen waren leicht zu haben, ihr Betrieb war billig, weil die Seeleute vor dem Schulbesuch geringe Heuern in Anspruch nahmen oder sogar für die Arbeit bezahlten.

Die Bremer Reederei F.A. Vinnen & Co. ließ 1921 auf der Krupp-Germania-Werft in Kiel die Viermast-Bark MAGDALENE VINNEN (3478 BRT, Ladefähigkeit 6000 Tonnen) zur Ausbildung des Offiziersnachwuchses bauen, mit der die ehemalige Viermast-Bark

SEDOW (ex MAGDALENE VINNEN, ex KOMMODORE JOHNSON) fährt als gegenwärtig größtes Segelschiff unter russischer Flagge.

PEKING – 1923 bis 1932 frachtfahrendes Segelschulschiff, heute Museumsschiff in New York.

gleichen Namens ersetzt wurde. Damit begann der Einsatz frachtfahrender Segelschulschiffe in Deutschland von neuem. Laeisz kaufte sehr bald nach Kriegsende drei seiner Viermast-Barken zurück, die 1919 bzw. 1921 als Reparation abzuliefern waren. 1922 bis 1924 gingen nacheinander PASSAT, PEKING und PAMIR wieder in seinen Besitz über, dazu kamen noch PARMA, PEIHO und PINNAS. Die Viermast-Bark PRIWALL, die 1918 unvollendet in der Werft Blohm & Voss lag, wurde bereits 1920 übernommen und sofort eingesetzt. Die traditions-reiche Reederei hatte damit eine respektable Flotte großer Tiefwassersegler beisammen, um die Reisen zur Westküste Südamerikas wieder aufzunehmen – sozusagen ein letzter Versuch, die Frachtfahrt mit Segelschiffen zu beleben. Laeisz hatte aus der Zeit vor dem Ersten Weltkrieg Erfahrungen in der Ausbildung des seemännischen Nachwuchses auf eigenen Segelschiffen gesammelt. Er legte von Anfang an größten Wert auf solide Schiffe, gute technische und nautische Ausrüstung sowie hervorragende Kapitäne, Offiziere und Mannschaften, wodurch er sich in Schiffahrtskreisen der ganzen Welt einen guten Ruf erworben hatte. Die »Instruktionen« aus dem Jahre 1892 galten nach wie vor: »Meine Schiffe können und sollen schnelle Überfahrten machen.« Wie früher wurden auf seinen Frachtseglern die Seeleute herangezogen, die den legendären Ruhm der »Flying-P-Liner« neu begründeten und weiterführten. Die Ausbildung fand nun auf den Viermast-Barken PAMIR, PASSAT, PEKING und PRIWALL statt: Dazu bekam er jährlich auch 75 Jungen, die an der Deutschen Seemannsschule Hamburg einen Lehrgang von vier Monaten hinter sich hatten.

Der Deutsche Schulschiff-Verein konnte die Ausbildung nach 1918 unmittelbar fortsetzen, denn die drei Segelschulschiffe hatten den Krieg gut überstanden und sollten, da sie keine Fracht fahren konnten, nicht unter die Ablieferungsbedingungen des Versailler Vertrages fallen. Das betraf zuerst die PRINZESS EITEL FRIEDRICH und die GROSSHERZOG FRIEDRICH AUGUST in Kiel, die 1917 und 1918 sogar noch einige kurze Übungsfahrten an der Ostküste Schleswig-Holsteins unternommen hatten. GROSSHERZOGIN ELISABETZH war während der Kriegsjahre in Stettin aufgelegt worden.[93]

Bei Kriegsende waren die beiden erstgenannten Fahrzeuge des DSV im Gebiet Wesermünde stationiert. Ein Einsatz in der Nordsee war wegen der noch bestehenden Minengefahr unmöglich, weshalb GROSSHERZOG FRIEDRICH AUGUST im Sommer 1919 aus eigener Kraft, da ein Hilfsmotor vorhanden war, den Nord-Ostsee-Kanal passierte, um in die Ostsee zu gelangen. In dieser Zeit stand das Schiff der Fischerei zur Verfügung und war in Kiel stationiert, bis es bei neuen Unruhen in der Stadt wieder in die Wesermündung verlegt wurde. PRINZESS EITEL FRIEDRICH, da ohne Hilfsmotor, verblieb in Elsfleth, denn die Schlepperkosten nach Kiel wären für den DSV zu hoch gewesen. Bis Ende September 1919 erfolgte an Bord des festliegenden Schiffes die Ausbildung von Dampferbesatzungen, dann wurde es außer Dienst gestellt. Die Besatzung ging auf das Schulschiff GROSSHERZOG FRIEDRICH AUGUST. Aber über beide Schiffe war das Urteil gesprochen – gegen jede Regel mußten sie doch abgeliefert werden.

Kurz vor der Übergabe an Großbritannien vollbrachte die Bark GROSSHERZOG FRIEDRICH AUGUST noch eine wichtige Tat für den Deutschen Schulschiff-Verein: Das Vollschiff GROSSHERZOGIN ELISABETH war nach langer Liegezeit von Stettin nach Elsfleth zu überführen. Trotz des kleinen Hilfsmotors wurde die Schleppfahrt über See und durch den Nord-Ostsee-Kanal mit Bravour ausgeführt. Anfang August gingen die an Bord des GROSSHERZOGS befindlichen Schüler zur GROSSHERZOGIN zur weiteren Ausbildung. Die Bark wurde nach Großbritannien überführt. Beide abzuliefernden Schiffe schwimmen heute noch, ihr Schicksal sei kurz dargestellt.

GROSSHERZOG FRIEDRICH AUGUST ging 1920 nach Großbritannien, 1922 kaufte sie eine Reederei in Bergen (Norwegen), die sie 1923 dem »Institut Bergens Skoleskip« schenkte. Diese setzte das Schiff unter dem Namen STATSRAAD LEHMKUHL als Segelschulschiff ein. Als die deutschen Truppen 1940 Norwegen besetzten, fiel es ihnen in die Hände, sie nutzten es bis 1945 als Depotschiff WESTWÄRTS für die Kriegsmarine. 1946 zurückgegeben und instandgesetzt fährt es auch heute noch, es war immer ein geachteter Teilnehmer an den »Tall-Ship-Races« und Segelschiffsparaden.

PRINZESS EITEL FRIEDRICH war an Frankreich abzuliefern, wo es ab 1920 als stationäres Schulschiff COLBERT in St. Nazaire diente. Eigentlich sollte es das am 1. Januar 1927 in Baltimore ausgebrannte französische Segelschulschiff RICHELIEU (ex POLA) ersetzen. 1929 kauften es die Polen und bezahlten es aus den Spenden der Küstenbevölkerung, weshalb es den Namen DAR POMORZA erhielt. Es fuhr für die Seefahrtschule Gdynia. 1930 ging es in Fahrt und führte die Ausbildungsreisen bis Kriegsbeginn fort. Am 24. August 1939 verließ das Schiff den Hafen Libau (Lijepaja, Lettland) und nahm wegen des drohenden Krieges Kurs auf Stockholm, um dort interniert zu werden. Am 25. Oktober 1945 lief es wieder in Gdingen ein und unternahm bereits 1946 die erste Ausbildungsreise nach dem Kriege in das Mittelmeer. In der Zeit von 1946 bis zur Außerdienststellung 1981 erhielten rund 4700 Kursanten auf dem Schiff eine gute Ausbildung. 1972 nahm DAR POMORZA als erstes Schiff eines Staates des Warschauer Paktes am »Operation Sail« teil und siegte. So konnte Polen nach den Regeln der »Sail-Training-Association« (STA) das Ziel der nächsten Regatta des Jahres 1974 bestimmen. Zum 30. Jahrestag der Neugründung Polens wählte man Gdingen als Zielhafen. 1981 wurde das Schiff außer Dienst gestellt und liegt seitdem als Museumsschiff in Gdingen.

PRIWALL wurde von der Reederei Laeisz ab 1927 als frachttragendes Segelschulschiff eingesetzt und 1943 der chilenischen Regierung übergeben, dort fuhr die Viermastbark als Segelschulschiff LAUTARO.

Auf GROSSHERZOGIN ELISABETH war nach der langen Liegezeit von 1914 bis 1920 vieles nicht mehr in Ordnung, das Schiff mußte überholt werden. Aber Geld war nicht vorhanden, so mußten Stammbesatzung und Schüler eingreifen. Viele Arbeiten wurden von ihnen erledigt, so riggten sie es völlig neu auf.

Als die drei Segelschulschiffe bis 1920 noch beisammen waren, konnten auf ihnen trotz schwierigster Bedingungen immerhin 200 Mann ausgebildet werden: 18 Kadetten, 25 Matrosen, 81 Leichtmatrosen, 46 Mann für Dampfer, 30 Mann für die Fischerei.

Bereits im Herbst 1921 lief GROSSHERZOGIN ELISABETH als erstes deutsches Schulschiff offiziell zu einer Auslandsreise nach Las Palmas, Puertocabello (Venezuela) und Havanna aus.

Wieder einmal wurden alle möglichen Argumente gegen »reine« Segelschulschiffe ins Feld geführt. So zog man ernsthaft in Erwägung, den Deutschen Schulschiff-Verein aufzulösen und die

Seemannsschule Hamburg zu schließen. Aber die guten Vorkriegserfahrungen, verbunden mit der Einsicht, daß die Reedereien unter den Bedingungen der Notzeit und der Inflation allein auf sich gestellt nicht in der Lage seien, den Offiziersnachwuchs für die schnell wachsende Flotte und unter Beachtung des noch geltenden Segelschiffsparagraphen heranzubilden, überzeugten die meisten Zweifler. Die Einrichtungen blieben – glücklicherweise – bestehen.

Das 1901 gebaute Vollschiff HAMBURG wurde 1924 zum frachttragenden Segelschulschiff umgebaut und 1926 bereits abgebrochen.

Für die Einstellung der Schiffsjungen blieb alles beim alten: Termine, vorzulegende Unterlagen, Einstellungsalter. Nur die Kosten für Verpflegung, Ausbildung und Krankenbehandlung (außer Zahnarzt) waren noch schwerer aufzubringen, sie betrugen 750,00 Goldmark, dazu kamen 250,00 Goldmark für die vom Schiff gestellte Bekleidung. Für eine gute Ausbildung sollten die Eltern an den Mehrkosten keinen Anstoß nehmen, wurde versichert. Das seien geringe Beträge, damit auch Jungen aus »wenig bemittelten Kreisen« diese Ausbildung beim Schulschiff-Verein aufnehmen könnten.

Die Ausbildung an Bord dauerte zwei Jahre, aber bis 1924 konnten solche Jungen, die eine höhere Schulbildung bis zur Obersekundareife nachwiesen, nach dem Schiffsjungenjahr in die sogenannte Kadettenabteilung übernommen werden. Diese Möglichkeit gab es danach nicht mehr, denn alle Jungen blieben als Leichtmatrosen an Bord des Schulschiffes – der Kadettenstatus war für die Handelsschiffahrt aufgehoben worden. Damit wurden Veränderungen des Lehrplans notwendig.

Um die Reeder unter den angespannten wirtschaftlichen Verhältnissen in der Ausbildung wirksam zu unterstützen, wurde 1923 in Hamburg die »Schiffsreederei G.m.b.H.« als eine Gemeinschaftseinrichtung gebildet, die frachtfahrende Segelschulschiffe betreiben sollte. Sie kaufte das 1902 bei »Ateliers et Chantiers de la Loire« in St. Nazaire gebaute Vollschiff LAENNEC und gab ihm den Namen OLDENBURG. Es wurde für den neuen Einsatzzweck umgebaut, so daß 40 Schiffsjungen Platz fanden. Als im März 1923 die erste Reise begann, stellten die Deutsche Seemannsschule Hamburg-Finkenwerder und der Deutsche Schulschiff-Verein, dessen GROSSHERZOGIN ELISABETH sozusagen als Mutterschiff diente, Leichtmatrosen zur Verfügung. Im Februar 1924 erreichte OLDENBURG mit einer Salpeterladung wieder den Hafen Hamburg. Die zweite Reise unter Kapitän Lehmberg dauerte ein Jahr: Ausreise im Februar 1924 – Einlaufen Hamburg Ende Februar 1925. Die dritte Reise wurde abgebrochen, als das Schiff am 15. Mai 1925 am Kap Hoorn in einen Sturm geriet und neben einigen anderen Schäden die Großmarsstenge brach. Da in Port Stanley (Falkland-Inseln) eine Reparatur nicht möglich war, erhielt der Kapitän die Order, mit einem Notrigg nach Hamburg zurückzukehren. Als sich die Gemeinschaftsreederei 1928 auflöste, setzte der Norddeutsche Lloyd das Schiff noch einige Jahre ein, um es 1931 an Finnland zu verkaufen. Unter dem Namen SUOMEN JOUTSEN betrieb die finnische Kriegsmarine das Vollschiff bis 1954 als Segelschulschiff, nachdem es so umgebaut worden war, daß es nunmehr 90 Schüler aufnehmen konnte. Während des Zweiten Weltkriegs diente es abgetakelt als Kasernenschiff. Ab 1954 übernahm es die finnische Handelsmarine, hielt es bis 1960 zur Ausbildung von Offizieren in Fahrt und übergab es dann der Seefahrtschule Turku als stationäres Schulschiff. Seit 1988 ist es zur Besichtigung freigegeben. 1995 lag es ohne Masten und von Persennings zugedeckt am alten Liegeplatz im Aura-Fluß. Aus einer Zeitungsmeldung vom 11. November 1995 geht hervor, daß das nunmehrige Museumsschiff einer großen »Schönheitskur« unterzogen wird, damit es zur Operation-Sail 1996 wieder im alten Glanz erstrahlen kann.

Die Hamburger Reederei Hans Heinrich Schmidt (gegründet 1899) kaufte 1922 das 1901 bei Dubigeon in Nantes gebaute und mit 1873 BRT vermessene Vollschiff MARÉCHAL DE CASTRIES und setzte es als HENRIETTE in der Salpeterfahrt ein; 1924 erfolgte der Umbau zum Segelschulschiff HAMBURG, der Deutsche Schulschiff-Verein wurde Miteigner. Dann ging es mit Schiffsjungen zuerst an die Südküste der USA nach Pensacola und anschließend in die Getreidefahrt nach Australien. Als das Schiff am 23. Oktober 1925 zur zweiten Reise nach Australien aus Falmouth ablief, geriet es zwei Tage später in einen schweren Sturm. Beim Anlaufen des Nothafens Dublin strandete es. Besatzung und Ladung wurden abgeborgen. Danach verkaufte es der Reeder zum Abbruch, der 1926 erfolgte.

1923 kaufte die Stettiner Dampfer-Compagnie das 1892 in Großbritannien als WISCOMBE PARK gebaute und in Rotterdam als EDOUARD BUREAU aufliegende Vollschiff, »um es unter dem Namen GREIF ähnlichen Zwecken dienstbar zu machen«.[74] Nach einem Umbau wurden für die erste Ausbildungsreise gemustert: Kapitän, drei Nautische Offiziere, ein Arzt, ein Koch, ein Kochsmaat, ein Steward, je ein Bootsmann, Zimmermann, Segelmeister und Schmied sowie sechs Vollmatrosen, sechs Leichtmatrosen, vier Jungmänner und 14 Jungen. Die Matrosen und Leichtmatrosen kamen vom Schulschiff-Verein, unter den Jungen befand sich der bekannte Seeschriftsteller Fritz Brustal-Naval. Am 24. Januar 1924 lief das Schiff in Ballast nach Australien aus, erreichte Port Lincoln am 8. Mai und trat mit 3800 Tonnen Getreide am 23. Mai die Rückreise an. Als das Schiff im November 1924 an die Vinnen-Reederei verkauft wurde, hob man den Status eines Schulschiffes auf.

So endete die erste Phase des Wiederaufbaues einer wirksamen Schulschiffahrt in Deutschland mit großen Anstrengungen und manchen Rückschlägen, um für die schnell wachsende Flotte den erforderlichen Nachwuchs heranzubilden. Die Deutsche Seemannsschule bereitete die Jungen für den Einsatz auf den frachtfahrenden Segelschulschiffen vor. Die Schule war von 1914 bis 1918 geschlossen und mußte von 1919 bis 1924 vorübergehend in das Lotsengebäude Hamburg-Waltersdorf umziehen. Dennoch konnte der Ausbildungsbetrieb erst 1922 wieder aufgenommen werden. Anleitung und Betreuung erfolgten durch die Seefahrtschule Hamburg, wobei sich die bekannten Lehrer Prof. Dr. Friedrich Bolte und Prof. Otto Steppes verdient machten.

Obwohl der Lehrplan beibehalten werden mußte, erfolgte eine Reduzierung der Lehrgangsdauer von sechs Monaten vor dem Kriege auf nunmehr drei Monate. So war die Schule in der Lage, alle drei Monate vorgebildete Jungen an den Schulschiff-Verein und an die Reedereien abzugeben. Das monatliche Schulgeld betrug nun 140,00 Goldmark, für die Bekleidung waren 40,00 Goldmark und für Taschengeld 30,00 Goldmark für den dreimonatigen Lehrgang zu zahlen. Wer konnte schon so ohne weiteres 550,00 Goldmark für einen solchen Lehrgang auf den Tisch legen? Natürlich garantierte die Seemannsschule danach einen Großsegler, um die geforderte Segelschiffszeit absolvieren zu können.

Übrigens gab es damals eine Matrosenschule in Berlin, die aus der ehemaligen »Marine-Vorschule« hervorgegangen war. Vom 15. Lebensjahr ab bereiteten sich hier die Jungen auf den Seemannsberuf in Theorie und Praxis während der freien Abendstunden vor. Viele von den Jugendlichen hatten jedoch nicht die Absicht, später Seemann zu werden.

»Wilde Schulschiffahrt«

Die mehrschichtigen Anstrengungen, die deutsche Schulschiffahrt wieder in Gang zu bringen, führten auch zu Unternehmungen mit zweifelhaftem Anstrich. Zu verlockend waren die Möglichkeiten, eine Reederei zu gründen, billige alte Segler wieder in Fahrt zu setzen, sie zum Schulschiff erklären zu lassen und sie unterbesetzt, durch »zahlende Kadetten« ergänzt, auf die Reise zu schicken. Beispiele aus der Vorkriegszeit sowie solche der großen Reedereien brachte manch weniger seriösen Menschen auf diese profitträchtige Idee. Da der Segelschiffsparagraph noch galt, boten sich Gelegenheiten für solche »Neureeder«, deren Absichten nicht immer zu durchschauen waren. Die sterbende Segelschiffahrt hatte bereits vor dem Kriege einige Reeder veranlaßt, eine etwas dubiose Art der Segelschiffahrt einzuführen, »die es sich angelegen sein ließen, die Ausbildung von Schiffsjungen zum Zweck des Erwerbs zu betreiben. Ein besonderes Verdienst um die Bekämpfung dieses Mißstandes, der sich nachgerade zu einer Ausbeutung von Schiffsjungen durch solche zweifelhaften Unternehmungen ausgewachsen hatte, hat sich der Hamburgische Verein Seefahrt erworben, dem unter tätiger Mitarbeit der legitimen Reederei die Aufgabe zufiel, junge Leute im Alter von 15 bis 17 Jahren als Decksjungen auf den deutschen Schiffen gegen mäßige Gebühr einzustellen«.[94]

Warum sollte das nicht auch nach dem Krieg funktionieren? Die alten Bestimmungen der Schiffsbesetzungs-Ordnung enthielten keine Festlegungen über Segelschulschiffe, deren Besatzungen und die Schiffsjungen, so daß, verbunden mit der wirtschaftlichen Gesamtsituation Nachkriegsdeutschlands, manche dunkle, über legale Positionen hinausgehende Machenschaften guten Nährboden fanden.

1922 hatte die Nutzung solcher »Segelschulschiffe« begonnen, als die Reederei »Küstentransport und Bergungs-AG« zwei Fracht-

unbemittelten Jungen war es fortan kaum möglich, zur See zu gehen und einmal Kapitän zu werden; das war vorbei«, schrieb Kapitän Hans J. Volquardsen in seinen Lebenserinnerungen.[112]

Am 11. April 1927 war die Jungfernreise in Delfzjl beendet.

Im April 1928 übernahm Kapitän Hermann Piening die PADUA, die er bis Oktober 1930 führte. Seine letzte Reise auf diesem Schiff vom 28. Februar bis 10. Oktober 1930 war leider von einigen schweren Unfällen überschattet. In einem Bericht heißt es: »... Plötzlich überfiel uns ein Norder, dieser gefürchtete Sturmwind an der Westküste (Südamerikas, O.B.), der ohne Warnung losbricht. In Minutenfrist war auf der PADUA der Teufel los. Die Pardunen des Vortopps rissen aus den Spannschrauben, die Stenge brach über der Saling ab. Der Toppmatrose Franz Vollmer war auf der Bramrah gerade beschäftigt, die Preventerschoten anzubringen. Er wurde in die See geschleudert. Die drei Untersegel wurden durch die sich wild bewegenden Riggen und die Stenge zerfetzt. Der Segeldruck war plötzlich vom Vorschiff genommen, das Schiff luvte an, das Achterschiff wuchtete in die See. Ein mächtiger Roller wusch über das Achterdeck und setzte die Wohnräume unter Wasser. Mit dieser See gingen drei Kameraden über Bord: Kurt Wernecke, Kurt Böhme und Otto Strodthoff. Hart waren die nächsten Stunden ... Im Unterzeug und barfuß waren wir oben im peitschenden Hagel und Regen, um die Segel zu bergen und die Stenge zu laschen. Stunde um Stunde kreuzten wir zurück. Umsonst. Dann standen wir auf dem Hochdeck. Abgekämpft. Niedergeschlagen. Keiner sagte ein Wort. Kapitän Piening, der Alte, nahm den Südwester ab. In seinen Augen stand Not.«[113]

Darüber hinaus stürzte während dieser Reise der Leichtmatrose Grabs von der Großrah auf das Deck und verblutete innerlich. In der Seeamtsverhandlung wurde der Kapitän zwar freigesprochen, aber abgesehen von einem persönlichen Schuldgefühl eines verantwortungsbewußten Kapitäns kam mit dem Tode des Leichtmatrosen ein Problem an die Oberfläche, das jedoch eindeutig zu Lasten des Reeders ging. Es zeigt sich, daß auch bei einer renommierten Reederei nicht alles im Lot war und die Vorschriften zuweilen mißachtet wurden.

Die Familie Grabs und viele andere Menschen brachten die Angelegenheit an die Öffentlichkeit, so daß scharfe Angriffe gegen die Ausbildung auf Segelschulschiffen erfolgten. Hier hätte man wohl deutlicher »frachtfahrende Segelschulschiffahrt« sagen müssen. Die Eltern des Leichtmatrosen wiesen nach, daß ihnen bei Abschluß des Ausbildungsvertrages versichert worden sei, es wäre auf alle Fälle ein Arzt an Bord. Sie meinten, daß der Junge bei einem unmittelbaren Eingriff eines Arztes hätte gerettet werden können, der Tod sei erst nach längerer Zeit eingetreten, die inneren Blutungen hätten gestoppt werden können. So setzten Vorkommnisse dieser und ähnlicher Art schon sehr früh Zeichen gegen die frachtfahrenden Segelschulschiffe – ein Problem, das in den kommenden Jahren immer wieder die Menschen bewegte. Nach dem Unglück der PAMIR im Jahre 1957 wurde die Ausbildung auf frachtfahrenden Segelschulschiffen endlich verboten.

Für die Reederei Laeisz liefen außer der PADUA die Schulschiffe
PRIWALL vom 15. April 1926 bis 3. September 1939,
PEKING vom 4. August 1927 bis 26. Juli 1932,
PASSAT vom 10. Oktober 1927 bis 29. April 1932 mit je 40 Schülern. Dafür bekam die Reederei jährlich bis zu 70 Jungen, die einen Lehrgang an der Deutschen Seemannsschule Hamburg durchlaufen hatten.

Die starken Laeisz-Schiffe machten nach wie vor schnelle Reisen, die in den Jahren 1926 bis 1932 ausschließlich an die Westküste Südamerikas führten: Salpeterfahrt. Die Reisezeiten von Europa nach Chile, also mit der Umrundung des Kap Hoorn in westlicher Richtung, lagen zwischen 62 und 79 Tagen. Eine schnelle Reise schaffte PEKING 1931/32 mit 52 Tagen vom Englischen Kanal nach Valparaiso. PRIWALL machte die schnellste Reise um das Kap (50° zu 50° Süd) im November 1938, sie dauerte fünf Tage und 14 Stunden. Soll heißen – frachtfahrende Segelschulschiffe waren immer dabei, wenn es darum ging, für den Reeder schnelle Reisen zu machen. Da die Segelschiffahrt nicht mehr rentabel und das Ladungsangebot unzureichend war, verkaufte Laeisz vier seiner Großsegler:
PAMIR 1931 an Erikson, Mariehamn (Alands-Inseln),
PARMA 1931 an De Cloux & Villiers, Mariehamn,
PASSAT 1932 an Erikson, Mariehamn,
PEKING 1932 nach Großbritannien.
PEIHO und PINNAS sanken 1923 bzw. 1929 bei Kap Hoorn.

Mit den beiden verbleibenden Viermast-Barken PRIWALL und PADUA setzte die Reederei die Ausbildung von Kadetten fort, betrieb trotz aller Schwierigkeiten und Gefährdungen mit Zustimmung der Behörden weiterhin Frachtschulschiffahrt mit Segelschiffen. Laeisz versuchte, seine Segler in die Getreidefahrt nach Australien zu bringen, dazu brauchte er ein spektakuläres Ereignis, das in der Schiffahrtswelt den Wert der Segelschiffe nachhaltig unterstrich. So wurde die neunte Reise der PADUA berühmt, trat sie doch zum letzten Rennen der Großsegler gegen PRIWALL an.

Kapitän Robert Clauß führte die PRIWALL, Kapitän Jürß die PADUA. Am 31. Oktober 1933 verholten beide Schiffe mit Schlepperhilfe bis Feuerschiff ELBE III. Hier ankerten die Konkurrenten, um am 1. November gleichzeitig die Segel zu setzen und abzulaufen. Am 4. Januar 1934, nach einer Reise von reichlich zwei Monaten, stand PADUA noch 116 Seemeilen vor South Neptun Island, dem 17 Meilen vom Ziel im Spencer-Golf entfernten Anlaufpunkt. PRIWALL hatte bis zu diesem Punkt nur noch 43 Seemeilen zurückzulegen: also ganze 60 Seemeilen von insgesamt 15 000. Schließlich war es sicher – PRIWALL segelte vom Englischen Kanal knapp 62 Tage, das waren zwei Tage mehr als der bisher schnellste Segler, der berühmte englische Klipper THERMOPYLAE, 1870/71 benötigt hatte. CUTTY SARK hatte 1974/75 auch nur 64 Tage gebraucht, das war genau die Zeit der PADUA. Die modernen Viermast-Barken waren also in guter Gesellschaft.

Im Juni 1934 erreichten beide Schiffe wieder die Heimat, eines der letzten Rennen zweier großer Frachtsegler, besser zweier frachtfahrender Segelschulschiffe, war beendet – ein später Höhepunkt einer vergangenen Zeit der Windjammer.[114]

Je mehr die Zahl der Tiefwassersegler abnahm, um so stärker wurden die noch vorhandenen Schiffe beansprucht. Weitere Reedereien stellten frachtfahrende Segelschulschiffe in Dienst und bemühten sich, die verschärften Bestimmungen einzuhalten. Die Hamburger Reederei Schmidt kaufte die 1902 gebaute französische Bark RENÉ (2470 BRT), nannte sie in LISBETH um und verkaufte sie 1926 weiter. Die Bremer »Segelschiffs-Rhederei Seefahrt« rüstete sie als Segelschulschiff aus und schickte sie am 10. April 1926 als BREMEN in See. Unter Kapitän Lehmberg fand die erste und letzte Ausbildungsreise statt, 1933 wurde sie abgewrackt.

Der Deutsche Schulschiff-Verein verfügte nach dem Ersten Weltkrieg noch über ein Schiff, denn GROSSHERZOGIN ELISABETH brauchte nicht abgeliefert zu werden. Aber auch der DSV mußte seinen Teil dazu beitragen, den Bedarf an Schiffsoffizieren abdecken zu helfen. 1927 erhielt die Werft Tecklenborg den Auftrag, ein Vollschiff etwa in der Größe der GROSSHERZOGIN ELISABETH zu bauen. Wenn auch die Bauzeiten 26 Jahre auseinander liegen, so kann man wohl von Schwesterschiffen sprechen. Am 14. Juni 1927 lief das Schiff vom Stapel und erhielt den Namen SCHULSCHIFF DEUTSCHLAND. Mit 1257 BRT vermessen führte es 25 Segel mit einer Fläche von 1900 Quadratmetern: an Fock- und Großmast je ein Untersegel, doppelte Mars- sowie doppelte Bramsegel und Royalsegel. Der Kreuzmast verfügte über die gleichen Rahsegel ohne Untersegel und das Gaffelsegel. Zwischen den Masten konnten je zwei Schratsegel gesetzt werden, dazu kamen bis zu drei Vorsegel. Natürlich erhielten beide Segelschulschiffe die in dieser Zeit modernsten technischen Einrichtungen wie Funkanlage, Unterwasserschall-Signalapparat sowie elektrische Beleuchtung und Dampf- bzw. Warmwasserheizung. Allerdings verzichtete man bei beiden auf Motoren.

Die Besatzung bestand – entsprechend den Vorschriften – aus sechs Offizieren, einem Arzt, einem Zahlmeister, zwölf Unteroffizieren und 120 Jungen, deren Zahl auf 140 bis 160 gesteigert werden konnte.

Die erste große Reise begann am 26. September 1927, sie führte nach Südamerika und über St. Helena zurück nach Bremerhaven. Nach 5935 Seemeilen endete sie am 19. Februar 1928. Weitere Reisen bis 1939 sollen stichwortartig erwähnt werden:

20. April bis 18. August 1928: Ostseereise von Elsfleth über Neustadt nach Königsberg, zurück über Saßnitz, Warnemünde und Travemünde nach Elsfleth.

3. Oktober 1935: Beginn der Winterreise 1935/36, bei starkem Südweststurm bis Gibraltar hart gegenan gekreuzt, vom 26. zum 27. Oktober 1935 ein Etmal von 276 Seemeilen, das bedeutet eine Geschwindigkeit von 10–14 Knoten. Schiff hat hervorragende Segeleigenschaften.

April 1939: Letzte Ostseereise.

Zum Beginn des Zweiten Weltkriegs lag das Schiff in Elsfleth, denn traditionsgemäß waren die Schulschiffe des DSV in Oldenburg registriert.[115, 116]

In den Bewerbungsunterlagen des Jahres 1929 werden die finanziellen Anforderungen an das Elternhaus für die Ausbildung auf einem Segelschulschiff des DSV dargestellt:

»Das Pensions- und Kleidergeld in Höhe von Mk. 1250.– für das erste Ausbildungsjahr sowie Mk. 8.– Prämie für die Effektenversicherung der Schiffsjungen mit einer Wertsumme von Mk. 300,–, zusammen also Mk. 1258,–, bitten wir an die Oldenburgische Landesbank, Oldenburg i.O., für unser Konto einzuzahlen; dieser Betrag muß spätestens 5 Tage vor der Einstellung eingegangen sein. Dagegen sind die Taschengeldzahlungen erst nach Erhalt des Einberufungsschreibens unmittelbar an den Zahlmeister des Schulschiffes zu richten.«[117] Eine Abschrift der »Bedingungen für die Annahme als Schiffsjungen an Bord der deutschen Schulschiffe GROSSHERZOGIN ELISABETH und SCHULSCHIFF DEUTSCHLAND« sind im Anhang beigefügt. Mit den Eltern der Schiffsjungen wurden, wie das auch in der Vinnen-Reederei geschah, »Ausbildungsverträge« abgeschlossen, in denen alle Bedingungen bis hin zur Ausrüstung, die vom Jungen selbst zu stellen war (Anhang 18).

1928 erwarb der Schulschiff-Verein ein weiteres Schiff, das 1893 bei Russel in Port Glasgow als AMASIS vom Stapel lief, später in SAXON umbenannt wurde und 1918 an eine norwegische Reederei verkauft wurde. 1927 übernahm die Reederei Vinnen die Bark, nannte sie ELFRIEDA und verkaufte sie an den DSV. Da sie in Swinemünde stationiert werden sollte, um besonders zur Ausbildung von Seeleuten der Ostseeschiffahrt eingesetzt zu werden, erhielt sie den Namen SCHULSCHIFF POMMERN. Mit 1632 BRT vermessen und mit einer Segelfläche von 1800 Quadratmetern war sie etwas kleiner als die beiden anderen Schiffe des Vereins. Der Umbau ermöglichte es, neben einer Stammbesatzung von 15 Mann 60 Schiffsjungen aufzunehmen. Zur Vorbereitung auf die erste Reise versegelte die Bark nach Elsfleth, übernahm von den beiden anderen Schiffen je 22 Leichtmatrosen und je 20 neu eingestellte Jungen. Die Leichtmatrosen der GROSSHERZOGIN ELISABETH bildeten die Backbordwache, die der SCHULSCHIFF DEUTSCHLAND die Steuerbordwache. Der Reiseplan sah vor:

Reisebeginn: 19. November 1928,
Reisedauer: November 1928 bis März/April 1929,
Reiseroute: Elsfleth, Madeira, Las Palmas, Barbados, Swinemünde.

In der Biskaya wurde das Schiff von einem starken Sturm überfallen, der zur Rückreise zwang. Am Eingang zum Englischen Kanal, Höhe Kap Lizzard, driftete es beigedreht nach Lee, als es eine Riesenwoge auf die Seite legte. Dabei brachen Fock- und Großmast sowie die Stenge am Besanmast. Alle abgebrochenen Teile der Takelage hingen in Lee außenbords. Über Funk wurde Hilfe herbeigerufen: SCHULSCHIFF POMMERN in schwerem Sturm 80 Seemeilen südöstlich von Kap Lizzard entmastet! Dampfer RHÖN und Bergungsschlepper SEEFALKE kamen trotz hochgehender See zu Hilfe. Später, am 24. November, erreichte auch der Schlepper HEROS die Unglücksstelle. Da der Havarist auf die Kanalinseln trieb und an den Felsen von Guernsey zu zerschellen drohte, war zuerst die 78köpfige Besatzung abzubergen, was auch gelang. Sie wurde nach Plymouth in Sicherheit gebracht und erreichte am 2. Dezember Bremen.

Das leere Wrack trieb bei wechselndem Gezeitenstrom nicht in die Felsen und konnte drei Tage nach dem Unglück nach St.

Malo eingeschleppt und anschließend in Cherbourg abgewrackt werden.[118]

Der Segelschulschiffs-Verein stellte 1932 die beiden Segelschulschiffe der Seemannsschule Hamburg zur Verfügung. GROSSHERZOGIN ELISABETH diente bis 1945 als stationäres Schulschiff. SCHULSCHIFF DEUTSCHLAND nahm im März 1940 neue Schiffsjungen an Bord, nachdem die letzten, sozusagen aus der Vorkriegszeit stammenden 50 Seeleute geprüft worden waren. Mitte April 1940 lief das Segelschulschiff zur letzten größeren Reise in die Ostsee aus, dann war auch dort das Segeln nicht mehr möglich. Trotz aller Beschränkungen erfolgte an Bord immer noch eine gute Ausbildung, dazu lag es in den Jahren 1941 bis 1945 fast ständig in Lübeck, wo in Lehrgängen jeweils etwa 120 Schiffsjungen zur Vorbereitung auf den Offiziersberuf zusammengefaßt wurden. Daß es nicht abzuliefern war, hat es der Tatsache zu verdanken, daß es ab Winter 1944/45 als Lazarettschiff genutzt wurde. Damit wurde die Ablieferung an die Alliierten vorübergehend ausgesetzt. Nach dem Krieg nach Cuxhaven geschleppt wurde es bis zum 1. Januar 1948 zum Wohnschiff für die deutschen Minensuch-Besatzungen. Anschließend erhielt es der DSV zurück, aber erst 1952 wurde es der Schiffsjungenschule Bremen als stationäres Schulschiff zur Verfügung gestellt. 1994 kaufte es die Hansestadt Bremen als Kulturdenkmal. In dieser Funktion lag es bis zum Frühjahr 1995 am alten Liegeplatz bei der seemännischen Berufsschule Bremen. Nach einer Werftzeit vom 29. April 1995 bis 19. Januar 1996 beim »Bremer Vulkan« hat es in Vegesack als Museumsschiff festgemacht, obwohl es noch mit seinen Unterkünften und Werkstätten der Berufsschule dient.

Nach 1932 waren in Deutschland nur noch die Viermast-Barken MAGDALENE VINNEN, PADUA und PRIWALL sowie die Fünfmast-Schonerbark CARL VINNEN als Segelschulschiffe vorhanden, ehe ab 1937 neue hinzukamen.

Schiffahrt unterm Hakenkreuz

Die deutsche Handelsflotte hatte am 1. Januar 1933 mit einem Raumgehalt von 4242000 BRT einen hohen Stand erreicht, aber die Weltwirtschaftskrise verbannte etwa ein Drittel des Schiffsbestandes beschäftigungslos an den Pfahl. Für die Seeleute bedeutete das Arbeitslosigkeit.

Die endgültige Neuorganisation der deutschen Handelsflotte erfolgte auf der Grundlage der »Verordnung über den organischen Aufbau des Verkehrs« vom 25. September 1935[119]. Der Reichsverkehrsminister bildete eine »Reichsverkehrsgruppe Schiffahrt«, die unter Leitung des Hamburger Reeders John T. Eßberger stand, der den Titel eines Staatsrates führte. Admiral a.D. Otto Schultze wurde die Leitung der beruflich-maritimen Ausbildung übertragen, er wurde somit Chef der Deutschen Seemannsschule, der neuen Schiffsjungenschulen und der Segelschulschiffe. Nicht nur ein ehemaliger Admiral sondern auch die Militarisierung Deutschlands erzeugten eine enge Zusammenarbeit mit der Kriegsmarine. Das machte sich schon beim Bau von Schiffen bemerkbar, wie ein Beispiel zeigen soll: 1934 erhielten die Stettiner Oderwerke den Auftrag für ein Seebäderschiff des Ostpreußen-Dienstes, das im April 1935 als TANNENBERG vom Stapel lief. Abgesehen vom Einbau einer bei der Kriegsmarine üblichen Dampfturbinen-Anlage von 13000 PS für eine Geschwindigkeit von 20 Knoten, erhielt das Schiff die erforderlichen Fundamente für Geschütze, Feuerleiteinrichtungen und Minenablaufbahnen – eines der vielen Beispiele für eine getarnte Aufrüstung. Der Einsatz erfolgte dann auch entsprechend:

1935–1939	Fahrten im Ostpreußen-Dienst,
3.–6. September 1939	Minenleger in Ost- und Nordsee,
1940	Schulschiff der Bildungsinspektion der Kriegsmarine für das seemännische Praktikum der Offiziersanwärter,
9. Juli 1941	Untergang des Schiffes durch Minentreffer in schwedischen Gewässern.[120]

Aber auch für die Besatzungen der Handelsschiffe hatte die durchgehende Militarisierung nachhaltige Folgen. Da die niedrigen Heuern bis 1937 beibehalten wurden, kam es zur Abwanderung aus dem Beruf. Es gab schon vor dem Krieg Dienstverpflichtungen, die, ausgehend vom »Arbeitsordnungsgesetz«, mit einer Bordgemeinschaft als militärische Organiationseinheit begründet wurde. Der Widerstand gegen die Nazis regte sich zunehmend.

Ausbildung und Erziehung der zukünftigen Schiffsoffiziere in den Lehranstalten und auf den Schulschiffen erfolgten unter den Bedin-gungen der Militarisierung der deutschen Handelsflotte. Am Anfang jeder Aufnahme stand die Marine-HJ, die 1933 als Nachwuchsorganisation der Kriegs- und Handelsmarine gegründet wurde. Allerdings drängte es die jungen Leute wohl mehr zur zivilen Schiffahrt, denn 1938 seien, so klagte man, viel zu wenig Jungen gewesen, die in die Kriegsmarine eintraten. Die Möglichkeiten der maritimen Vorbereitung gab es in Vierwochen-Lehrgängen in den beiden Sportschulen in Prieros/Mark und Seemoos am Bodensee.

Die Weiterführung auf dem Berufsweg betraf nach 1933 wieder nur diejenigen, die Offiziere werden wollten, obwohl erste Bemühungen zu spüren waren, eine echte, anderen Berufen entsprechende und vergleichbare Berufsausbildung aufzubauen. Eigentlich hatte die Weimarer Verfassung schon eine Berufserziehung mit Lehrplänen und Mindestqualifikationen als Fortsetzung der seit Mitte des 19. Jahrhunderts in Preußen und später in Deutschland bestehenden Systeme vorgesehen, aber sie schlossen den Matrosen nicht ein. Unmittelbar nach 1933 versuchten Hamburger Reeder, eine sogenannte Seeberufsschule zu schaffen. Hamburger Reedereien stellten die zu diesem Zeitpunkt beschäftigungslosen Schiffe BADEN, BAYERN, GENERAL MITRE und VOGTLAND für die Ausbildung zur Verfügung. Auf ihnen erhielten die Jungen in sechswöchigen Lehrgängen eine Grundausbildung, um anschließend auf den Schiffen der beteiligten Reedereien die praktische Ausbildung als Schiffsjungen zu erfahren. Ab 1937 erfolgte ein weiterer Ausbau, indem man

Bild rechts: Die Bark GORCH FOCK der Deutschen Marine läuft mit aufgegeiten Segeln aus.

Bild oben: Die Fünfmast-Bark POTOSI gehörte zu den Großseglern der letzten Jahrzehnte der Segelschiffszeit.
Bild links: 1927 ließ der Deutsche Schulschiff-Verein das Vollschiff SCHULSCHIFF DEUTSCHLAND bauen.
Bild unten: Die Bark SEUTE DEERN – Segelschulschiff der Reederei Essberger, Hamburg.

Bild oben: Der Dreimast-Gaffelschoner GROSSHERZOGIN ELISABETH setzt die Tradition der deutschen Schulschiffe fort.

Bild links: GORCH FOCK unter vollen Segeln.

Bild rechts: THEODOR KÖRNER übernahm die Deutsche Seereederei Rostock 1958 und setzte sie als Fracht- und Lehrschiff ein.

Bild unten: Das Fracht- und Lehrschiff J. G. FICHTE fuhr von 1962 bis 1979 für die Ausbildung von Matrosenlehrlingen und Offiziersanwärtern.

J. G. FICHTE

Dreimast-Toppsegelschoner THOR HEYERDAHL im Hamburger Hafen.

in Hamburg, Bremen und Stettin-Ziegenort begann, Schiffsjungenschulen einzurichten. In Hamburg nutzte man stationär die KAPITÄN HILGENDORF, in Bremen die ADMIRAL BROMMY und in Stettin zeitweise während der Sommermonate den Eisbrecher PREUSSEN.

KAPITÄN HILGENDORF war 1918 von der William Lyall Shipbuilding Co. in North Vancouver (USA) als CAP NORD auf Kiel gelegt. Sie gehörte zu einer Gruppe von Seglern, die gegen Ende des Ersten Weltkriegs aus Holz gebaut wurden, um schnell die zunehmenden Schiffsverluste auszugleichen – VICTORY-Schiffe des Ersten Weltkriegs! Der Fünfmast-Schoner fuhr bis 1935 unter verschiedenen Flaggen und lag kurze Zeit in Kiel auf, als die Polen ihn kauften und als Segelschulschiff ELEMKA in Dienst stellten. Aber 1938 übernahm ihn der USA-Bürger S.D. Rils, nannte ihn ANDROMEDA und wollte damit eine Expedition durchführen. Aber da das Geld nicht reichte, wurde der Segler zwangsversteigert und kam für 30000,00 Reichsmak in den Besitz der Reichsverkehrsgruppe Seeschiffahrt. Bei Blohm & Voss erfolgte ein entsprechender Umbau, dann wurde er in den Waltersdorfer Hafen geschleppt und ab 3. Juli 1939 als stationäres Schulschiff für die Hamburger Schiffsjungenschule genutzt. Während des Krieges verlegte man den Schoner wegen der Luftangriffe nach Glückstadt.[121]

Ein fast ähnliches Schicksal hatte die ADMIRAL BROMMY, denn sie wurde ebenfalls 1919 im Rahmen des auslaufenden Kriegsbauprogrammes der USA als MAWITKA von der National Shippbuilding Co. in Orange/Texas aus Holz gebaut. Dieser wohl letzte hölzerne Dampfer war mit 3350 BRT vermessen. Einige Jahre später kam das Schiff in den Besitz des Norddeutschen Lloyd Bremen, der es für die Sicherheitsausbildung des nichtseemännischen Personals (Stewards, Köche, Musiker u.a.) stationär nutzte. 1939 übernahm die Reichsverkehrsgruppe Seeschiffahrt den alten Dampfer als stationäres Schulschiff ADMIRAL BROMMY für die Schiffsjungenschule Bremen. Während des Krieges brannte er nach Bombentreffern aus.[122]

Der Eisbrecher PREUSSEN entstand als sechstes Schiff einer Serie von Eisbrechern, die seit 1888 für den Hafen Stettin von den Stettiner Oderwerken zu bauen waren, lief am 2. Oktober 1920 vom Stapel und ging am 22. Januar 1921 auf Probefahrt. Als die Ostsee-Reedereien sich anschickten, in Stettin ebenfalls eine Schiffsjungenschule zu gründen, stießen sie auf beachtliche Schwierigkeiten, denn es fand sich für den Bau einer Schule kein günstiger Platz im Hafen. Sie richteten deshalb 1937 den Eisbrecher PREUSSEN für die Ausbildung ein. Allerdings stand er nur im Sommer zur Verfügung, im Winter waren Notlösungen für die Unterbringung der Schüler erforderlich. Wenn 1937 und 1938 insgesamt 50 Jungen ausgebildet werden konnten, so ist das als eine bedeutende Leistung zu werten. Zu Beginn des Jahres 1939 fand man ein Gelände von 8500 Quadratmetern bei Ziegenort, das am Stettiner Haff gelegen für diese Zwecke hervorragend geeignet war. Die Arbeiten wurden sofort aufgenommen, aber für den Sommer 1939 war noch einmal der Einsatz des Eisbrechers erforderlich, damit ab Herbst der Unterricht in der neuen Schule beginnen konnte.[123]

Die »Zentralstelle für Vorausbildung und Berufslehre« in Hamburg war für die Auswahl der Jungen verantwortlich und schloß Lehrverträge mit ihnen ab, dann begann an einer der drei Schiffsjungenschulen die Ausbildung in einem sechswöchigen – später vierwöchigen – Grundlehrgang. Die Ausbildung war mi-

Der Fünfmast-Schoner KAPITÄN HILGENDORF diente ab 1939 als stationäres Schulschiff der Matrosen-Schule Hamburg.

litärisch exakt und streng. So war das natürlich auch auf der ADMIRAL BROMMY, wie man aus folgendem Dienstplan aus den Tagebuchaufzeichnungen eines Schülers leicht ersehen kann. Sie betreffen die letzten Tage des Lehrgangs und den Beginn der Seefahrtzeit:[124]

»Dienstplan vom Ausbildungsschiff ADMIRAL BROMMY:

06.00 h	Wecken
06.05–06.15 h	Frühsport
06.15–06.40 h	Waschen und Kojenbauen
06.40–06.45 h	Namentlicher Aufruf, Reinschiffverteilung
06.45–07.55 h	Reinschiff
07.55 h	Antreten zur Flaggenparade
08.00 h	Flaggenparade
08.00–08.30 h	Frühstück
08.30–09.00 h	Musterung, Meldung und Gesuche, Kranke
09.00–10.00 h	Ausbildungsdienst
10.00–10.30 h	Pause (Postempfang)
10.30–12.00 h	Ausbildungsdienst
12.00–13.00 h	Mittag
13.00–15.00 h	Ausbildungsdienst
15.00–15.30 h	Kaffee
15.30–17.00 h	Ausbildungsdienst
17.00–18.00 h	Unterricht
18.00–19.00 h	Abendbrot
19.00–20.00 h	HJ-Dienst
20.00 h	Namentlicher Aufruf, Flaggenparade
20.00–21.00 h	Freizeit, danach Ruhe im Schiff

Freitag–Sonnabend	
14.–15. 4. 1939	Prüfung auf ADMIRAL BROMMY
Donnerstag 20. 4. 1939	Geburtstag des Führers
Freitag 21. 4. 1939	Nach Dampfer FELIX NEUMANN (Reederei Poseidon) mit noch einem Bremer Heizer vermittelt. – In Bremen Getreide gelöscht von Bremen nach Nordenham gegangen
Sonnabend 22. 4. 1939	in Nordenham Kohle geladen, Bremen-Nordenham = 28 sm
Sonntag 23. 4. 1939	noch bis 16 h geladen, danach in See gegangen, Ziel: Königsberg
Montag 24. 4. 1939	Kaiser-Wilhelm-Kanal befahren, Nordenham–Königsberg 500 sm.«

Ausbildung auf der Brücke.

Der Seemann, der diese Aufzeichnungen anfertigte, hatte nun noch 30 Monate Fahrzeit nachzuweisen, ehe er sich der Matrosenprüfung stellen durfte. 1940 legten die ersten auf diese Weise ausgebildeten Jungen ihre Prüfung ab, um den »Vorläufigen Matrosen-Brief« zu erwerben. In den nachfolgenden Jahren erhielten die Absolventen den »Matrosen-Brief (Schiffahrt)«. Anfangs stellte man noch »Vorläufige Bescheinigungen« zum Nachweis der gesetzlich vorgeschriebenen Mindestfahrzeit aus:

»Dem Seemann ... wird, nachdem er die vorgeschriebene Fahrzeit als Schiffsjunge und Leichtmatrose auf Segelschiffen nachgewiesen und sich am 13. 3. 1940 vor der zuständigen Prüfungskommission der Reichsverkehrsgruppe Seeschiffahrt über ausreichende praktische und theoretische Kenntnisse ausgewiesen hat, die Befähigung erteilt, als Vollmatrose auf deutschen Handelsschiffen jeder Art und Größe zu fahren.

Der Leiter der Berufsausbildung
Reichsverkehrsgruppe Seeschiffahrt
Unterschift Otto Schultze.«[125]

Diese Bescheinigung berechtigte zum Besuch der Seefahrtschule, denn die Segelschiffszeit war extra ausgewiesen. Dabei ist zu bemerken, daß seit dem Manteltarifvertrag von 1931 die bisherige Pflichtfahrzeit auf Segelschiffen wegfiel. So wurde bereits nach 1925 »insofern eine Erleichterung geschaffen, als für den einjährigen Besuch der Seefahrtschule zur Ablegung der Prüfung zum Steuermann auf Großer Fahrt nur der Nachweis einer wenigstens 20monatigen Segelschiffszeit in irgendeiner Stellung erbracht werden muß«. Damit war der Segelschiffs-Paragraph zwar nicht beseitigt aber doch stark eingeschränkt. Die Ausbildung auf Segelschiffen wurde im Grunde beibehalten und erfuhr vor dem Zweiten Weltkrieg sogar noch einmal einen Aufschwung.

Ein Seemann, der übrigens den Weg über eine der Schiffsjungenschulen nicht gegangen war, der also von einer Reederei direkt eingestellt worden war, konnte die Anerkennung als Vollmatrose erwerben, wenn er einen Lehrgang in Elsfleth besuchte und eine Prüfung bei der Gauwirtschaftskammer Weser-Ems ablegte. So kam er an den Matrosen-Brief und an die notwendige Bescheinigung, um eine Seefahrtschule besuchen zu können. Da diese Sonderausbildung Geld kostete, konnte ohnehin nicht jeder Seemann diesen Weg gehen. Wie immer die Berufsausbildung angelegt war, sie war nicht verbindlich, wenn sie auch einen ersten Schritt in die richtige Richtung darstellte.

Die Deutsche Seemannsschule, seit 1924 wieder in Hamburg-Finkenwerder, setzte die Ausbildung in der alten Art und Weise fort, sie behielt ihren Status. Die Aufnahmebedingungen waren jedoch den Naziforderungen angeglichen, weil nur »deutschblütige Jungen« aufgenommen wurden, denn »als Schiffsoffiziere werden weder Juden noch Mischlinge zugelassen«.[126]

Als Schulbildung wurden fünf Klassen einer höheren Schule (also neun Schuljahre insgesamt) beziehungsweise die Mittelschulreife empfohlen. Da die Jungen Schiffsoffiziere und Kapitäne werden sollten, wurde eine grundlegende Vorbereitung und eine Musterung auf Segelschiffen nach vollendeter Schulzeit zugesichert, womit den Eltern die Sorge um die weitere Seefahrtszeit abgenommen wurde. »Die Seemannsschule besitzt das vor dem Schulgebäude verankerte Schulschiff GROSSHERZOGIN ELISABETH, ein kleineres, auf dem Trockenen erbautes Übungsschiff, Boote, Segelkutter, Takelboden und andere Ausbildungseinrichtungen.«

Die Ausbildung dauerte drei Monate und umfaßte:

Bootsdienst in kleinen und großen Booten, Bootssegeln, Erklärung des Segelschiffes und seiner Takelage, Segelexerzieren, seemännische Arbeiten;

Unterricht über Kompaß, Logge, Lote, Seestraßenordnung, Seemannsordnung, Unfallverhütungsvorschriften, internationales Signalhandbuch;

Morsen, Winken und Sport.

»Alle Seemannsschüler gehörten der Marine-Hitler-Jugend an. Die nationalpolitische Schulung liegt in den Händen der Reichsschule für Seefahrer und Auslandsdeutsche, die in dem auf dem anderen Elbufer gelegenen Donnerschloß ihren Sitz hat.«

Die Lehrgänge begannen jeweils im Januar, April, Juli oder Oktober, so daß vier Lehrgänge pro Jahr durchgeführt werden konnten. Eine nautische Kommission nahm die Abschlußprüfungen ab, ihr gehörten nahmhafte Kapitäne wie Herrmann Piening sowie Vertreter der Reedereien und Aufsichtsbehörden an. Die Kosten für den Schulbesuch betrugen:

Kost- und Schulgeld monatlich	140,00 RM
Betrag für kleinere Ausgaben	50,00 RM
Dienstkleidung	170,00 RM

Damit waren für einen Dreimonatslehrgang 640,00 RM aufzubringen. Wenn man bedenkt, daß damals das monatliche Schulgeld an einer höheren Schule 25,00 RM, also 1500,00 RM für fünf Jahre, die als Voraussetzung für den Besuch der Seemannsschule empfohlen wurden, betrug, so ist leicht einzusehen, daß sich nicht jeder Junge diese Ausbildung leisten konnte.

Für die Zulassung zur Prüfung als Steuermann war eine Seefahrtszeit von 36 Monaten vorgeschrieben, davon 20 Monate auf Segelschiffen. Zwei Drittel der Ausbildung an der Deutschen Seemannsschule galten als Segelschiffsfahrzeit. Im allgemeinen traten die Jungen nach dem dreimonatigen Lehrgang ihre Reise auf Segelschiffen sofort an. Dafür gab es drei Möglichkeiten:

Die Ausbildung konnte auf SEGELSCHULSCHIFF DEUTSCHLAND des DSV fortgesetzt werden; ferner vermittelte die Seemannsschule nach Wunsch ein Frachtschulschiff, aber die betreibenden Reedereien verlangten dann einen Kostenzuschuß für Verpflegung und Ausbildung; drittens war es möglich, die Fahrzeit auf einen Segler der freien Fahrt, also auf Küstenseglern, zu absolvieren.

Immer hing es von den Kosten ab, welche der drei Möglichkeiten in Frage kam. Auf Grund der neuen Regelungen zur Abschaffung des Segelschiffsparagraphen in der früheren Form wurde darauf hingewiesen, daß die drei vorgeschlagenen Wege für die Zulassung zur Steuermannsprüfung völlig gleichwertig seien. Die Entscheidung für diese drei Wege sollten die Eltern erst während des Lehrgangs treffen, nachdem ihnen die entsprechende Mitteilung der Schule zugegangen sei.

Damit führt die Betrachtung zu den Segelschulschiffen zurück. Für den Deutschen Schulschiff-Verein fuhr seit 1932 nur noch SCHULSCHIFF DEUTSCHLAND. GROSSHERZOGIN ELISABETH lag von diesem Jahre an stationär in der Seemannsschule. Die letzten Monate bis zum Kriegsende waren für Schiff und Besatzung aufregend genug. Nach der Zerstörung Hamburgs verlegte das Schiff 1944 nach Wismar an die Holzpier, ging am 20. April 1945 auf Reede und wurde vor der Besetzung durch die sowjetischen Truppen am 2. Mai 1945 nach Fehmarn geschleppt. Es erfolgte eine Beschießung durch britische Flugzeuge, die Jungen wurden an Land gebracht. Nach dem 8. Mai 1945 beschlagnahmten die Briten das Segelschulschiff, brachten es nach Neustadt, später nach Kiel und übergaben es den Franzosen. Bis 1951 lag es unter dem Namen DUCHESSE ANNE als Kasernenschiff in Lorient. Dort nahm man Rahen und Stengen herunter, schleppte die Hulk nach Brest und nutzte sie als Depotschiff. Die Stadt Dünkirchen übernahm das Schiff, ließ es wieder aufriggen und instandsetzen, heute ist es Museum dieser Stadt.

Die beiden frachtfahrenden Segelschulschiffe der Reederei Laeisz, PADUA und PRIWALL führten noch bis 1939 die gewohnten Frachtfahrten durch. Allerdings erreichte PRIWALL die Heimat nicht mehr, sie wurde in Chile interniert. Nachdem die deutsche Regierung das Schiff am 17. Mai 1941 dem chilenischen Staat geschenkt hatte, fuhr es als frachtfahrendes Segelschulschiff LAUTARO der chilenischen Kriegsmarine – eine Einmaligkeit. Aber der Krieg erzwang diesen Einsatz. Auf einer Ausbildungsreise in die USA, beladen mit Salpeter, brach am 28. Februar 1945 durch Schweißarbeiten ein Feuer aus. Alle Bemühungen, das Schiff zu retten, schlugen fehl. 23 Seeleute bezahlten das Unglück mit dem Leben. Die Besatzung des argentinischen Kreuzers RIO JACHAL rettete 221 Mann der LAUTARO.

PADUA erreichte am 8. August 1939 aus Glasgow kommend, den Hafen Hamburg. Kapitän auf dieser letzten Ladungsreise, der sechzehnten seit Indienststellung, war ein gebürtiger Rostocker – Richard Wendt. Er hatte seine Laufbahn 1924 auf der GROSSHERZOGIN ELISABETH begonnen. Am 12. Mai 1940 versegelte PADUA nach Stettin, wo sie für einen Film benötigt wurde. Von diesem Zeitpunkt an blieb sie in der Ostsee.

Letzter Kapitän war Otto Schommarz, der am 29. Januar 1909 in Prerow (Darß) geboren wurde und die Realschule in Barth besucht hatte, ehe er Seemann wurde. Von 1941 ab unternahmen neben der PADUA auch SCHULSCHIFF DEUTSCHLAND und KOMMODORE JOHNSEN ihre Ausbildungsfahrten in der Ostsee. Kurz vor Kriegsende war die PADUA nochmals in einem Film zu sehen: »Große Freiheit Nr. 7« mit Hans Albers. Als der Krieg vorbei war, lag sie in Glücksburg. In dieser Zeit sandte Kapitän Schommartz einen Brief an den britischen Hafenkapitän in Flensburg als offizielle Beschwerde der Reederei Laeisz:

»Glücksburg, 2. 7. 1945.

Betr.: S PADUA.

Am 29. 6. 1945 kam gegen 15.15 h zum 2. Mal eine britische Kommission zur Durchsuchung des Schiffes an Bord. Gegen 16.30 h mußten alle Jungen der Seeberufsschule und meine Besatzung das Schiff verlassen und danach ich und meine Offiziere und Unteroffiziere. An Bord blieb nur eine britische Wache. Um 17.45 h wurden ich, der I. Offizier und der III. Offizier Platte in Flensburg entlassen, um uns an Bord zurückzumelden. Wir wurden mit einem LKW nach Glücksburg gebracht. Um 19.30 h kamen der I. Offizier und der III. Offizier an Bord, um die Wache zu übernehmen. Um 19.50 h verließ die britische Wache das Schiff. Um 20.00 h kam ich an Bord. Es wurde festgestellt, daß folgende Gegenstände des Schiffes und privaten Eigentums fehlen: (es folgt die Liste)

Um 20.15 kam eine deutsche Wache vier Mann Marine an Bord. Die Leute wurden unter der Poop im Hospital einquartiert. Um 1.00 h wurde die Wache von Korv.-Kpt. Metzler abgeholt und dabei festgestellt, daß diese ein Paket Rasierklingen, eine Dose Ölsardinen und eine Dose Fleisch aus dem Mannschaftsraum entwendet hatten. Vor dem Vonbordgehen wurden alle vier nochmals genau kontrolliert.

O. Schommartz, Kpt.«[127]

Nach Hamburg geschleppt sollte das Schiff für die Übergabe an die Sowjetunion vorbereitet werden. »Am 31. Dezember verließ das deutsche Segelschulschiff PADUA, Unterscheidungssignal DJRR, unter Führung von Kapitän Schröder den Hamburger Hafen ... Das Schiff wurde nach Kiel geschleppt, wo es am 2. Januar an der Boje B 4 festgemacht wurde. Am nächsten Tag fand eine Schleifenfahrt und die Neuvermessung (betr. MES) statt. Wir liefen am 6. Januar um 11 Uhr aus, um am nächsten Tag 16 Uhr in Travemünde festzumachen.«

Am 11. Januar 1946 lief PADUA nach Swinemünde aus, die Übergabe erfolgte einen Tag später. Das Schiff erhielt den Namen KRUSENSTERN und wurde in einer langwierigen Instandsetzung in Kronstadt wieder einsatzbereit gemacht, 1961 übernahm es die Seekriegsflotte als Segelschulschiff. In diesen Jahren wurden zwei Motoren von je 940 PS eingebaut, die das Schiff über zwei Propeller antreiben. 1966 ging es in den Besitz der sowjetischen Fischereiflotte über. 1991 ist Kaliningrad der Heimathafen, 1993 lag das Schiff zu einer umfassenden Erneuerung in der Meerestechnik-Werft Wismar.

1935 erfolgte bei der Vinnen-Reederei eine Stukturänderung, sie wurde in mehrere Teilbetriebe zerlegt, denen je einer der noch vorhandenen vier Fünfmast-Toppsegel-Schoner gehörte. CARL und CHRISTEL VINNEN segelten bis 1939 in der Frachtfahrt, die Ausbildung wurde weitergeführt. Für WERNER VINNEN traf das bis 1938 zu, dann wurde sie zum Motorschiff umgebaut und um 14,8 Meter verlängert. SUSANNE VINNEN blieb bis 1927 unter der Vinnen-Flagge, fuhr dann für die Reederei J.H. Bischoff und wurde 1930 an Italien verkauft. Dort ging sie unter dem Namen PATRIA als Schulschiff der Handelsflotte in Fahrt.

Die abgelieferten Viermast-Barken KOMMODORE JOHNSEN und PADUA lagen 1963 im Hafen von Kronstadt.

Die Viermast-Bark MAGDALENE VINNEN lag in dieser Zeit in England auf, bis sie 1936 an den Norddeutschen Lloyd Bremen verkauft wurde. Als frachtfahrendes Segelschulschiff KOMMODORE JOHNSEN repräsentierte sie eine der größten Reedereien der Welt. An Bord befanden sich im allgemeinen außer der Stammbesatzung von 17 bis 19 Mann 60 bis 70 Offiziersanwärter: je ein Drittel Vollmatrosen, Leichtmatrosen und Schiffsjungen. Erster Kapitän war Otto Lehmberg, sein Erster Offizier Gottfried Clausen übernahm später das Schiff als Kapitän.

Die erste Reise ging nach Argentinien. In Buenos Aires waren 5000 Tonnen Getreide zu laden. Gottfried Clausen schildert die Probleme dieser Reise, sie waren typisch für ein frachtfahrendes Segelschulschiff. Die Rückreise begann am 8. Januar 1937, aber auf dem La Plata verzögerte ein harter Pampero, ein kalter Südwind aus der Pampa Argentiniens, die Fahrt. Am 1. März war man bis zu den Azoren gesegelt, als der Wind stark auffrischte und sich zum Orkan steigerte. Durch den nach Norden drehenden Wind luvte das Schiff stark an und legte sich dabei nach Backbord. Sofort ordnete der Kapitän zusätzliche Sicherungsmaßnahmen an. Am 2. März, etwa um 2.00 Uhr nachts, nahm die Schlagseite bedrohlich zu, die Getreideladung war trotz aller Vorsicht zusammengesackt und verrutscht. Gegen sechs Uhr wurde eine Halse versucht, um das Schiff besser an der Wind zu bringen, denn das Umschaufeln des Getreides hatte wenig Erfolg. Es drohte querzuschlagen, es gehorchte dem Ruder nicht mehr. Das Schiff arbeitete schwer in der See. Mit dem Sturmbesan kam es besser an den Wind, um 9.30 Uhr erfolgte ein weiterer Versuch, zu halsen.

Die Arbeit im Laderaum hielt den ganzen Tag über an – sie war hart und alle schaufelten mit großem Eifer. Am 3. März, als die Schlagseite 50° betrug, drohte das Schiff zu kentern. Fünf Fahrzeuge befanden sich in der Nähe, ein Dauerton mit dem Funksender erleichterte Anpeilung und Auffindung des Havaristen. Die Tanker WINKLER (Deutschland) und SCHLEDERECHT (Niederlande) unterstützten die Rettungsarbeiten der Besatzung durch Abgabe von Öl auf der Luvseite. Glücklicherweise ließ der Sturm langsam nach, die Trimmarbeiten in den Laderäumen zeigten erste Erfolge. Gegen Mitternacht verließen die beiden Tanker den Platz des Kampfes mit der stürmischen See, der Dampfer EISENACH des NDL blieb bei dem Segler. Nach diesen schlimmen Tagen erreichte KOMMODORE JOHNSEN am 18. März 1937 den Hamburger Hafen.[128, 129]

Von der nächsten Reise ab übernahm Gottfried Clausen das Segelschulschiff und lief mit ihm nach Australien aus. Der Kurs ging um Afrika herum in das 13 583 Seemeilen entfernte Port Lincoln. Die Rückreise begann am 22. August 1937 und führte wie üblich um das Kap Hoorn – diesmal lagen 15 270 Seemeilen vor den Seeleuten. Nach 42 Tagen erreichte der Segler das Seegebiet der Hoorn bei stürmischem Ostwind. Drei Tage lang mußte gegenan gekreuzt werden, harte Arbeit an den Segeln! Dann ging der Wind nach Süd herum. 77 Tagen nach dem Auslaufen aus Port Lincoln kam das erste Schiff in Sicht, es war die Viermast-Bark POMMERN, die seit 1923 unter finnischer Flagge für die Reederei Erikson fuhr. Am gleichen Abend gab es noch Funkverbindung mit dem HAPAG-Schulschiff ADMIRAL KARPFANGER und dem SCHULSCHIFF DEUTSCHLAND des Deutschen Schulschiff-Vereins. Als am nächsten Tag auch noch die finnische Bark WINTERHUDE in Sicht kam, war der Zufall komplett: Fünf Großsegler im Zeitalter der Dampf- und Motorschiffe gleichzeitig im Südatlantik.

Wie die anderen deutschen Segelschulschiffe verbrachte auch KOMMODORE JOHNSEN die Kriegsjahre in der Ostsee, um die Ausbildung, so gut es ging, weiterzuführen. Am 20. Dezember 1945 mußte das Schiff an Großbritannien abgeliefert werden, von dort kam es in die Sowjetunion, weil es durch die Potsdamer Beschlüsse diesem Lande zugesprochen worden war. Die sowjetische Flagge ging am 11. Januar 1946 am Mast hoch, gleichzeitig erhielt die Viermast-Bark den Namen SEDOW. Nach dem Umbau in Kronstadt wurde sie 1952 in Dienst gestellt, nun waren Unterkünfte für 64 Mann Stammbesatzung und 160 Schüler vorhanden. Während des III. Internationalen Geographischen Jahres 1957 setzten die sowjetischen Behörden das Schiff für eine Expeditionsreise ein. Nach erneuter Instandsetzung in Kronstadt übernahm die Fischerei das Schiff, nutzte es zunächst als stationäres Schul- und Wohnschiff in Leningrad und brachte es 1981 als Segelschulschiff in Fahrt. Mit dem Zerfall der Sowjetunion wurde SEDOW in Murmansk registriert. 1994 erfolgte eine umfassende »Runderneuerung« in der Wismarer Werft.

1938 begann auch die Reederei Essberger, den Nachwuchs für die eigene Tankerflotte selbst heranzubilden. Man kaufte ein Schiff, das 1919 in New York als Viermast-Schoner ELISABETH BANDI (767 BRT) gebaut worden war. Unter USA-Flagge war das Dasein des Schiffes etwas abenteuerlich. So wurde es zum Beispiel nie dicht, weil sich die Bohrwürmer im Schiffsboden tummelten, denn es fuhr ausschließlich im Golf von Mexiko, also in tropischen Gewässern. Als der Schoner 1931 als BANDI von der finnischen Reederei Uskanen in Sotkana in der Holzfahrt beschäftigt war, vertrieb das Ostseewasser die Bohrwürmer, die Planken hatten Ruhe vor den Quälgeistern. 1938 kaufte Essberger das Schiff, ließ es bei Blohm & Voss zur Bark umtakeln und für den zukünftige Einsatz als frachtfahrendes Segelschulschiff umbauen. Die nunmehrige Bark SEUTE DEERN führte 23 Segel mit einer Fläche von 1486 Quadratmetern (Untersegel an Fock- und Großmast, doppelte Mars und einfache Bramsegel sowie Royalsegel, am Besanmast doppelte Gaffelsegel – deutscher Besan). Das Schiff machte jedoch nur eine Ladungsreise, dann kam der Krieg. Nach dieser Finnlandreise blieb es weiterhin in der Ostsee: Im Winter lag es in Lübeck oder Stolpmünde, im Sommer waren kleine Fahrten im Greifswalder Bodden möglich. An Bord befanden sich außer den Offizieren zehn bis zwölf Leichtmatrosen und ebensoviele Jungen. Ab 1944 blieb SEUTE DEERN in Lübeck, Stengen und Rahen wurden abgenommen. Nach dem Kriege nutzten es die Briten als Wachlokal. War das der Grund, daß die Bark nicht abgeliefert werden mußte? 1946 ging sie in Schlepp nach Travemünde, wurde wieder aufgetakelt und 1947 bis 1954 als Hotel- und Restaurantschiff in Hamburg betrieben. Nach einem vorübergehenden »Abstecher« in die Niederlande, wo sie bis 1964 unter dem Namen ALBRECHT KOERTS in Delzijl als Jugendherberge genutzt wurde, kam sie 1964 nach Deutschland zurück, hieß wieder SEUTE DEERN und diente als Restaurantschiff – zuerst in Emden, ab 1966 in Bremerhaven.[130]

Aber auch HAPAG unternahm einen Versuch, ein frachtfahrendes Segelschulschiff zu betreiben, der leider sehr unglücklich verlief. 1908 war von der Rickmers-Werft im Auftrag der belgischen Gesellschaft ASMAR (Association Maritime Belge S.A.) das frachtfahrende Segelschulschiff L'AVENIR als letzter Großsegler gebaut worden. Die Viermast-Bark war mit 2738 BRT vermessen und hatte viel Ähnlichkeit mit dem 1902 auf der gleichen Werft

Das ehemalige Segelschulschiff SEUTE DEERN liegt heute als Restaurantschiff in Bremerhaven.

gebauten Segelschulschiff HERZOGIN CECILIE des Norddeutschen Lloyd. In den drei Laderäumen, die durch vier Querschotten unter dem durchlaufenden Hauptdeck gebildet wurden, konnten etwa 3500 Tonnen Getreide gefahren werden. 1921 erfolgte ein Umbau, so daß nun statt 24 Kadetten bis zu 60 unterkamen. 1932 übernahm Erikson das Schiff, 1937 kaufte es die HAPAG für die eigene Ausbildung und gab ihm den Namen ADMIRAL KARPFANGER. Am 20. September 1937 lief die Viermast-Bark zur ersten Ausbildungsreise unter deutscher Flagge aus, um in Australien Getreide zu laden. Es kam auf der Hinreise zu dem bereits geschilderten Treffen der fünf Großsegler im Seegebiet des Kap Hoorn. Die Rückreise begann am 8. Februar 1938. Am 1. März gab das Schiff die letzte Positionsmeldung: 51 ° Süd, 72 ° West. Es hatte bereits zu Beginn der Reise Schwierigkeiten mit den Hilfsdieseln, offensichtlich brach die Stromversorgung zusammen, ein Funkverkehr war nicht mehr möglich. Es sollen noch einige Meldungen von Schiffen, die sich in der Nähe befanden, aufgenommen worden sein, dann war Ruhe. Die Umstände des Unglücks konnten nie aufgeklärt werden, denn von den 60 Mann der Besatzung, darunter 44 Jungen, überlebte keiner.

Die Hoffnung, daß das Schiff irgendwann wieder auftaucht, wurden lange genährt, es begann eine intensive Suche durch Handels- und Kriegsschiffe. Erst am 25. August 1938 durfte der Verlust auf Weisung der Regierung bekannt gegeben werden. Am 5. September 1938 fand in der Michaelis-Kirche in Hamburg die Trauerfeier statt. Nur wenige Trümmer in der Windhund-Bucht der Insel Navarino an der Südspitze des amerikanischen Kontinents ließen den Umfang der Katastrophe ahnen.[131]

Abschließend sei noch der Dreimast-Schoner ADMIRAL VON TROTHA erwähnt, den man an der Grenze zwischen ziviler und militärischer Schiffahrt einordnen muß. Er war 1917 in Schweden gebaut worden und ging durch verschiedene Hände, ehe er 1938 als EGERLAND unter deutscher Flagge fuhr. Als ADMIRAL VON TROTHA kam er in den Besitz der Reichssportschule III, die ihn nach Umbau als stationäres Schulschiff nach Lauterbach (Rügen) legte. 1941 schleppte man das Schiff nach Stettin, um es für die Ausbildung der Schule in Ziegenort zu nutzen. Über Stralsund gelangte es 1945 nach Barth, wo es nach dem Krieg zur Gewinnung von Brennholz abgebrochen wurde. Reste sollen bis vor einigen Jahren noch sichtbar gewesen sein.[132]

Von der Reichsmarine zur Kriegsmarine

Die militärische und politische Niederlage des deutschen Kaiserreiches beschnitt den Umfang der Kriegsmarine der neuen Republik erheblich, mit einem kleinen Rest an Kriegsschiffen entstand am 16. April 1919 die »Vorläufige Reichsmarine« unter Leitung von Admiral von Trotha. Unterzieht man ihr System der Ausbildung und Erziehung der Seeleute einer eingehenden Untersuchung, stellt man sehr bald fest, daß sowohl die Organisation als auch der Inhalt und vor allem die Erziehungslinie ohne Unterbrechung fortgesetzt wurden. Dafür bürgten nicht nur die vorhandenen kaiserlichen Seeoffiziere sondern auch die Übernahme vieler Freikorps-Offiziere mit ihrer nationalistischen Grundeinstellung.

Am 23. März 1921 entstand die Reichsmarine auf der Grundlage der Verfassung und des Wehrgesetzes, deren Chef Admiral Paul Behnke wurde. Er stellte unter anderen den ehemaligen Kommandeur der 3. Marine-Brigade der Freikorps, Fregattenkapitän von Loewenfeld, als Kommandanten des Schulkreuzers BERLIN ein. Der Grundtenor dieser Ausbildung spiegelt Auffassungen wider, wie sie immer wieder den jungen Seeleuten vorgehalten wurden:[133]

»Möge die Wichtigkeit und Notwendigkeit einer starken, nicht durch Friedenswillen eingeengten Marine immer mehr vom ganzen Volk eingesehen werden, von einem Volke, das einst die zweitgrößte Handelsflotte der Welt besaß, dessen Kriegsflagge über den sieben Meeren der Erde im Winde rauschte und dessen sieggewohnte Hochseeflotte vor dem Skagerrak die Welt in Staunen setzte.«

Diese Kreise waren es dann auch, die nach einem langen Flaggenstreit die Farben Schwarz-Weiß-Rot für die Schiffahrt und vor allem für die Reichsmarine durchsetzten, obwohl die offiziellen Staatsfarben laut Artikel III der Verfassung Schwarz-Rot-Gold waren.

Der Vertrag von Versailles beließ der Republik folgende Schiffe:

Acht Linienschiffe älterer Bauart (davon zwei Reserveschiffe): HANNOVER, LOTHRINGEN, PREUSSEN, HESSEN, ELSASS, BRAUNSCHWEIG, SCHLESIEN und SCHLESWIG-HOLSTEIN.
Acht Kleine Kreuzer (davon zwei Reserveschiffe): BERLIN, HAMBURG, ARCONA, MEDUSA, AMAZONE, THETIS, NYMPHE, NIOBE. 16 Zerstörer und 16 Torpedoboote sowie verschiedene Hilfsschiffe.

An der Organisation und an den Standorten änderte sich nicht viel, soweit sie nicht durch die Reduzierung bedingt waren. Die Reichsmarine bestand nur aus Freiwilligen: Offiziere mußten 25 Jahre und Unteroffiziere sowie Mannschaften mußten zwölf Jahre Dienst tun. Damit war eine Berufsmarine entstanden. Die Zahl der Bewerber war sehr groß, denn mit der Zugehörigkeit zur Reichsmarine waren soziale Sicherheit und nach der Entlassung der Beamtenstatus verbunden. Da ohnehin immer stärker vom kommenden Krieg gesprochen wurde, um »die Schande von Versailles abzuwaschen«, rechneten viele Mariner mit einer großen Karriere.

Natürlich war die Auswahl bei einem großen Angebot außerordentlich streng. Die Bewerber durften nicht jünger als 17 und nicht älter als 23 Jahre, mußten unverheiratet und deutsche Staatsangehörige sein, die Einstellungen erfolgten im April und im Oktober. Die infanteristische Ausbildung erfolgte an Land, dann wurden die Freiwilligen zur weiteren Ausbildung auf die Schiffe verteilt. Die Tüchtigsten konnten zum Unteroffizier befördert werden, wenn sie nach drei Jahren eine Prüfung bestanden, nach vier Jahren war dann die Beförderung zum Maat möglich. Über den Obermaat ging der Weg zum Feldwebel, der nach frühestens acht Dienstjahren erreichbar war. Für die Feldwebel waren verschiedene Laufbahnen möglich wie Bootsmann, Steuermann, Signal- und Funkwesen, Zimmermann, Feuerwerker, Artilleriemechaniker, Sanitäter, Musikmeister, Maschinist.

Während der Dienstzeit erhielten Unteroffiziere und Mannschaften eine fachliche Sonderausbildung an den Marinefachschulen für einen späteren Einsatz als Beamte. Damit unterlagen die Angehörigen der Reichsmarine der Reichsbeamtenbesoldungsordnung. Ganz »hervorragend tüchtige Freiwillige« konnten, wie es in den Unterlagen hieß, Offiziere werden. Diese und andere Festlegungen zeigten, daß man dennoch mit einigen

Regelungen der Kaiserlichen Marine gebrochen hatte. Das betraf besonders die Gleichstellung von Seeoffizieren, Ingenieuroffizieren und Zahlmeistern.

Der Weg zum Offizier begann für Abiturienten mit einer Grundausbildung von sieben Monaten als Seekadett, Kadett des Ingenieurwesens bzw. Kadett der Marinezahlmeisterlaufbahn. Andere Freiwillige erreichten den Abiturstatus über eine Anwärterprüfung. In jedem Falle erfolgte damit die Beförderung zum Fähnrich und zum Oberfähnrich, nachdem sich der Anwärter für eine Dienstzeit von 25 Jahren verpflichtet hatte.[134]

Die Offiziersausbildung fand ab 10. September 1920 wieder an der Marineschule Mürwik statt. Zu dieser Zeit tauchte die Frage auf, ob für den See- und Ingenieur-Offizier nicht eine »Einheitslaufbahn« möglich sei – eine Frage, die sowohl im militärischen als auch zivilen Bereich bis heute auf der Tagesordnung steht. Es blieb schließlich bei der Festlegung, daß alle Offizierskategorien im Ausbildungsprozeß möglichst lange gemeinsam auzubilden seien, um eine Verschmelzung des Offizierskorps zu erreichen.

Nach den Erfahrungen des ersten Lehrgangs 1920–1922, an dem besonders ehemalige Decksoffiziere und Unteroffiziere, die meist aus den Freikorps kamen, teilnahmen, kam die alte, arrogante Auffassung der kaiserlichen Seeoffiziere zum Vorschein. Der Kommandeur der Marineschule, Fregattenkapitän Tillessen, formulierte 1922 in seinem Bericht: »Der Offizier wird schließlich doch nicht erzogen, sondern geboren.«[135] Wie voreingenommen dieser Standpunkt war, geht daraus hervor, daß die Disziplin in diesem Lehrgang nicht sonderlich gut war, was bei den meist älteren, aus dem Krieg und aus den Freikorps kommenden Anwärtern nicht zu verwundern war – 59 Disziplinarstrafen, darunter 48 Arreststrafen, waren auszusprechen, von 118 Teilnehmern schieden 23 aus, drei suchten den Freitod und einer blieb verschollen. Den meist fleißigen und pflichtbewußten Männern sprach er durch diese inkompetente Einschätzung die Eignung zum Offizier einfach ab. Das Ressentiment gegenüber den Decksoffizieren, gegenüber allen, die aus der Mannschaft kamen und »nach Teer rochen«, war bei einigen dieser Leute noch tief verwurzelt.

Später setzten sich die Ausbildungsgruppen wieder ausschließlich aus jungen Fähnrichen zusammen, 50 bis 60 wurden jährlich aufgenommen:

zwei seemännische Gruppen,
eine ingenieurtechnische Gruppe,
eine Zahlmeistergruppe.

Da die Schule für die nun weit weniger auszubildenden Anwärter zu groß war, erfolgte eine weitergehende Nutzung:
- Sportlehrgänge von vier Monaten,
- Lehrgänge zur Vorbereitung von Unteroffizieren für die Laufbahnen der Feldwebel (seemännische Schule),
- Unterkunft für Offiziere, die an Lehrgängen anderer Mürwiker Schulen teilnahmen (z.B. Torpedoschule, Nachrichtenschule),
- Unterkunft für verheiratete Offiziere und Unteroffiziere. Bis 1928 hatte der Aufbau der Reichsmarine wie bei der Handelsmarine einen ersten Abschluß gefunden.

Die Ausbildungsbereiche gehörten im Rahmen der »Inspektion des Bildungswesens der Marine« sowie die »Inspektion des Torpedo- und Minenwesens« zur Marinestation Ostsee in Kiel mit den Schulen:

Inspektion des Bildungswesens der Marine:
I. Marineschule Flensburg-Mürwik,
II. Marineschule Friedrichsort,
III. Marineschule Kiel-Wik (Technische Schule),
Marinefachschulen in den Standorten.
Schulkreuzer, Segelschulschiff NIOBE.
Inspektion Torpedo- und Minenwesen:
Torpedo- und Nachrichtenschule Flensburg-Mürwik.

Zur Marinestation Nordsee gehörten die Schiffsartillerieschule und die Küstenartillerieschule. Die Artillerie-Schulschiffe waren sowohl in der Nordsee (FUCHS) als auch in der Ostsee (DRACHE, HAY und DELPHIN) stationiert.

Damit bestand ein komplexes Bildungssystem für Berufssoldaten aller Ränge, das im Prinzip in dieser Form bis 1945 existierte.

Schulschiffe der Reichs- und Kriegsmarine

Der Kleine Kreuzer BERLIN, 1903/04 auf der »Kaiserlichen Werft« in Danzig gebaut, war 1919 fahrbereit und diente in Kiel der Ausbildung von Heizerrekruten. Ab 2. Juli 1922 konnten wieder »Flagge und Wimpel« gesetzt werden, als er der Bildungsinspektion als Schulschiff zugeordnet wurde. Erster Kommandant war – wie bereits gesagt – der ehemalige Freikorpsführer von Loewenfeld. Das »Reichswehrgesetz« ordnete an, daß auf den Schiffen der Reichsmarine ab 1. Januar 1922 die »neue« Reichskriegsflagge zu setzen war. Der Flaggenstreit war entschieden, die »Ehrenfarbe Schwarz-Weiß-Rot« blieb erhalten – Symbol des alten »Geistes«.

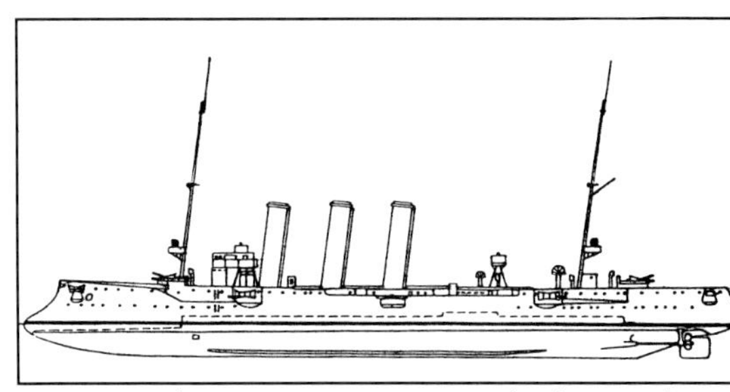

Der 1905 gebaute Kreuzer BERLIN wurde ab 1922 als Kadettenschulschiff der Reichsmarine eingesetzt.

1922 lief der Schulkreuzer BERLIN zur ersten Ausbildungsreise aus, die in Häfen der ehemals neutralen Länder Niederlande und Norwegen führte. Bis März 1926 fanden insgesamt fünf Ausbildungsreisen statt, die ab 1924 wiederum im gewohnten Rhythmus verliefen: im Sommer in heimatlichen Gewässern, im Winter in die Karibik und nach Südamerika. 1926 ersetzte das Schwesterschiff HAMBURG für ein Jahr die BERLIN. Die Weltreise vom 1. Dezember 1927 bis 7. März 1929 bildete den Abschluß der aktiven Einsatzzeit dieses Kreuzers.

An Bord der Schulkreuzer erfolgte die Ausbildung der Kadetten aller drei Fachrichtungen, also der jungen Freiwilligen vor ihrer Beförderung zum Fähnrich. Tagesablauf und Organisation entsprachen den gewohnten Regeln.

Bereits 1921 begann die Marineleitung mit dem Entwurf und dem Bau eines neuen Kreuzers, der 1925 vom Stapel lief und

NIOBE – Segelschulschiff der Reichsmarine.

den Namen EMDEN erhielt, er stellte eine neue Generation im Kriegsschiffbau dar. Gerade unter den Zwangsregeln des Versailler Vertrages wurde bereits in der Entwurfsphase daran gearbeitet, modernste Erkenntnisse zu verwerten und in den gezogenen Grenzen ein Maximum an Kampfwert zu erreichen. Mit einer Wasserverdrängung von offiziell 6000 Tonnen war er halb so schwer wie die noch vorhandenen Linienschiffe der Vorkriegszeit, übertraf jedoch deren Länge um 24 Meter, denn er war 150 m lang. Hatten die alten Linienschiffe Dampfmaschinen von 17000 PS für eine Geschwindigkeit von 18 Knoten, so gestattete die 46500-PS-Maschine der EMDEN eine Geschwindigkeit von 29 Knoten. Die Besatzung betrug einschließlich der Kadetten 483 Mann.

Am 14. November 1926 begann EMDEN die erste Weltreise, die eineinhalb Jahre dauerte. Ihre Reisen und die der anderen Schulschiffe unterschieden sich nur wenig voneinander. Der Einsatz von fünf Kleinen Kreuzern auch für Schulzwecke von 1921 bis 1933 bei einer Kriegsmarine von 15000 Mann läßt sowohl auf eine intensive Ausbildung als auch auf das Bestreben nach Repräsentation nach dem verlorenen Krieg schließen.

Neben den fünf genannten Kleinen Kreuzern und der EMDEN gab es noch mindestens ein halbes Dutzend Schul- oder besser Trainingsschiffe für die Spezialausbildung.

Eine Reise soll kurz erwähnt werden, nämlich die fünfte Ausbildungsreise der EMDEN nach Südamerika und Spanien, als der damalige Fregattenkapitän Dönitz Kommandant des Schiffes war. Nach diesem Einsatz wurde der U-Boot-Kommandant des Ersten Weltkriegs zum Aufbau der neuen U-Boot-Flotte der deutschen Kriegsmarine abkommandiert – das war 1934.

Die Reichsmarine war schon früh bestrebt, die Ausbildung auf einem Segelschiff wieder aufzunehmen, denn seit 1909, als das Segelschulschiff CHARLOTTE außer Dienst gestellt worden war, erfolgte die Bordausbildung ausschließlich auf Dampfkriegsschiffen. 1923 übernahm sie die neue NIOBE, die zwei Vorgänger und einen Nachfolger in der preußisch-deutschen Marine hatte. Ab 1862 gab es das genannte Segelschulschiff NIOBE, das am Aufbau eines Bildungssystems in der preußischen Marine eine große Rolle gespielt hatte. Weitere Kriegsschiffe dieses Namens waren der Kleine Kreuzer NIOBE (Indienststellung 1900) und der FLA-Kreuzer NIOBE des Zweiten Weltkriegs.

Das Segelschulschiff NIOBE war 1913 als Viermast-Gaffelschoner in Dänemark gebaut worden und fuhr als MORTEN JENSEN unter dem Danebrog. Als norwegischer Frachter TYHOLM fiel der Segler am 21. November 1916 als Prise dem deutschen Unterseeboot UB 41 in die Hände. Schiffe waren nach Kriegsende knapp in Deutschland, deshalb folgten bald Chartereinsätze und die Umbenennung in ALDEBARAN. Ein späterer Einsatz für eine »Hochsee-Segelsport-Gruppe« als Niobe fand aus Geldmangel nicht statt, weshalb er wieder Fracht als SCHWALBE fuhr.

Am 6. Februar 1922 übernahm die Reichsmarine den Viermast-Schoner und ließ ihn in Wilhelmshaven zur Schoner-Bark (besser Jackass-Bark) mit einer Segelfläche von 953 Quadratmetern umbauen. Zur Stammbesatzung gehörten 32 Mann, dazu kamen pro Lehrgang 65 Schüler. Jährlich fanden vier Lehrgänge (drei für Unteroffiziers- und einer für Offiziersanwärter) von etwa zweieinhalb bis drei Monaten statt. 12 Tage lang erfolgten die »Trockenübungen« auf dem an der Blücherbrücke in Kiel festgemachten Schiff als Vorbereitung auf die erste Seereise. Dann wurden die Leinen losgeworfen, und der Segler glitt seewärts. War der Leuchtturm Friedrichsort passiert, begann der Ernst: »Enter auf!« - »Leg aus!« - »Alle Segel setzen!« - »Segel los.« Wenn die Jungen nach dem ersten Kommando wieder an Deck standen, um an den Brassen und Schoten zu arbeiten, waren ganze drei Minuten vergangen. Die Ausbildungsreisen führten in Nord- und Ostsee, mitunter in den Nordatlantik.

Über die Ausbildung liegt ein Tagebuch des Unteroffiziers-Schülers Kurt Schaad vor, der in sauberer »Sütterlin-Schrift« jeden Tag einer Ostseereise im Sommer 1931 beschrieb.[136] Die Schulleitung gab Stichpunkte vor, nach denen das Tagebuch zu führen war. »Kritik in dienstlicher Angelegenheit hat zu unterbleiben.« Die Buchführung sollte Manöver und Arbeiten an Bord sowie Erlebnisse umfassen. Interessant sind die in Punkt 5 zusammengefaßten Aufgaben, die wörtlich angeführt werden sollen:

Arbeit in der Takelage.

5. Schilderungen und Skizzen von größeren Häfen.
Von den Häfen sind möglichst anzuführen:
a. Beschreibungen der Hafeneinfahrt, Lotsenwesen, Steuerungsmarken, Betonnung und Befeuerung, Tiefenverhältnisse in der Einfahrt.
b. Bester Ankerplatz bzw. Liegeplatz am Kai.
c. Witterungs- und Stromverhältnisse.
d. Anlegestelle für Boote und Entfernung vom Ankerplatz.
e. Wo und wie man frisches Wasser erhält.
f. Ortsübliche Bekohlung.
g. Ob befestigt! Angabe der Armierung.
h. Oberste Stadt-, Militär- oder Hafenbehörde.
i. Gesundheitliche Verhältnisse.
k. Allgemeines über den Hafen, Geographisches und Politisches, Rückblick, Sehenswürdigkeiten, Ausflüge, Vergnügungen.
l. Einwohnerzahl, Bedeutung als Handelshafen, Dampferverkehr, Hauptein- und Ausfuhrartikel.

Alle Erlebnisse und Erfahrungen aus dem privaten und dienstlichen Bereich waren ebenfalls von Interesse. Dem Leser wird klar, wie viele wichtige Informationen auf diesem Wege besonders für die Nachrichtendienste gesammelt werden konnten.

Das Buch ist sorgfältig geführt und erhält viele Zeichnungen. Fast jede Tagesbeschreibung endet mit einem »heroischen« Ereignis der deutschen Seekriegsgeschichte oder entsprechenden politischen Äußerungen: »Hoffentlich wird das deutsche Volk bald so schlau, daß es nicht mehr gewillt ist, sich aussaugen zu lassen, sondern endlich dem Feind die Zähne zeigt und es wieder ein freies und großes Deutschland gibt.« Das war 1931!

Der 26. Juli 1932 war der Schicksalstag des Segelschulschiffes NIOBE. Es war am 25. Juli aus Kiel zur Ostsee-Reise ausgelaufen, erster Hafen sollte Warnemünde sein. Die Nacht über ankerte es bei Fehmarn und ging am nächsten Tag ankerauf, um mit südöstlichen Kurs abzulaufen. Es wehte ein frischer Südwest-Wind mit Stärken von 3 bis 4, um 13.00 Uhr passierte NIOBE das Feuerschiff Fehmarnbelt an Steuerbord. Im Südwesten hatte sich inzwischen eine bedrohlich aussehende Gewitterfront gebildet, die den Kapitän veranlaßte, Ölzeug für die an Deck befindliche Steuerbordwache auszugeben und die oberen Segel wegzunehmen. Die Backbordwache befand sich zum Unterricht unter Deck. Es begann zu regnen. Um 14.27 Uhr fiel plötzlich eine an Stärke schnell zunehmende, fast senkrechte Böe ein, das Schiff krängte sofort auf 40 bis 50 Grad nach Backbord, die Ruderwirkung setzte aus. Der Erste Offizier versuchte noch, anluven zu lassen, aber NIOBE legte sich völlig auf die Seite und kenterte innerhalb weniger Minuten. 69 Seeleute fanden den Tod: drei Seeoffiziere, der Schiffsarzt, der Zahlmeister, acht Unteroffiziere, 36 Offiziersanwärter, 10 Unteroffiziersanwärter, neun Matrosen und der Koch. Unter den Offiziersanwärtern waren sechs Medizinstudenten der Universität Greifswald, zukünftige Marineärzte, die ihr seemännisches Praktikum absolvierten. Der Hamburger Dampfer THERESE RUSS und ein Rettungsboot des Feuerschiffes befanden sich schnell am Unglücksort, bald trafen Schnellboote und die Kreuzer KÖLN und KÖNIGSBERG ein. Sie beteiligten sich an den Rettungsarbeiten, aber nur 40 Mann konnten gerettet werden.

Aus einem Viermast-Gaffelschoner entstand die Jackass-Bark NIOBE.

Das Unglück verursachte eine große Betroffenheit und Trauer in weiten Teilen der Bevölkerung. Ein Kriegsgericht untersuchte die Ursache, der sich der gerettete Kommandant des Schiffes, Kapitänleutnant Ruhfuß, zu stellen hatte. Die Verhandlung ergab, daß kein Verschulden des Kapitäns sondern »höhere Gewalt« vorlag. Der Kapitän habe aus dem Erscheinungsbild der Gewitterfront keine Besonderheiten erkennen können, er wurde freigesprochen. Oft ist das Unglück seither Gegenstand von Untersuchungen gewesen, da es doch viele Gemüter bewegte. Ein Beispiel soll geschildert werden:[137]

1. Der Kommandant des Flugschiffes DO-X, das die NIOBE kurze Zeit vor der Kenterung überflog, sagte aus, daß alle Segel gesetzt gewesen seien. Das Schiff habe mit »prallen Segeln« plötzlich eine kleine Wendung gemacht und sei dann umgekippt.

Die Bark GORCH FOCK wurde als Schulschiff für Seekadetten und Unteroffiziersschüler am 27. Juni 1933 in Dienst gestellt.

2. Unter Fachleuten galt NIOBE als übertakelt.
3. Zwar hatten die Krängungsversuche der Werft einen Wert von 78° ergeben, der als ausreichend betrachtet werden konnte, aber es gab keine Aussagen über die Standfestigkeit des Schiffes gegenüber dynamischen Stabilitätsbeanspruchungen. Auch wurde vermerkt, es neige zur Backbordschlagseite.
4. Regen nach Einsetzen der ersten Böe, die zur Ausgabe von Ölzeug führte, hätte auch eine Verkleinerung der Segelfläche mit sich bringen müssen, rechtzeitiges Anluven hätte Schlimmeres verhindert.
5. Es kann angenommen werden, daß bei früherer Reaktion auf die drohende Böe der Verschlußzustand hätte hergestellt werden können, um ein so schnelles Vollaufen des Schiffes durch geöffnete Niedergänge und Bulleyes zu vermeiden, wodurch die unter Deck befindlichen Seeleute ertranken.

Auf alle Fälle führten die Erfahrungen mit der NIOBE zu neuen Stabilitätsanforderungen, die beim Segelschulschiff GORCH FOCK beachtet wurden.

Bereits vor der Gerichtsverhandlung wurde das Wrack gehoben und am 18. September 1932 an der hinterpommerschen Küste in Höhe der Stolper Bank durch einen Torpedo auf der Position 55° 14' Nord und 17° 21' Ost versenkt. Es liegt in 80 Metern Tiefe.[138]

Trotz des Unglückes unternahm die Reichsmarineleitung alles, um die Segelschiffsausbildung mit Hilfe kleinerer Segler fortzusetzen. Der »Segelschoner-Verband der Reichsmarine« übernahm für einen begrenzten Zeitraum fünf Schoner:

GUDWIN	(75 BRT)	1932–1934
DUHNEN	(126 BRT)	1933–1936
ORION	(97 BRT)	1933–1934
EDITH	(66 BRT)	1932
JUTTA	(66 BRT)	1933–1934

Die beiden letztgenannten Fahrzeuge waren als Schwestern 1923 von der Neptun-Werft Rostock gebaut worden. 1926 stellte sie der »Deutsche Hochseesportverband Hansa« in Dienst, der zwei Yachtschulen zur getarnten Offiziersausbildung in Neustadt/ Holstein und am Chiemsee betrieb. Die Schule in Neustadt wurde aus illegalen Reichsmitteln finanziert, ihre leitenden Offiziere wie Kapitänleutnant von Killinger, Korvettenkapitän Nositz und Oberleutnant zur See Klintsch waren ehemalige Angehörige der Freikorps und schlossen sich der Nachfolge-Organisation »Consul« an.

Interessant ist ein Brief vom 27. Juni 1928, den Ernst von Salomon, Autor verschiedener Bücher über diese Nachkriegszeit, an seinen Bruder Bruno schrieb: »... gingen nach Neustadt in die Yachtschule. Dort passierte unglaubliches: beinahe die halbe Erhardt-Brigade prallte dort zufällig zusammen. Klintsch, Kapitänleutnant von Killinger und höre und staune – Manfred von Killinger (Männe) kamen frisch importiert aus Sachsen über Berlin in diese Gemütlichkeit an ... Klintsch konnte das zufällige Erscheinen unser aller garnicht fassen und behauptete immer wieder ... soviel Putschisten auf einen Haufen, da muß doch Deutschland unbedingt gerettet werden.«[139]

Unter solchen Vertretern war die Erziehung selbstverständlich rechtsradikal. Zur Ausbildung im Yachtklub wurden nur Abi-

Zwei deutsche Segelsc schiffe, PASSAT und GORCH FOCK, einged in der Werft Blohm&Vo Hamburg.

turienten von Gymnasien und gleichgestellten Schule zugelassen, Maschineningenieure galten von ihrer Herkunft her im gehabten Sinne als suspekt und gesellschaftlich ungeeignet. Der Eintritt in die Schule mußte von drei Bürgen bestätigt werden, ein sechswöchiger Lehrgang kostete 300,00 Mark. Wenn auch nicht alle Teilnehmer gleich zur Reichsmarine gehen konnten, so standen doch viele von ihnen für die Wiederaufrüstung ab 1935 zur Verfügung.

Um ein neues Segelschulschiff bauen zu können, wurde die Volksspende NIOBE eingeführt, mehr als 200000,- Mark kamen zusammen. Blohm & Voss übernahm den Auftrag, ein Segelschiff zu entwickeln, das am 14. Januar 1933 auf Kiel gelegt, am 27. Juni 1933, also knapp ein Jahr nach der Katastrophe, unter dem Namen GORCH FOCK in Dienst gestellt wurde. Es war sozusagen ein »Nullschiff« für eine Serie von Barken, die bis in die Zeit nach dem Zweiten Weltkrieg hinein entstanden. Mit dem neuen Schiff konnte der Bedarf vorerst gedeckt werden. Das »Gesetz der allgemeinen Wehrpflicht« vom 16. März 1935 brachte die Wiederaufrüstung, ihm folgte das »Deutsch-Britische Flottenabkommen« vom 18. Juni 1935, durch das für die neue Kriegsmarine die Versailler Beschränkungen weitgehend aufgehoben wurden. Die schnelle Aufrüstung erforderte – abgesehen von der Umbenennung der Reichsmarine in Kriegsmarine am 16. März 1935 – neue Organisationsformen sowie eine starke Erweiterung des Personalbestandes und der Ausbildungskapazitäten.

Seit 1928 war Admiral Dr.h.c. Erich Raeder Chef der Reichsmarine, da sein Vorgänger Zenker wegen der »Lohmann-Affaire« seinen Abschied nehmen mußte. Admiral Raeder, geboren am 24. April 1876, durchlief alle Ausbildungsstufen eines kaiserlichen Seeoffiziers. Unter Tirpitz war er Pressereferent im Reichsmarineamt, damit war er auch Schriftleiter der Zeitschriften »Nauticus« und »Marine-Rundschau«. Als Stabschef der Aufklärungsstreitkräfte des Admirals Hipper nahm er an den Schlachten auf der Doggerbank 1915 und am Skagerrak 1916 teil. 1921 wurde er als Konteradmiral Inspekteur des Bildungswesens und 1925 Chef der Marinestation Ostsee. Unter seiner Leitung erfolgte der Aufbau der neuen Kriegsmarine, die er folgerichtig in den Krieg zu führen hatte. Als er am 30. Januar 1943 seinen Abschied nehmen mußte, um Dönitz Platz zu machen, bedeutete das gleichzeitig den Übergang von der »Schlachtschiff-Konzeption« zur »U-Boot-Konzeption«.

Die »Inspektion des Bildungswesens der Marine« war wie bisher der Marinestation Ostsee zugeordnet (Stand 1937):

Marineschule Mürwik (Fähnrichschule, seemännische Schule),
I. Marineunteroffiziers-Lehrabteilung Friedrichsort,
II. Marineunteroffiziers-Lehrabteilung Wesermünde,
Marineschule Kiel-Wik (Technische Schule für Ingenieuroffiziere, Maschinenpersonal und praktische Ausbildungsstätte für Fähnriche Ing.),
Marineschule Wesermünde für Maschinenpersonal,
Marinefachschulen an jedem Standort,
Marinesportschule Flensburg-Mürwik,
Schulschiffe SCHLESWIG-HOLSTEIN, SCHLESIEN, EMDEN in Wilhelmshaven,
Segelschulschiffe GORCH FOCK und HORST WESSEL in Kiel,
Stationstender NORDSEE in Kiel,
Marineakademie in Kiel.

Die anderen Bildungseinrichtungen waren den jeweiligen Fachinspektionen unterstellt:

Torpedoschule Flensburg-Mürwik,
Marinenachrichtenschule Flensburg-Mürwik,
Unterseebootschule Kiel.

Der Marinestation Nordsee waren zugeordnet:

Inspektion der Marineartillerie Wilhelmshaven:
Schiffsartillerie-Schule Kiel mit dem Artillerie-Schulschiff BREMSE mit den Schulbooten FUCHS, DRACHE, DELPHIN und T 153,
Küstenartillerie-Schule Wilhelmshaven und Schillig mit dem Artillerie-Schulschiff BRUMMER.
Schiffsmaschinen-Inspektion Wilhelmshaven:
Lehr- und Reparaturwerkstätten Wilhelmshaven und Kiel.

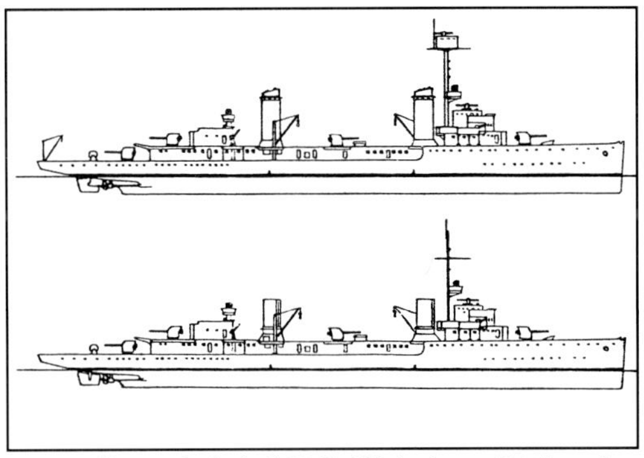

Das Artillerieschulschiff BREMSE (gebaut 1931) sank 1941 am Nordkap.

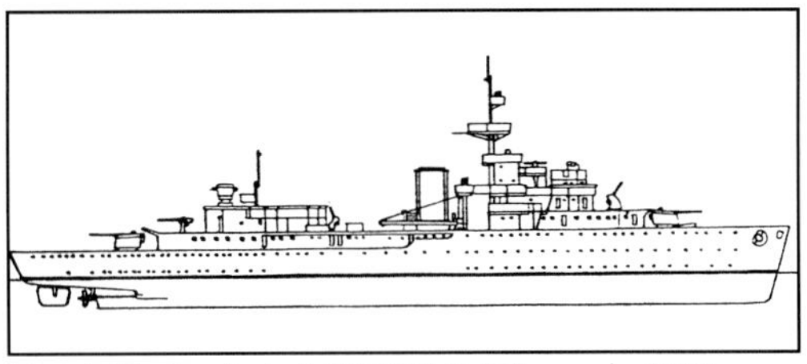

Das Artillerieschulschiff BRUMMER wurde 1936 gebaut und sank 1940 im Kattegatt durch einen Torpedotreffer eines britischen U-Boots.

Die Linienschiffe SCHLESWIG-HOLSTEIN und SCHLESIEN wurden 1935 bzw. 1936 aus der aktiven Flotte herausgezogen, um als Kadettenschulschiffe verwendet zu werden. 1906 gebaut waren sie Veteranen der Skagerrak-Schlacht und wurden durch die neuen Schlachtschiffe SCHARNHORST und GNEISENAU (je 26000 Tonnen Deplacement) ersetzt. Ferner ging der Schwere Kreuzer ADMIRAL HIPPER in Dienst, während der Kleine Kreuzer KÖNIGSBERG im Februar 1936 der Artillerie-Inspektion als Schulschiff übergeben wurde.

Der GORCH FOCK folgten 1936 HORST WESSEL und 1938 ALBERT LEO SCHLAGETER (Segelschulschiffe II und III), was deutlich ausdrückt, welchen Wert die deutsche Kriegsmarine der Ausbildung auf Segelschulschiffen beimaß. Beide waren etwas größer als das Nullschiff aber in der Gesamtheit echte Schwestern.

Mit einem Notstapellauf ging am 7. November 1939 die Nummer IV zu Wasser, es sollte den Namen HERBERT NORKUS erhalten. Die Helling bei Blohm & Voss wurde zum Bau von U-Booten benötigt – der Krieg hatte begonnen. Das unfertige Schiff verwendete man in der Werft als Transportschute, 1947 versenkten es die Alliierten mit Gasmunition im Skagerrak. Teile der

Stapellauf der Bark HORST WESSEL auf der Werft Blohm&Voss am 13. Juni 1936.

Der Zweite Weltkrieg und erneutes Ende der deutschen Schiffahrt

Es liegt eine besondere Tragik darin, daß ausgerechnet ein Schulschiff die ersten Granaten des Zweiten Weltkriegs abfeuerte und damit den furchtbarsten aller bisherigen Kriege auslöste, den über 50 Millionen Menschen mit dem Leben bezahlten. Das Kadetten-Schulschiff SCHLESWIG-HOLSTEIN, verstärkt durch 60 Mann der Marineartillerie-Schule und 225 Mann eines Lan-

Takelage blieben in der Werft auf Lager und konnten 1958 für die GORCH FOCK II verwendet werden. So verfügte die Kriegsmarine über drei Barkschiffe für die Ausbildung von Seekadetten und Unteroffiziersanwärtern.

Die Reisetätigkeit war von 1935 bis 1939 außerordentlich rege, ein Teil der Reisen ist in der Tabelle 20 kurz dargestellt worden.

Es ist der Versuch unternommen worden, alle für Ausbildungszwecke eingesetzten Schiffe der Reichsmarine und der Kriegsmarine in den Tabellen 21–26 aufzulisten, wohl wissend, daß dieses und jenes Fahrzeug nicht erfaßt wurde.

Als drittes Segelschulschiff wurde die Bark ALBERT LEO SCHLAGETER am 14. Februar 1938 in Dienst gestellt. Auf der ersten Reise kam es zu einer leichten Beschädigung durch eine Kollision im Englischen Kanal.

Die beiden 1906 gebauten Linienschiffe SCHLESIEN und SCHLESWIG-HOLSTEIN dienten ab 1935 bzw. 1936 als Kadettenschulschiff der Kriegsmarine. Im Bild das Linienschiff SCHLESIEN.

dungskorps, lief Ende August 1939 zu einem »Höflichkeitsbesuch« in den Hafen der Freien Stadt Danzig ein und machte in Danzig-Fahrwasser fest. Auf der Westerplatte befand sich entsprechend den gültigen Verträgen eine Besatzung von 218 Mann der polnischen Armee. Am Morgen des 1. September 1939 verkündete Hitler vor dem eilig einberufenen Reichstag, daß seit 4.45 Uhr »zurückgeschossen« würde. Aber da war das deutsche Schulschiff mit scharfer Munition und zusätzlichen Kampfeinheiten an Bord, das bereits 4.40 Uhr in Schußposition und um 4.47 Uhr das Feuer aus zwei 28-cm-Geschützen sowie den 15-cm-Geschützen eröffnete. Der Feuerüberfall dauerte sechs Minuten, dann sollten die Landungstruppen stürmen. Aber wider Erwarten wehrten sich die Polen tapfer und warfen die Deutschen zurück. Der Beschuß begann von neuem – eine Stunde lang. Auch der nächste Angriff der Stoßtrupps wurde abgewiesen. Am 2. September griffen die Stukas an, aber nichts brach den Verteidigungswillen der Polen. Erst am 7. September ergaben sie sich der Übermacht. Als die Deutschen auf die Westerplatte kamen, fanden sie statt der »starken polnischen Einheiten« nur jene 218 Mann mit einem 7,5-cm-Geschütz, einer Panzerabwehrkanone, Granatwerfern und einigen Maschinengewehren.

Danach trafen sich die beiden Schulschiffe SCHLESWIG-HOLSTEIN und SCHLESIEN vor Hela, um Stadt und Hafen ab 25. September 1939 zu beschießen. Aber auch hier kämpften die Polen mutig und verzweifelt, so daß es den Landungseinheiten der beiden Schulschiffe erst am 1. Oktober gelang, Hela zu erobern.

Der Schulkreuzer EMDEN lag bei Kriegsbeginn in Wilhelmshaven. Offiziersanwärter waren an Bord. Am 3. September 1939 ging er in See, um in der Deutschen Bucht Minen zu legen. 12 Stunden später kehrte er an seinen Liegeplatz zurück, um neue Minen zu übernehmen. Es gab Fliegeralarm! Zwei Bomben, die aus einem abstürzenden britischen Flugzeug abgeworfen wurden, detonierten an Steuerbord der EMDEN und beschädigten die Bordwand. 13 Seeleute waren sofort tot. Während der Werftzeit gingen die Kadetten zur Marineunteroffiziers-Schule nach Plön, um am 15. Oktober 1939 wieder nach Mürwik zurückzukehren.

Der Krieg drängte alle Ausbildungsschiffe in der Ostsee zusammen, da die Nordsee als Aufmarschbasis diente. Die großen Kriegsschiffe erwiesen sich als überflüssig, die althergebrachte Schlachtschiff-Konzeption, von Raeder vertreten, führte sich selbst ad absurdum. Dönitz setzte sich mit seiner Meinung über die Rolle der U-Boote durch. Es kam zum Wechsel in der Führung der Kriegsmarine. Die meisten »Dickschiffe« stationierte man in der Ostsee: neben den beiden alten Linienschiffen ordnete man die Schweren Kreuzer ADMIRAL SCHEER, LÜTZOW und PRINZ EUGEN der Schulflotte zu.

Anfang 1943 verfügte die deutsche Kriegsmarine über mehr als 2800 Überwasserschiffe aller Klassen sowie 413 Unterseeboote. Ein großer Teil der Fahrzeuge, in der Ostsee konzentriert, diente der Ausbildung. Die Zahl vieler sozusagen »zweckentfremdeter« Schiffe war groß und änderte sich häufig, so daß eine Auflistung der Ausbildungs-, Schul- und Trainingsschiffe nie komplett sein kann.

Deutschlands Niederlage war jedoch komplett. Unter den Schlägen der Anti-Hitler-Koalition brachen die Armeen sowie die Luftwaffe und die Seeflotte zusammen. Fast der gesamte Schiffsbestand der Kriegsmarine wurde bis Mai 1945 vernichtet: vier Schlachtschiffe, fünf Schwere Kreuzer und Panzerschiffe, vier Kleine Kreuzer, 27 Zerstörer, 68 Torpedoboote und 968 U-Boote. Einsatzkonzeption und Stärke der deutschen Kriegsmarine waren den Anforderungen des Überwasserkrieges, des U-Boot-Krieges und des Zusammenwirkens mit den Land- und Luftstreitkräften in keiner Weise gewachsen. Trotz Aufopferung und Einsatzbereitschaft von Soldaten und Zivilbevölkerung war die vernichtende Niederlage Deutschlands unvermeidlich.

Die Kriegsmarine sowie die Handels- und Fischereiflotten waren weitgehend vernichtet. Vom Schiffsbestand der Handelsflotte, der 1935 mit 4492708 BRT für Deutschland den fünften Platz in der Welt bedeutete, blieben 1,4 Millionen BRT übrig. Aber auch sie waren, bis auf Reste, an die Siegermächte abzuliefern. Das betraf die meisten Segelschulschiffe der Handels- und Kriegsmarine ebenfalls, sie alle segeln unter fremder Flagge oder dienten als Hulks.

Schulschiffe nach dem Zweiten Weltkrieg

... und wieder ein neuer Anfang

Wie das ganze Land lagen die deutschen Hafenstädte ebenfalls in Trümmern, die deutschen Flotten existierten nicht mehr, Deutschland war durch die Allierten aufgeteilt worden, vier Besatzungszonen waren entstanden. Vom 17. Juli bis 2. August 1945 tagten im Schloß Cecilienhof in Potsdam die Regierungschefs der UdSSR, der USA und Großbritanniens. Nach der bedingungslosen Kapitulation der deutschen Wehrmacht wurden hier die Nachkriegsregelungen festgelegt. Deutschland war trotz der Aufteilung in Besatzungszonen durch einen Kontrollrat als wirtschaftliche Einheit zu behandeln. Aber bereits 1949 entstanden zwei deutsche Staaten, die im Laufe der Zeit in zwei einander feindliche Machtblöcke eingeordnet wurden. So bildeten sich zwei getrennte Bereiche der Seewirtschaft heraus. Das betraf natürlich auch die maritimen Ausbildungssysteme.

Eine detaillierte und umfassende Darstellung der Schulschiffe und der Ausbildungssysteme beider deutscher Staaten sollten einer späteren Geschichtsschreibung überlassen werden. Die nachfolgende Darstellung könnte das Gerüst dafür bilden.

In Deutschland gab es vorerst keine Seeschiffahrt mehr, sie wurde, wie der Schiffbau, für deutsche Rechnung untersagt. Schritt für Schritt wurden die Verbote aufgehoben, bereits am 1. November 1951 verfügte die BRD wieder über eine Handelsflotte von 1 Millionen Tonnen BRT. In Ostdeutschland gab es seit dem 13. Oktober 1950 ein Handelsschiff mit einer Tragfähigkeit von 1250 tdw.

Schulschiffe der DDR

Die Schiffahrt an der Küste der späteren DDR war nach der Reichsgründung 1871 bedeutungslos. Der Krieg hinterließ ein kleines Handelsschiff, das 1903 als GRETE CORDS auf der Neptun-Werft gebaut worden war. Nach einer umfassenden Reparatur in der damaligen Staatswerft Stralsund ging es unter dem Namen VORWÄRTS am 13. Oktober 1950 in See – die ostdeutsche Handelsflotte war entstanden. Nach der Gründung der Deutschen Seereederei Rostock (DSR) am 1. Juli 1952 begann die Entwicklung zur Großreederei. Parallel dazu entstanden die Hochseefischerei, die Technische Flotte, die Volksmarine, der Schiffbau und die Hafenwirtschaft.

1949 hatte es einen ersten Versuch gegeben die Anfänge einer Matrosenausbildung der Jahre 1934–1945 auf der Grundlage der Festlegungen des Alliierten Kontrollrates weiterzuführen,[140] aber erst im November 1950 wurde der Matrosenberuf als echter Lehrberuf in die »Systematik der Berufe« der DDR aufgenommen.[141] In Westdeutschland blieb er ein »Anlernberuf«. In der DDR entwickelte sich im Verlaufe der Jahre ein gut aufeinander abgestimmtes Ausbildungssystem der zivilen und militärischen Flotten in allen Qualifikationsstufen vom Facharbeiter bis zum Diplomingenieur auf der Grundlage der 1946 geschaffenen »Deutschen Einheitsschule«.[142] Im Hinblick auf den Einsatz von Schulschiffen sind folgende Bereiche zu beachten:

1. Vorausbildung durch die »Gesellschaft für Sport und Technik«,
2. Facharbeiter- und Meisterausbildung für die Handels- und Fischereiflotten.
3. Offiziersausbildung für die zivilen Flotten.
4. Ausbildung für die Seepolizei und die Volksmarine.

Es würde zu weit führen, alle Seiten dieses Komplexes ausführlich darzustellen, der Schwerpunkt soll hier auf die eingesetzten Schulschiffe gelegt werden.

Das erste Handelsschif der DDR VORWÄRTS diente von 1956 bis 19 der Kinderorganisation »Junge Pioniere« als stationäres Schulschiff.

Flaggschiff der »Gesellschaft für Sport und Technik« (GST) war die 1951 gebaute Schonerbrigg WILHELM PIECK.

GESELLSCHAFT FÜR SPORT UND TECHNIK

Eigentlich sollte 1951 das Freizeitsegeln beginnen, als die Schonerbrigg WILHELM PIECK der Jugendorganisation FDJ übergeben wurde. Aber schließlich mündeten diese Absichten in eine streng organisierte Vorausbildung durch die 1952 gegründete »Gesellschaft für Sport und Technik«, die sich aus einer zivilen Sportvereinigung mit verschiedenen Sparten (Seesport, Schießsport, Fallschirmspringen, Funken) in eine vormilitärische Vereinigung wandelte. So entstanden auch für den Seesport in den Bezirken Stützpunkte, zu der 1961 als zentrale Einrichtung die GST-Marineschule in Greifswald kam, die über eine beachtliche Zahl von Schulschiffen verfügte, die nachfolgend kurz vorgestellt werden sollen.

Segelschulschiff WILHELM PIECK:
Die Schonerbrigg wurde am 2. August 1951 nach fünfmonatiger Bauzeit als erstes Neubauschiff der Warnow-Werft Warnemünde in Dienst gestellt. Erster Kapitän war Ernst Weitendorf, der die Segelschiffahrt bestens kannte.[143] Die Lehrgangsdauer war dem jeweiligen Ausbildungsauftrag angepaßt und betrug zwischen drei und zwölf Wochen. Höhepunkte während der Einsatzzeit waren die Schwarzmeer-Reise 1957 und viele Auslandsreisen innerhalb der Ostsee. Unvergeßlich für die Jungen, Matrosenlehrlinge der Betriebsschule Flotte der DSR, war die Teilnahme an der Großsegelregatta der »Operation Sail 1974« von Kopenhagen nach Gdingen. Seit 1990 gehört die nunmehrige GREIF der Stadt Greifswald als wirklicher Freizeitsegler.

Schulschiff ERNST THÄLMANN:
Das ehemalige Minensuch- und Räumschiff ANKLAM der Volksmarine kam 1977 in die GST-Flotte. 28 Lehrgangsteilnehmer konnten auf nautischem und maschinentechnischem Gebiet ausgebildet werden.

Am 23. November 1990 wurde das Schiff nach Chatham (Großbritannien) geschleppt, um dort zur Motoryacht umgebaut zu werden.

Schulschiff ARTUR BECKER:
1951 als Logger auf der Schiffswerft Roßlau an der Elbe gebaut, diente es der Volksmarine als Hilfsschiff RUDEN. Die GST übernahm es am 1. Dezember 1971, 1981 erfolgte der Umbau für die Taucherausbildung.

Schulschiff FREUNDSCHAFT II:

Dieses am Ende des 19. Jahrhunderts in Dänemark gebaute Fischereihilfsschiff hatte ein sehr wechselvolles Schicksal. 1940 fiel es der deutschen Kriegsmarine in die Hände, die es zum Minensucher umbaute und bis Kriegsende einsetzte, dann war es an die UdSSR abzuliefern. Die 1950 gebildete Seepolizei der DDR nutzte es zunächst als Minenräumschiff und später als Schulschiff. Ehe das altehrwürdige Schiff 1959 der GST übergeben wurde, fuhr es in der Volksmarine unter dem Namen FÜRSTENBERG als Versorger und für den Seehydrographischen Dienst als Tonnenleger. Als FREUNDSCHAFT II der GST wurde es wie in der Volksmarine wegen der hohen Aufbauten als »Hochhaus« bezeichnet. Es liegt gegenwärtig noch im Hafen des Dänholm.

Schulboot der GST.

Schulboot FRIEDRICH LUDWIG JAHN:

Dieses Schulboot befand sich ab 1952 unter dem Namen JOHANN SEBASTIAN BACH für das Fischkombinat Saßnitz im Einsatz und wurde als Lehrkutter benutzt. 1958 erhielt es die GST als Taucherschulboot.

Darüber hinaus verfügte die GST über eine große Anzahl kleinerer Motorboote, Sportsegelboote und Hochseeyachten.

DEUTSCHE SEEREEDEREI ROSTOCK (DSR)

Der schnelle Aufbau einer Handelsflotte zwang die DSR dazu, außergewöhnliche Wege für die Ausbildung von Matrosen zu gehen. Im Grundprinzip legte man fest, daß jeder Seemann, auch der zukünftige Offizier, eine staatlich anerkannte Berufsausbildung zum Matrosen zu durchlaufen hatte, die 1951 offiziell begann. Am 1. Februar 1956 war nach einigen Provisorien erforderlich, eine Matrosenschule einzurichten, die ab 1. Januar 1958 in Angleichung an das Berufsschulsystem der DDR die Bezeichnung »Betriebsberufsschule« (BBS) erhielt.

Zur Sicherung der Ausbildung kaufte die DSR 1958 zwei Fracht-/Passagierschiffe aus Belgien und richtete sie als Fracht- und Lehrschiffe ein. Damit begann ein neuer Abschnitt in der Ausbildung von Matrosen, die in der Welt ohne Vorbild war. Beide Schiffe waren 1938 von der belgischen Werft J. Cockerill S.A. in Hoboken gebaut und im gleichen Jahr durch die Reederei Cie. Maritime Belge (Lloyd Royal) S.A. Antwerpen in Fahrt gesetzt worden. Sie waren mit 7750 BRT vermessen und hatten eine Tragfähigkeit von 8878 tdw.

Die Volksmarine übergab 1977 das Minensuch- und Räumschiff ANKLAM der GST, dort fuhr es unter dem Namen ERNST THÄLMANN.

THEODOR KÖRNER (ex COPACABANA):

1939–1958	Einsatz im Südamerika- und Kongo-Dienst;
1958–1968	Ankauf durch die DSR als Fracht- und Lehrschiff, Einsatz Levante, Westafrika, Kuba und Mexiko;
1968	außer Dienst, verkauft an Altid Cia. S.A. Famagusta, neuer Name MEDI II;
1972	in Koasiung (Taiwan) verschrottet.

HEINRICH HEINE (ex MAR DEL PLATA):

1938–1940	Einsatz im Südamerika-Dienst;
1940–1945	von der deutschen Kriegsmarine beschlagnahmt;
1945–1958	Rückgabe an Belgien, Einsatz im Südamerika- und Kongo-Dienst;
1958	Ankauf durch die DSR als Fracht- und Lehrschiff; Einsatz Levante, Kuba und Mexiko;
1968	außer Dienst, verkauft an Loyna Cia. Nav. S.A. Famagusta, neuer Name CLEO II;
1973	in Koasiung (Taiwan) verschrottet.[144]

Auf jedem Schiff befanden sich 100 Lehrlinge und 60 Mann Stammbesatzung sowie Lehrpersonal. Als Lehrlinge wurden ab 1960 ausschließlich Schüler mit einem 10-Klassen-Abschluß eingestellt, die Ausbildung dauerte dann statt drei nur zwei Jahre.

1962 mußte ein weiteres Fracht- und Lehrschiff gekauft werden. Es war 1948 auf der Werft Atelies et Chantiers de la Loire in St. Nazaire gebaut und ab 1950 durch die Reederei Cie. Maritime de Chargeurs Réunis Le Havre als CLAUDE BERNARD in der Südamerikafahrt eingesetzt worden. Es gehörte zur LAVOISIER-Klasse und wurde Ende der fünfziger Jahre zum Truppentransporter umgebaut. 1962 erfolgte die Einrichtung als Frachtund Lehrschiff. An Bord befanden sich 165 Lehrlinge, 48 Seefahrtschüler, Teilnehmer an Weiterbildungslehrgängen und rund 90 Mann Stammbesatzung und Lehrpersonal. Am 28. September 1962 lief das MS J.G. FICHTE zur ersten Reise nach Kuba aus. Bis zur Außerdienststellung im Jahre 1979 fuhr das Schiff in der Gemeinschaftslinie Kuba-Mexiko (CUBALCO), dann wurde es an die Estrella Christel Nav. S.A. Panama verkauft und erhielt den neuen Namen SUNRISE, der 1981 in PECANCIA geändert wurde. Es kam jedoch nicht mehr in die Fahrt. Der niederländische Schlepper HUDSON brachte es von Colombo nach Karachi zum Abbruch.

Fracht- und Lehrschiff J.G. FICHTE auf dem Atlantik.

Das Fracht- und Lehrschiff HEINRICH HEINE lädt im Hafen von Rostock.

Eine Lehrlingsklasse des MS THEODOR KÖRNER des Jahres 1962.

Als 1968 die beiden Fracht- und Lehrschiffe THEODOR KÖRNER und HEINRICH HEINE außer Dienst gestellt wurden, kaufte die Reederei ein größeres Schiff, das wie die beiden Vorgänger ebenfalls von Cockerill in Hoboken gebaut wurde. Als es am 12. August 1950 vom Stapel lief, erhielt es den Namen CHARLESVILLE und wurde am 15. Februar 1951 an die Cie. Maritime Belge (Lloyd Royal) für den Westafrika-Dienst übergeben.

150 Lehrlinge sowie etwa 80 Angehörige der Stammbesatzung und des Lehrpersonals bildeten

die Gesamtbesatzung der nunmehrigen GEORG BÜCHNER. Ab September 1977 nutzte man sie nur noch stationär, da ein fahrendes Schulschiff den Bedingungen der neuen Lehrpläne nicht mehr genügte. 1991 ging es in den Besitz der Hansestadt Rostock über und dient seitdem, ebenfalls stationär, als Weiterbildungs-Zentrum für Umschulungslehrgänge.

Morgenappell auf dem Fracht- und Lehrschiff J.G. FICHTE.

MS GEORG BÜCHNER wurde 1968 als Fracht- und Lehrschiff übernommen.

HOCHSEEFISCHEREI

In der Fischerei erfolgte die Ausbildung im neugeschaffenen Beruf »Hochseefischer« bereits ab 1949, weshalb in Saßnitz am 1. Mai 1950 mit sechs Klassen Hochseefischer und zwei Klassen Fischwerker eine Betriebsberufsschule (BBS) für 240 Schüler eingerichtet wurde. In Rostock geschah das am 10. November 1951. Für beide Schulen bestand das Problem darin, eine gute Basis für die praktische Ausbildung zu schaffen, denn die Besatzungen zeigten kein Interesse daran, Lehrlinge an Bord der Fangschiffe zu nehmen. Deshalb ließ das Fischkombinat Saßnitz von der Werft Richard Buchholz in Greifswald einen 32 Meter langen Holzkutter speziell für die Ausbildung bauen, der ab 13. Oktober 1951 als NEUES DEUTSCHLAND (SAS 200) unter Führung des Kapitäns Willy Broschewitz in die Fahrt ging. Während der sechs Einsatzjahre bis 1957 absolvierten 180 Lehrlinge auf ihm ihre Ausbildung.

Ab 1957 gehörte NEUES DEUTSCHLAND als Forschungsschiff dem Institut für Hochseefischerei und erhielt den Namen PROFESSOR HENNING (ROS M 205), dann wurde es 1961 als GEOPHYSIKA dem VEB Geophysik Leipzig übergeben, wurde 1968 dem GST-Stützpunkt Rostock geschenkt, der es als WALTER STEFFENS einsetzte, und kam 1968 zur Handelsflotte, um bis 1977 als stationäres Schul- und Wohnschiff WALTER zu dienen. Am 7. Dezember 1981 nach Dänemark verkauft, war es 1993–1997 Wohnschiff in Neustadt/Holstein.

Ferner nutzten die Saßnitzer ab 1. April 1953 24 Kutter (17 Meter) als Lehrflotte, auf denen jeweils drei Lehrlinge von der vierköpfigen Stammbesatzung in der Praxis ausgebildet wurden. Die Fangauflage betrug je Kutter 80 Prozent. Später wurde die Lehrflotte schrittweise aufgelöst, zwischenzeitlich auch 24-Meter-Kutter verwendet (z.B. JOHANN SEBASTIAN BACH). 1965 löste man die Lehrflotte auf.

ROS 105 KARL LIEBKNECHT

Ab 1. Februar 1954 begann auch das Fischkombinat Rostock die Bordausbildung mit den Lehrloggern ROS 101 HEINRICH HEINE, ROS 102 KARL MARX, ROS 105 KARL LIEBKNECHT, ROS 107 RUDOLF BREITSCHEID und ROS 111 WELTFRIEDEN. An Bord jedes Schiffes befanden sich ein Schiffsführer, ein Netzmacher, zwei Matrosen, zwei Leichtmatrosen und 16 Matrosenlehrlinge. Für sie wurde die Fangquote um ein Drittel gesenkt. Der Rostocker Betrieb beendete 1957 die Ausbildung auf Schulfahrzeugen und setzte sie als Produktionsfahrzeuge ein. In beiden Standorten wurden Schulen und Internate gebaut, die praktische Ausbildung fand auf Loggern und Trawlern statt. Ab 1963 dauer-

Matrosenlehrlinge.

te die Ausbildung statt drei nur noch zwei Jahre, weil nur noch 10-Klassen-Schüler eingestellt wurden. Die Ausbildung erfolgte in den Berufen Matrose der Hochseefischerei, Schiffsbetriebsschlosser und Facharbeiter für Anlagentechnik. Insgesamt bildete Rostock etwa 10000 und Saßnitz 6000 Lehrlinge aus.

OFFIZIERE FÜR DIE ZIVILEN FLOTTEN

Die 1846 gegründete »Großherzoglich-Mecklenburgische Navigationsschule« in Wustrow öffnete am 6. Mai 1949 wieder ihre Pforten, um die seit 1945 unterbrochene Ausbildung von Schiffsoffizieren erneut aufzunehmen. Sie hatte den Status einer Fachschule. Seit 1954 gab es in Warnemünde die »Ingenieurschule für Schiffbautechnik«, an der Schiffsingenieure und Seemaschinisten ausgebildet wurden. 1969 erfolgte die Vereinigung beider Schulen zur »Ingenieurhochschule für Seefahrt« Warnemünde/Wustrow.

Als 1962 das Fracht- und Lehrschiff J.G. FICHTE in Dienst gestellt wurde, bot sich erstmalig die Möglichkeit, angehende Nautik- und Funkoffiziere an Bord eines im Liniendienst befindlichen Schiffes auszubilden. In den achtziger Jahren wurden zur weiteren Verbesserung zwei schuleigene Schiffe eingesetzt: ein Kutter, der den Namen NAUTICUS erhielt, sowie ein ehemaliger Seitentrawler, der als STÖRTEBEKER in die Ausbildung integriert wurde. Das letztgenannte Schiff gehörte zur Serie BRANDENBURG (Typ III), die in den Jahren 1960 bis 1961 von der Peene-Werft in Wolgast für das Fischkombinat Rostock gebaut worden waren. Von 1961 bis 1980 fuhr er als Fangfahrzeug unter dem Namen GÖRLITZ, dann übernahm ihn die Ingenieurhochschule ab 1981 als Ausbildungsschiff. Nach dem ersten Umbau erfolgte 1986/87 eine umfassende Modernisierung, so daß es nun als Forschungs- und Ausbildungsschiff bezeichnet werden konnte. Auf ihm erhielten Studenten aller Fachrichtungen eine bordpraktische Ausbildung, die an den Aggregaten und Anlagen des Schiffes sowie in einem Unterrichtsraum (Kapazität 25 Personen) und Fachkabinetten stattfand:

Lehrbrücke mit vier Navigations- und einem Rechnerarbeitsplatz;
Rechnerkabinett für zwei Studenten;
Lehrfunkraum für drei Praktikanten im Wachbetrieb;
Lehrkabinett Schiffsbetriebstechnik mit Schiffsbetriebsoptimierungsanlage, Diagnosetechnik, Rechner für Instandhaltung;
Lehrkabinett für Schiffselektronik und Schiffsautomatisierung.
Die Einrichtungen waren so gestaltet, daß sie gleichzeitig der Forschungsarbeit dienten.[145]

Bis 1993 gehörte das Schiff der ehemaligen Ingenieurhochschule für Seefahrt (später Bereich der Fachhochschule Wismar), dann lief es zur Übergabe an den neuen Eigner nach Las Palmas.

Frachtmotorschiff KONDOR löste 1988 als Schulschiff der Kinderorganisation die VORWÄRTS ab und liegt heute als LIKEDEELER an der Warnow.

SEEPOLIZEI UND VOLKSMARINE

Mit dem Aufbau der Seepolizei ab 28. Februar 1950 war sofort an die Ausbildung von Besatzungen zu denken, denn es gab nur wenige Seeleute mit entsprechenden Erfahrungen. Bereits am 1. April 1950 erfolgten die ersten Festlegungen für den Aufbau der Schule in Parow und den Einsatz von Schulschiffen.[146] Seit 1945 lagen in Rostock zwei stark beschädigte ehemals dänische Räumschiffe, die bereits während des Ersten Weltkriegs auf der Marinewerft Kopenhagen gebaut worden waren: KVINTUS und SIXTUS. Auf der Hansawerft in Wismar und auf der Peene-Werft in Wolgast erfolgte ein Wiederaufbau, da die Dänen die Fahrzeuge nicht zurückhaben wollten. Aus ihnen entstanden zwei Schulschiffe, sie erhielten die Namen FÜRSTENBERG und PRENZLAU. Da diese auch als »Hochhäuser« bezeichneten Fahrzeuge bei taktischen Übungen als Führerboote eingesetzt wurden, wird man unwillkürlich an die »Simulaker« des Übungsgeschwaders unter Tirpitz aus dem Jahre 1892 erinnert. FÜRSTENBERG wurde 1963 an die GST übergeben, PRENZLAU wurde abgebrochen.

Das erste größere Schiff der Seepolizei und später der Volksmarine war ein dänischer Dampfer, der 1928 als Fischerei-Schutzschiff auf der Marinewerft Kopenhagen entstand. Am 29. August 1943 versenkten die dänischen Seeleute ihr Schiff, aber die Deutschen hoben es, schleppten es nach Warnemünde und wollten es wieder einsatzklar machen. Das Kriegsende verhinderte das, so übernahm es die UdSSR, weil die Dänen verzichteten. Am 12. Juni 1950 übergaben die sowjetischen Behörden das Schiff der DDR-Regierung. Zuerst war geplant, daraus ein Schulschiff für die zivilen Flotten zu schaffen, aber mit der Gründung der Seepolizei kam es 1952 als ERNST THÄLMANN in diesen Bereich. Am 1. März 1956 erhielt es bei der Gründung der Seestreitkräfte den Status eines Flagg- und Schulschiffes. 56 Mann Stammbesatzung und 56 Offiziersschüler hatten ihre Unterkünfte in zwei Wohndecks. In ALBIN KÖBIS umbenannt blieb es bis 1963 fahrendes Schulschiff, um dann stationär genutzt zu werden. 1965 erfogte die Verschrottung in Warnemünde.

Seit 1952 befand sich nach einem Umbau das ehemalige Flugsicherungsboot AVISO als Schulboot (Projekt WB 26) im Dienst, das, ehe es 1956 der GST übergeben wurde, an der Flottenschule Parow der Ausbildung des seemännischen und maschinentechnischen Personals diente. Erst 1976 wurde es abgebrochen.

Die Offiziershochschule übernahm am 6. Juli 1976 das neue Schulschiff WILHELM PIECK, das auf der Nordwerft in Danzig gebaut worden war. Zwei Schwesterschiffe für die polnischen Seestreitkräfte, WODNIK und GRYF, fuhren ebenfalls als Schulschiffe. Neben der Stammbesatzung konnten 63 Kursanten an Bord genommen werden. Kabinette und moderne Anlagen aller Art gestatteten ein hervorragende Ausbildung. Die erste große Reise fand nach einigen Kurzreisen 1978 nach Murmansk statt, später ging es meist in das Mittelmeer und in das Schwarze Meer. Damit war eine praxisbezogene Ausbildung der Offiziersschüler auch in entfernten Seegebieten möglich. Am 3. Oktober 1990 erfolgte die Außerdienststellung, dann sollte es verkauft werden.

Auch in der Volksmarine wurden wie zu allen Zeiten in allen Marinen aus dem aktiven Dienst genommene Kriegsschiffe zeitweilig als Schulschiffe eingesetzt.

Von den zehn ab 1955 auf der Peene-Werft gebauten Minenleg- und Räumschiffen vom Typ Krake wurden nach Außerdienststellung 1972/73 drei noch bis 1976 als Schulschiffe genutzt. Es handelte sich um BERLIN, KARL-MARX-STADT und LEIPZIG. Als letztes Schiff dieser Gruppe wurde BERLIN am 13. Oktober 1976 stillgelegt.

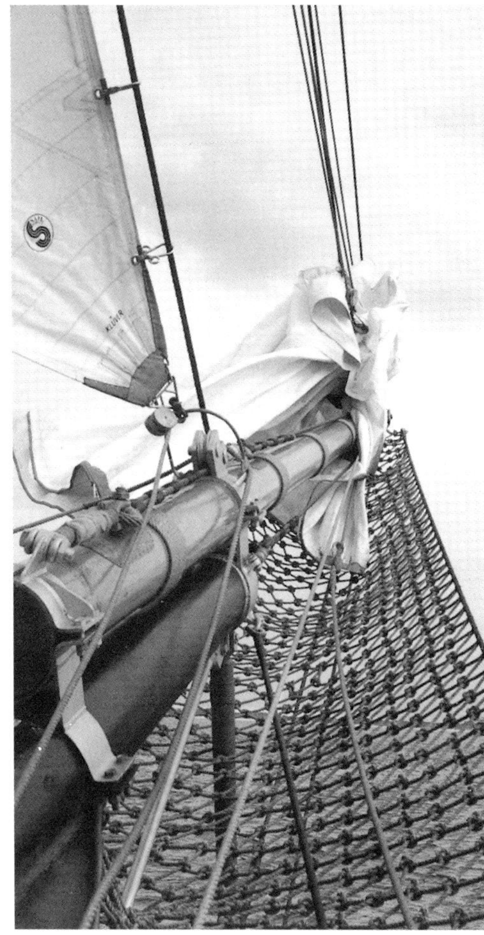

Richtung Heimat.

SCHULSCHIFFE DER BRD

Der Wiederaufbau der Handelsflotte verlief in Westdeutschland zwar etwas leichter als im Osten, aber trotzdem nicht problemlos. 1951 verfügten die westdeutschen Reeder über eine Flotte von 1 Million BRT Schiffsraum. Mit diesem schnellen Anstieg waren sofort die Probleme der Ausbildung von Besatzungen verbunden.

Für die Ausbildung von Offizieren galt anfangs immer noch die Schiffsbesetzungsordnung in der Fassung von 1931, aber dennoch forderten die Seefahrtschule ab 1952 von den Offiziersbewerbern einen Vorlehrgang entweder in Lübeck-Travemünde von zwölf Wochen oder in Bremen auf dem stationären SCHULSCHIFF DEUTSCHLAND von acht Wochen. Nachdem 1953 auch Hamburg und Elsfleth den Schulbetrieb wieder aufgenommen hatten, verfügte jedes Küstenland über eine eigene Seefahrtschule. Der 1954 gegründete »Verein zur Förderung des seemännischen Nachwuchses e.V.« wurde das Organ, das durch Richtlinien und Empfehlungen den Inhalt der Ausbildung sowie deren Organisation beeinflußte.

Leider begann die Ausbildung für die deutsche Schiffahrt tragisch. Schlieven kaufte 1951 die Viermast-Barken PAMIR und PASSAT, die von der finnischen Reederei Erikson zur Verschrottung nach Antwerpen gebracht worden waren. Nun kann man verstehen, daß so berühmte, ehemals deutsche Großsegler das Interesse deutscher Reeder und Seeleute weckte, aber mußte man sie als frachtfahrende Segelschulschiffe einsetzen? Die deutsche Schiffahrt hatte gerade in der ersten Hälfte des 20 Jahrhunderts bittere Erfahrungen auf diesem Gebiet gemacht. Die traurigen Unfälle deutscher, aber auch ausländischer frachtfahrender Segelschulschiffe wie ADMIRAL KARPFANGER oder KJÖBENHAVN, deren Untergang ja erst wenige Jahre zurücklag, hätten Warnung genug sein müssen. Schliewen kaufte noch den Fünfmast-Toppsegelschoner CARL VINNEN, um auch ihn als frachtfahrendes Segelschulschiff einzusetzen. Zwar ging diese Reederei in Konkurs, die beiden Viermast-Barken wurden von der »Stiftung Pamir und Passat« übernommen und nach einem entsprechenden Umbau in die Getreidefahrt nach Südamerika geschickt. Man ging nicht den erprobten Weg des Deutschen Schulschiff-Vereins, der in Zeiten der Not natürlich nicht so attraktiv war. Erinnerungen an die Zeit nach dem Ersten Weltkrieg?

Am 10. August 1957 lief PAMIR aus Buenos Aires mit einer Ladung von 3525 Tonnen loser Gerste und 255 Tonnen Gerste in Säcken zur letzten Reise aus. Das Schiff war den Vorschriften entsprechend mit insgesamt 86 Mann besetzt, darunter befanden sich 30 Jungleute und 22 Decksjungen.[147] Das Schiff wurde von Kapitän Johannes Dibitsch geführt, der die Urlaubsvertretung für den Stammkapitän Hermann Eggers wahrnahm.

Der drohende Hurrikan »Carrie« schien nicht in den Kurs der PAMIR zu kommen. Aber plötzlich drehte er früher als erwartet nach Ost ab. Inzwischen hatte PAMIR eine Position 600 Seemeilen südwestlich der Azoren erreicht, hier kreuzten sich dennoch die Kurse am Morgen des 21. September 1957. Obwohl die Schiffe in diesem Seegebiet seit Tagen vor dem Wirbelsturm gewarnt worden waren, erfuhr die Besatzung davon erst während des Frühstücks an diesem Unglückstag. Was sich nun abspielte, war eine mehrstündige Katastrophe. Gegen 10.00 Uhr Bordzeit flogen die ersten Segel weg und die zehn bis zwölf Meter hohen Wellen überspülten das schwer kämpfende Schiff, Wasser drang ein. Erst 14.01 Uhr erfolgte der erste Notruf, kurze Zeit danach kamen bereits erste Antworten von Schiffen, deren Position – wie im Falle des US-Schiffes PENN TRADER – weniger als 100 Meilen entfernt lag. Es dauerte noch bis 14.52 Uhr, ehe der Ruf dringend gemacht wurde, aber um 14.57 Uhr erlosch der PAMIR-Ruf mit dem Spruch: »Jetzt eilt – Schiff macht Wasser – Gefahr des Sinkens!«

Dann kenterte das Schiff.

Am Morgen des 23. September übernahm das US-Schiff SAXON fünf Überlebende aus dem Rettungsboot Nr. 5, am 24. September rettete ein Fahrzeug der US-Küstenwache noch einen Matrosen des Rettungsbootes Nr. 2. Er war der letzte von 22 Schiffbrüchigen, der in diesem Boot überlebte.

Es bleiben viele Fragen, deren Beantwortung wohl nie mehr vollständig erfolgen wird. Es ist auch hier nicht der Ort, sich in den immer wieder aufflammenden Streit einzumischen, ob es

Am 28. September 1957 sank die PAMIR im Orkan bei den Azoren.

Die Viermast-Bark PASSAT liegt seitdem als stationäres Schulschiff und Museum in Travemünde.

sich um »höhere Gewalt« oder um »menschliches Versagen« handelte.[148, 149]

Etwa zehn Tage vor dem Unglück trafen sich die beiden deutschen Segelschulschiffe PAMIR und PASSAT südlich des Äquators. PASSAT befand sich auf der Reise nach Buenos Aires – Grüße wurden getauscht. PASSAT wendete und begleitete den Partner noch ein paar Seemeilen, letzte – wirklich letzte – Fotos wurden gemacht, dann trennten sich die Schiffe.

PASSAT lud in Argentinien ebenfalls Gerste, lief am 18. September aus Buenos Aires aus und befand sich am 5. November im Nordatlantik mitten in einem schweren Sturm. Kapitän Grubbe hatte bereits am Vortage alle Segel bis auf die Mars- und Unterbramsegel sowie die Stagsegel weggenommen – Marssegelwetter. Aber am 5. November blieben nur noch der Besan und die Stagsegel stehen. Trotzdem war die Getreideladung ins Rutschen gekommen, immer mehr legte sich das Schiff auf die Seite. Unter Aufbietung aller Kräfte versuchten die Männer, die Ladung zu trimmen – vier Tage dauerte der Kampf ums Überleben, dann lief PASSAT in östlicher Richtung nach Lissabon ab. Eine kurze Werftliegezeit war erforderlich, ehe sie die Heimreise antreten konnte. Am 8. Dezember 1957 erreichte sie Hamburg. Damit endete die letzte Reise eines frachtfahrenden Segelschulschiffes, denn ihr Einsatz wurde sofort verboten. Am 30. Oktober kaufte die Stadt Lübeck die stolze Viermast-Bark, die seitdem am Priwall in Travemünde liegt und als Ausbildungsstätte und Museumsschiff von den großen Zeiten der Tiefwassersegler aber auch der frachtfahrenden Segelschulschiffe zeugt.[150, 151] Seit dieser Zeit wurde die Ausbildung auf Segelschulschiffen für die Handelsflotte nur zögernd wieder aufgenommen. Erst am 22. Juli 1964 stellte der Deutsche Schulschiff-Verein gemeinsam mit der »Stiftung PAMIR und PASSAT« eine Ketsch für die Ausbildung der Schüler der westdeutschen Seefahrtschulen in Dienst, die den Namen SEUTE DEERN II erhielt. Als HAVET fuhr sie bis Kriegsende Fracht, ehe sie der dänische Reeder Lauritzen übernahm, sie NONA DAN nannte und als Expeditionsschiff nutzte. 1961 kaufte sie der Deutsche Schulschiff-Verein, 1967 charterte sie der Norddeutsche Lloyd, um darauf eigene Offiziersanwärter auszubilden. Aber es blieb bei einem Versuch. 1973 wurde der Verein »Clipper – Deutsches Jugendwerk zur See e.V.« in Bremen gegründet, der die Ketsch übernahm und als Freizeitsegler betreibt.

Die Ausbildung von zukünftigen Offizieren der Handelsschiffahrt fand nun ohne Segelschulschiffe statt, wenn man davon absieht, daß junge Leute Reisen auf Segelschiffen verschiedener Vereinigungen unternehmen können, um sich auf den Seemannsberuf vorzubereiten. Der genannte Verein »Clipper« gehört dazu.

Als die neue Schiffsbesetzungsordnung von 1970[152] wirksam wurde, erfolgte in der Offiziersausbildung der Übergang von der Seefahrtschule zur Fachhochschule, in der die Ausbildung immer stärker den Anforderungen des modernen Schiffsbetriebes angepaßt wurde. Eine Bordausbildung erfolgte dann nur noch auf

»Frachtschiffen mit Ausbildungsauftrag«. Als eines der Beispiele sei das Containerschiff CAP FINISTERRE genannt, das am 30. Mai 1991 von der Lübecker Flender-Werft an die Reederei-Gruppe Hamburg-Süd übergeben wurde. An Bord befinden sich 18 Mann Stammbesatzung und zwölf Schüler, die im Verlaufe von 30 Monaten zum Schiffsmechaniker, davon sechs Monate an Bord, ausgebildet werden.

Die Bark GORCH FOCK II ist Segelschulschiff der Deutschen Marine.

In der Seefahrtschule Grünendeich finden Lehrgänge für nautische Offiziere statt, die ein »Patent C-naut« erwerben wollen. Dazu benutzt man ein 1950 gebautes Motorschiff, das den Namen GREUNDIEK trägt, stationär. Das Training findet an der laufenden Hauptmaschine statt, im Laderaum wurde ein 16-Zylinder-Motor von 2300 kW für Montageübungen installiert.

Eine Berufsausbildung für Matrosen wurde in den westdeutschen Ländern erst 1958 nur für Offiziersanwärter begonnen, die durch die »Schiffsbesetzungs- und Ausbildungsordnung« (SBAO) vom 19. August 1970 präzisiert wurde. Man unterschied erstmalig zwischen der Ausbildung der Offiziersanwärter und der Matrosen.

Eine der ersten Reedereien, die auf der Grundlage des Berufsbildungsgesetzes des Jahres 1969 und der Matrosen-Ausbildungsordnung von 1975 entsprechende Konsequenzen zog, war HAPAG-Lloyd, indem sie die Ausbildung von Matrosen Schritt für Schritt den Bedingungen der übrigen Wirtschaft anpaßte.

Die Einführung von Mehrzweckbesatzungen fachte die Diskussion über die Aufhebung der strengen Trennung in der Ausbildung für Deck und Maschine wieder an.[153, 154, 156] 1983 entschied man sich in der westdeutschen Handelsschiffahrt, mit der Ausbildung von »Schiffsmechanikern« zu beginnen.[156] Die Ausbildung dauert drei Jahre. Die Bordausbildung findet auf »Frachtschiffen mit Ausbildungsaufrag« statt, die übrige Ausbildung übernahm zunächst die Seemännische Berufsschule Bremen und stellte das 1927 gebaute und seit 1947 stationär genutzte SCHULSCHIFF DEUTSCHLAND zur Verfügung.

Nur die Seemännische Berufsschule Elsfleth hat – wohl aus naheliegenden Gründen – einen Dreimast-Gaffelschoner, der auch für die Matrosenausbildung eingesetzt wird, in Dienst gestellt.[157] Der Lebenslauf dieses Seglers beginnt mit einer Kollision, denn als er 1907 als SAN ANTONIO vom Stapel gelaufen war, wurde er vom Kleinen Kreuzer EMDEN gerammt und sank. Die Kaiserliche Marine mußte einen Neubau bezahlen, der 1909 fertiggestellt wurde. Nach einem wechselvollen Schicksal gelang es dem niederländischen Eigner Hammerstein, das Schiff nach Großbritannien zu bringen, wo man es für Nachschubtransporte einsetzte. 1947 verkaufte es Hammerstein nach Schweden, wo es für verschiedene Reeder fuhr. Bereits 1936 war der Umbau zum Motorschiff erfolgt. Nachdem der Hamburger Kapitän Paschburg 1973 das Schiff gekauft hatte, ließ er es zum Dreimast-Schoner umbauen und setzte es von 1974 bis 1981 unter dem Namen ARIADNE für Kreuzfahrten ein.

Im Oktober 1981 entdeckte Kapitän Horst Werner Jessen den Schoner in Piräus, charterte ihn und ließ ihn umbauen. Der Schulschiff-Verein »Großherzogin Elisabeth e.V.« übernahm ihn und gab ihm am 12. Juni 1982 den traditionsreichen Namen GROSSHERZOGIN ELISABETH. Am 5. August 1982 als Internatsschiff der Seemännischen Berufsschule in Betrieb genommen, ist die LISSY das einzige Segelschulschiff der deutschen Handelsflotte. Damit wird eine alte deutsche Tradition aufrechterhalten, wie sie durchgehend nur die militärische Schiffahrt pflegt.

Die Bundesmarine, 1949 bis 1955 im Rahmen des Aufbaus der Bundeswehr entstanden, setzte ab 1956 Schulschiffe ein. Das begann mit dem ehemaligen Tankschiff der Kriegsmarine HUNTE (gebaut 1940), das von den USA an Deutschland zurückgegeben worden war. Umbenannt in EMS setzte man es ab 11. Dezember als Schulboot für Flugsicherung ein. Ähnlich verhielt es sich mit dem Geleitboot HUMMEL, dem ebenfalls 1940 gebauten M 81 der Kriegsmarine, das im Dezember 1981 von den Franzosen zurückgegeben wurde und dem 1. Geleitgeschwader zugeteilt wurde. Als Schulschiff konnte es jedoch erst ab 1. Juli 1960 bezeichnet werden, als die Umbenennung dieses Geschwaders in Schulgeschwader erfolgte.

Die zahlreichen Fahrzeuge, die in den Jahren von 1956 bis 1960 übernommen und als Schulschiffe eingesetzt wurden, gehen aus der Tabelle 28 hervor. Mit den dort genannten Schulschiffen und deren Außerdienststellungen war die erste Phase des Aufbaues der Bundesmarine und damit der Installierung einer wirksamen Ausbildung in allen Bereichen abgeschlossen. 1960 lief eine in der Werft Nobiskrug Rendsburg gebaute Fregatte vom Stapel, die als DEUTSCHLAND für die Ausbildung eine neue Qualität darstellte. Zu dieser Zeit war sie nicht nur die größte, sondern auch die modernste Einheit der Bundesmarine.

Die erste Weltreise begann am 26. Januar 1965 und dauerte bis zum 29. Juni 1965 – 29 818 Seemeilen waren zurückgelegt worden. Nach der Außerdienststellung 1989 erfolgte die Ausbildung auf den aktiven Kriegsschiffen. Leider gelang es nicht, das Schiff zu musealen Zwecken zu erhalten.

1964 wurden drei Fahrzeuge als Schulschiffe zur Ausbildung von Offiziers- und Unteroffiziers-Schülern in Dienst gestellt, die 1960 auf deutschen Werften entstanden: die Tender RUHR (gebaut bei Blohm & Voss), DONAU (gebaut in der Schlichting-Werft in Travemünde) und WESER (gebaut in Elsfleth). Nach einer relativ kurzen Zeit in der Ausbildung gingen sie in den aktiven Dienst oder wurden an fremde Marinen (WESER 1976 an die griechische und RUHR 1977 an die türkische Marine) verkauft.

Nun verfügt die Bundesmarine glücklicherweise noch über ein Segelschulschiff, über die GORCH FOCK II, ferner wird die Ketsch NORDWIND eingesetzt.

Das letztgenannte Fahrzeug wurde zwar noch 1945 gebaut, fiel jedoch unfertig in die Hände der Alliierten. Nach anfänglichen Schwierigkeiten ging es nach dem Fertigbau 1951 als Schulschiff zum neugegründeten Bundesgrenzschutz, um 1956 von der Bundesmarine übernommen zu werden. Sie steht der Marineschule Mürwik für die Ausbildung zur Verfügung.

GORCH FOCK II ist Mitglied einer berühmten Schiffsfamilie und seit 1958 als Segelschulschiff für die Bundesmarine im Einsatz. Ausbildungsfahrten und Teilnahme an Seglertreffen sowie Erfolge bei Großseglerregatten der »Sail Training Association« lassen Schlüsse auf eine wirkungsvolle, nützliche Ausbildung von Offiziers- und Unteroffiziersanwärtern zu. In ihr manifestiert sich der Wert einer sinnvollen Segelschiffsausbildung auch im Zeitalter der modernen Technik. Hier trifft die vielzitierte Meinung zu, daß Segelschulschiffe »Schulen des Charakters« seien. Hier erlebt der zukünftige Offizier die Natur noch unmittelbar, muß sich mit ihr auseinandersetzen und erwirbt Erfahrungen, die ihm später eine verantwortungsvolle Führungstätigkeit ermöglichen.

Als nach 25 Jahren Einsatz am 25. November 1983 Bilanz gezogen wurde,[158] kam ein stolzes Ergebnis zustande:

205 Besuche in 111 Häfen von 25 Ländern;
70 Ausbildungsreisen mit 8387 Lehrgangsteilnehmern;
355 000 Seemeilen legte das Schiff dabei zurück;
Teilnahme an 13 STA-Regatten mit sechs ersten Plätzen;
höchstes Tagesetmal = 323,2 Seemeilen = 17 Knoten.

Seit dieser Zeit sind neue Erfolge hinzugekommen, die das Schiff in aller Welt zu einem gern gesehenen Gast als Botschafter der Bundesrepublik Deutschland macht.

Abschließend ist auf eine neue Kategorie von Segelschulschiffen einzugehen, die sich während der letzten Jahrzehnte entwickelte. Ihre Spur läßt sich bis in das Jahr 1934 verfolgen, als der bekannte Autor maritimer Bücher, Allan Villiers, mit dem Voll-

Die Schonerbrigg GREIF (ex WILHELM PIECK) läuft zur Segelschiffparade 1996 vor Rostock aus.

schiff JOSEPH CONRAD (ex GEORG STAGE) mit Jugendlichen auf Weltreise ging. Nach dem Zweiten Weltkrieg nahm das »Freizeitsegeln«, das »adventure sailing«, in der Welt einen beachtlichen Umfang an, obwohl man nicht immer die Grenzen zwischen Schulschiff und Passagierschiff findet. Unsere kurzen Betrachtungen betreffen die erstere Gruppe, auf denen Judendliche ausgebildet und erzogen werden, ohne daß sie einmal die Absicht haben, den Seemannsberuf zu ergreifen. Natürlich gibt es dennoch Überscheidungen, wie am Beispiel des Dreimast-Toppsegelschoners THOR HEYERDAHL zu ersehen ist. Das Schiff wurde 1930 in Westbrock (Niederlande) als Frachtsegler TRINKA gebaut. 1980 kaufte ihn der »Verein Thor Heyerdahl e.V.« und ließ es zum Toppsegelschoner umbauen. Seit dieser Zeit fährt er sowohl mit Jugendlichen in heimatlichen Gewässern als auch während des Winters mit Passagieren in südlichen Meeren.

Als ähnlicher »Grenzfall« ist die Barkentine PEACE zu bezeichnen, die 1993 die Familie dieser Segler bereicherte. 1962 war das Schiff innerhalb einer Gruppe von 15 Fischtrawlern auf einer polnischen Werft in Danzig gebaut worden und fuhr über viele Jahre für die polnische Hochseefischerei. Als der Umbau zur Barkentine erfolgte, gestaltete man auch die 26 Doppelkabinen für 52 Mitsegler sehr komfortabel, so daß ein Einsatz als Passagiersegler ohne Schwierigkeiten möglich ist. Auch eine Stammbesatzung von 30 Mann zeugt dafür, daß der aus Cuxhaven stammende Eigner an solche Fahrten denkt. Auf alle Fälle ist PEACE als guter Segler bekannt.

Dreimast-Toppsegelschoner THOR HEYERDAHL ist Freizeitsegler, der auch mit Passagieren fährt.

PEACE – aus einem polnischen Fischtrawler entstand eine schöne Barkentine.

Über einige als Freizeitsegler eingesetzte Fahrzeuge ist nachfolgend kurz zu berichten, um den Umfang anzudeuten, der inzwischen in Deutschland erreicht wurde.

Die Gaffelketsch VEGESACK, sowohl als Traditionssegler als auch als Erziehungsschiff und Freizeitsegler eingesetzt, wurde 1895 auf der Vulkan-Werft in Bremen als Fischereifahrzeug gebaut, fuhr bis 1939 für die Fischerei und als Frachtsegler. Bis 1979 trug das Schiff als Fracht- und Schulschiff NOSTRA die schwedische Flagge, dann holte man es nach Deutschland, riggte es zur Gaffelketsch um und setzte es im Mittelmeer von 1982 bis 1984 zur Resozialisierung von Jugendlichen ein, Charterer war das Hamburger »Rauhe Haus«. Von 1984 bis 1989 war die Ketsch in Privatbesitz, bis sie der Verein »Maritime Tradition Vegesack Nautilus e.V.« kaufte und seitdem vielfältig einsetzt.

Der Bremer Verein »Clipper – Deutsches Jugendwerk zur See e.V.« betreibt folgende Schiffe für das Freizeitsegeln:

Dreimast-Gaffelschoner AMPHITRITE – gebaut 1887, 110 BRT;
Dreimast-Toppsegelschoner ALBATROS – gebaut 1942, 109 BRT;
Toppsegelschoner JOHANN SMIDT – gebaut 1974, 175 BRT.

AMPHITRITE ist auf Grund ihres Alters gleichzeitig ein Traditionsschiff, das nicht nur ein wechselvolles Schicksal hinter sich hat sondern auch einen interessanten Schiffstyp darstellt. Das jüngste Schiff des »Dreigestirns« ist JOHANN SMIDT, das 1974 in den Niederlanden als EENDRACHT für »Het Zeilend Zeeschip«

Der Dreimast-Gaffelschoner AMPHITRITE, gebaut 1887, ist Traditionsschiff und Freizeitsegler.

als Schulsegler entstand und 1989 vom Verein Clipper gekauft wurde. In den Niederlanden gibt es seitdem den Dreimastschoner EENDRACHT II.

Weitere Schiffe dieser Art sind:

ATLANTIC – 1871 in Kiel als Frachtensegler gebaut, der nach wechselvollem Schicksal 1982 von Harald Hans gekauft und
für das »Adventure-Sailing« eingesetzt wird.

CAROLA – 1900 in Nyköping als Galeasse für die Frachtfahrt
gebaut, segelte unter verschiedenen Namen, ehe sie für diesen Zweck eingesetzt wurde.

FALADO – 1968 in Griechenland als Kutter gebaut, erhielt 1969 eine Takelung als Brigantine und ging für den Verein »Brigantine FALADO von Rhodos e.V.« als Jugendschiff in See.

FREEDOM 1959 als Fischlogger gebaut, wurde 1991 umgebaut, fährt sowohl als Freizeitsegler als auch für die polnische Seefahrtschule Kolberg.

Der Schoner UNDINE fährt seit 1989 mit sozial gefährdeten Jugendlichen.

Die Betreiber solcher Schiffe vertreten die Ansicht, bei jungen Leuten beiderlei Geschlechts neben dem »Erlebnis zur See« auch Erziehungseffekte zu erzielen. Diese Grundidee übernehmen seit Jahren Institutionen aller Art, so daß die Zahl solcher Schiffe ständig steigt. So war es folgerichtig, wenn sich nach 1980 ein »Bundesverband Segeln – Pädagogik – Therapie« bildete, dem sich verschiedene Vereine anschlossen (Tabelle 30), die ein beachtliches Spektrum sozialpädagogischer Aktivitäten darstellen. Nur einige Fahrzeuge dieses Verbandes, wie OUTLAW, UNDINE, ZUVERSICHT, JACHARA, VADDER GERRIT und ATHENE, seien aus der Vielzahl wenigstens genannt.

Die Brigantine OUTLAW machte 1989 eine Reise als Erziehungsschiff.

Viele dieser und andere Schiffe dienen unmittelbar der Erziehung von Jugendlichen. Bereits 1980 ging der Schoner ZUVERSICHT mit sozialgefährdeten Jugendlichen in die Fahrt, er wurde dafür vom »Christlichen Jugenddorfwerk Deutschlands« (CJD) eingesetzt. Ein ähnliches Unternehmen startete 1989 der Verein »Jugendschiff Corsar«, als die Brigantine OUTLAW, 1978 für diesen Zweck umgebaut, als »Erziehungsschiff« mit vier Pädagogen, vier Seeleuten und 15 Jugendlichen aus Heimen und Jugendgefängnissen auf eine Atlantikreise ging. Unter härtesten Bedingungen und bei anstrengender Arbeit erlebten die jungen Leute, die das Leben an Bord »schlimmer als im Knast« empfanden, die Seefahrt aus erster Hand. Dennoch äußerten einige, daß sie ein Gefühl von Geborgenheit hatten, das sie früher nicht kannten. Obwohl einige mit Flucht drohten, kamen sie nach der Reise von sechs Monaten wieder vollzählig in Cuxhaven an. Später lag die Brigantine als JOLA im Hafen von Bremen und diente der Betreuung Rauschgiftsüchtiger.

Ein anderes Schiff dieser Art ist der 1931 in Delfzijl (Niederlande) gebaute Frachtschoner FRANZISKA, der seit 1984 nach entsprechenden Umbau (1980–1984) vom Eigner Joachim Kaiser in Zusammenarbeit mit dem Hamburger Verein »Sozialarbeit und Segeln e.V.« und dem Jugendamt der Hansestadt Hamburg als UNDINE mit Jugendlichen fährt, die als sozialgestörte Menschen von den Jugendämtern für diesen Zweck ausgesucht werden.

Es gibt auch größere Segelschiffe unter den Freizeitseglern, die sowohl von der »Sail Training Association of Germany« als auch von verschiedenen Vereinen betrieben werden. In Mecklenburg-Vorpommern entstanden seit 1992 zwei Segler, die sich durch eine hierzulande seltenen Takelung auszeichnen – eine Jackass-Bark und eine Brigg.

Erstere heißt FRIDTJOF NANSEN und war 1919 in Dänemark als Frachtsegler gebaut worden. In einem abgetrennten Bereich der Peene-Werft Wolgast entstand ein Segelschiff, das mit seinen 12

Nach dem Sieg der ROALD AMUNDSSEN gab Kapitän Schnurbein das Kommando »Besanschot an!«.

Segeln mit einer Fläche von 850 Quadratmetern sofort an die NIOBE erinnert. Jackass-Barken oder Polka-Barken werden solche Schiffe genannt. Das Schiff hat sich auf vielen Reisen im Atlantik und im Pazifischen Ozean durchaus bewährt.

Die Brigg erhielt den Namen ROALD AMUNDSEN. Es handelt sich dabei um den ehemaligen Tanklogger VILM der Volksmarine der DDR. Das Schiff entstammt der berühmten DDR-Loggerfamilie, von denen Anfang der fünfziger Jahre mehr als 1000 Fahrzeuge für die Sowjetunion und die DDR gebaut wurden. Der Tanker VILM wurde von der Roßlauer Schiffswerft gebaut und am 1. April 1952 in Dienst gestellt. Die Werftarbeiter von Wolgast schufen daraus eine sehr schöne Brigg mit hervorragenden Segeleigenschaften. Man bedenke – seit mehr als 80 Jahren war das wieder die erste Brigg unter deutscher Flagge. Die letzte deutsche Brigg, die als ATLAS 1877 bei Wilhelm Zeltz in Rostock gebaut worden war, wurde 1909 nach Dänemark verkauft.

Abschließend ist der größte zivile Segler Deutschlands zu nennen, der als Flaggschiff der »Sail Training Association of Germany« (STAG) bezeichnet wird. 1906 lief das ehemalige Feuerschiff in der Werft A.G. »Weser« in Bremen als erste von vier Einheiten vom Stapel, unter verschiedenen Namen tat es Dienst, um den Seeleuten mit ihren Schiffen den Weg zu weisen. Viele Ereignisse, Havarien und sogar eine Versenkung am 4. Mai 1945 in Swinemünde sowie mehrere Umbauten kennzeichnen die Existenz des Schiffes. Es wurde am 30. September 1986 von der STAG übernommen und nach den Plänen des berühmten polnischen Segelschiffskonstrukteurs Zygmunt Chorem umgebaut, man gab ihm den Namen ALEXANDER VON HUMBOLDT. Seit dieser Zeit wird die Bark für Jugendreisen eingesetzt.

So stellt dieser schöne Segler den vorläufigen Abschluß einer langen Reihe deutscher Schulschiffe seit 1818 dar und ist ein wichtiger Bestandteil deutscher Schiffahrtsgeschichte.

Die Bark ALEXANDER VON HUMBOLDT, das Flaggschiff der Sail Training Association of Germany.

WILHELM PIECK.

Nachbetrachtung

Der hier gegebene kurze Überblick über die Entwicklung der Schulschiffahrt in Deutschland, verbunden mit einigen Erörterungen zur maritimen Ausbildung, zeigt an, daß es notwendig ist, diese Untersuchungen und Betrachtungen auszubauen. Man muß nicht Lehrer sein, um zu erkennen, daß die Ausbildung in ihren vielfältigen Formen schon seit Jahrhunderten sozusagen das Herzstück besonders der Seefahrt war und ist. Gerade der autonome Betrieb eines Schiffes auf hoher See und die ökonomische Behauptung unter schwierigen, von der harten Konkurrenz geprägten Bedingungen verlangt Offiziere und Besatzungen mit hohem Wissen, sicherem Können und ausgeprägtem Charakter. Im vorliegenden Buch ist der Versuch unternommen worden, diese Faktoren in ihrer gegenseitigen Beziehung als historischen Ablauf darzustellen.

Vergleicht man die Ausbildungssysteme seit dem 17. Jahrhundert und Mitte des 18. Jahrhunderts seit dem Einsetzen der Industriellen Revolution in den Niederlanden sowie in Großbritannien, erkennt man die zunehmende Bedeutung einer Ausbildung der Schiffer und Steuerleute, die in den genannten Ländern ausschließlich an Bord aktiver Schiffe erfolgte. Erst in Rußland kam es zur Gründung von Schulen,[159] in denen großer Wert auf Mathematik gelegt wurde. Daß hier auch die ersten Schulschiffe eingesetzt wurden, lag daran, daß Rußland nach dem Tode Peters I. nicht über ausreichend Schiffe verfügte, um die Ausbildung im Bordbetrieb zu realisieren. Außerdem waren Analphabeten und Jungen ohne genügende schulische Vorbildung auf ihren Einsatz vorzubereiten.

Im Grunde genommen entwickelten sich in Europa zwei Systeme, die man der Einfachheit halber als niederländisches und russisches System bezeichnen sollte. Natürlich entstanden in allen Schiffahrtsländern nach und nach ebenfalls schulische Einrichtungen (z.B. stationäre Schulschiffe) zur Vorbereitung auf die Bordausbildung. Seit dem 19. Jahrhundert bildete sich ein weltweites maritimes Bildungssystem heraus, das bis in die Gegenwart trotz einiger nationaler Besonderheiten einen weitgehenden Gleichstand erreicht hat. In allen Ländern entstanden Ausbildungseinrichtungen zuerst in den Kriegsmarinen, wenn man die niederländische Ostindienfahrt mit einbezieht. Voraussetzung für eine Kriegsflotte ist die Existenz eines Nationalstaates, der ja bis 1871 in Deutschland nicht bestand. So verläuft der Entwicklungsweg hier anders, er beginnt in einem deutschen Staat, in Preußen, und keineswegs in der Kriegsmarine. Der erste Einsatz eines »Übungsschiffes« einer zivilen Navigationsschule erfolgte mit einem Kriegsschiff einer nur in Ansätzen vorhandenen Kriegsmarine. Das wiederum brachte es mit sich, daß alle Übungsfahrten, auch wenn gecharterte Privatschiffe benutzt wurden, unter der preußischen Kriegsflagge stattzufinden hatten. Damit ergeben sich für die deutsche Variante folgende Stufen:

1. Entstehung von Navigationsschulen aus den Prüfungsverpflichtungen der Schifferkompanien mit privaten Vorbereitungskursen im 18. Jahrhundert; erste Navigationsschule 1749 in Hamburg.
2. Erster Einsatz eines Schiffes für Übungsfahrten 1818 und Bau eines speziellen Schulschiffes 1844 in Preußen.
3. Entwicklung eines Ausbildungssystems der preußisch-deutschen Kriegsmarine ab 1851.
4. Einsatz von Schulschiffen der deutschen Handelsflotte ab 1900.
5. Weiterentwicklung der maritimen Ausbildungssysteme nach der Gesetzgebung von 1925.
6. Entstehung von Ausbildungsorganisationen nach dem Zweiten Weltkrieg unter den Bedingungen der deutschen Teilung.

Seit dem Oktober 1990 vollziehen sich nach der Vereinigung beider deutscher Staaten auf dem Gebiet der Ausbildung von Seeleuten in Deutschland Strukturänderungen für alle Flotten unter teilweiser Beachtung und Wahrung alter deutscher Traditionen. Das Land verfügt über ein gut ausgebautes Netz von Bildungseinrichtungen für alle Rangstufen einer Schiffsbesatzung sowohl der zivilen als auch der militärischen Schiffahrt als Ergebnis einer nahezu 200jährigen Geschichte der Schulschiffahrt und der dafür notwendigen schulischen Einrichtungen. Einen immer größeren Raum nehmen dabei die Maßahmen und Projekte verschiedener Vereine ein, die beweisen, daß der Schulschiffgedanke eine neue Belebung erfuhr.

Es ist notwendig, die vorliegende, sehr kurz gehaltene Darstellung über die deutschen Schulschiffe zu ergänzen und besonders den Abschnitt nach 1945 mit dem nötigen Abstand auszubauen.

ANHANG

TABELLEN

Tabelle 1 – Preußische Übungsschiffe 1818–1861

(einschließlich Schulschiffe des Deutschen Bundes)

Jahr	Schiff	Eigner	Reiseroute, Dauer bzw. Anzahl der Reisen
1818	Schoner STRALSUND	Preuß. Staat	Ostsee ab 1. 8. 1818, 6 Wochen
1820/21	Brigg FORTUNA	Kpt. Erdtmann Wunderlich	Ostsee-Sund-Kattegat, 2 Reisen je 2 Wochen
1823	Fregatte WILHELMINE	Zachert,Danzig	Ostsee 2 Monate
1823	SATISFAKTION	Kaufm. Kreft	Ostsee-Nordsee
1824	Schoner DANZIG	Preuß. Staat	Kurzreisen Ostsee
1825	–	–	keine Übungsreise
1926	Schoner DANZIG	Preuß. Staat	Kurzreisen Ostsee
1827	Schoner WEICHSEL	Kpt. Domanski	2 Reisen nach England
1828	Schoner DANZIG	Preuß. Staat	Kurzreisen Ostsee
1829	Schoner DANZIG	Preuß. Staat	Kurzreisen Ostsee
1830	Vollschiff PRINZESS LOUISE	Preuß. Seehandlung	Weltreise mit 3 Kadetten
1833–1838	Schoner DANZIG	Preuß. Staat	Vermessungen der preußischen Ostseeküste (Seeatlas)
1833–1838	Schoner ELISABETH	Kpt. Schmidt	Vermessungen der preußischen Ostseeküste (Seeatlas)
1833–1838	Schoner EMILIE	Kpt. Krummbiegel	Vermessungen der preußischen Ostseeküste (Seeatlas)
1833–1838	Schoner GEORG CANNING	priv. Stettin	Vermessungen der preußischen Ostseeküste (Seeatlas)
1833–1838	Schoner GLÜCKAUF	priv. Danzig	Vermessungen der preußischen Ostseeküste (Seeatlas)
1844	Korvette AMAZONE	Preuß. Staat, Preuß. Marine	1. Reise 1844, Übergabe 1850 (1861 gesunken)
1848/51	Schoner ELBE	Deutscher Bund	Seekadetten-Schulschiff, Schleswig-Holstein
1848/49	Fregatte DEUTSCHLAND	Deutscher Bund	keine Reise

Tabelle 2 – Schulschiffe der preußischen Kriegsmarine

Name/Typ	Baujahr	Technische Daten	Angaben zum Schiff
AMAZONE, Korvette	1843	L -33,5 B-8,9, D- 380 t, S-876 m^2, BS-145 Mann	1844 Schulschiff für Navigationsschulen 1847 versch. Einsätze 1852 Schulschiff der preuß. Marine 1861 gesunken
GEFION, Kriegs-Fregatte	1846	LA-59,3 B-13,5, D-1385 t, S-1939 m^2, BS-420 Mann	1846 Dänisches Kriegsschiff 1849 Kriegsschiff ECKERNFÖRDE der Bundesmarine und GEFION der preuß. Marine 1858 Seekad.-SS 1863 Artillerie-SS 1870/71 Gefangenenlager 1891 abgewrackt
THETIS, Vollschiff	1846	LA-60,2 B-14,1, D-1882 t, S-2370 m^2	1846 Brit. Kriegsschiff 1855 Seekad.-SS und Schiffsj.-SS, später Artillerie-SS 1871 Kohlenhulk 1894 abgewrackt

Name/Typ	Baujahr	Technische Daten	Angaben zum Schiff
MERCUR, Vollschiff	1848	L -38,1 B-8,2, D-850 t, S-805 m^2	1848 Handelsschiff 1850 Seekad.-SS und Transportschiff 1857 Schiffsj.-SS 1861 abgewrackt
NIOBE, Vollschiff	1853	L -43,2 B-12,8, D-1270 t, S-1650 m^2	1853 brit. Kriegsschiff 1861 Kadetten-SS 1891 abgewrackt
ROVER, Brigg	1851	LL-34,1 B-10,3, D-627 t, S-1035 m^2	1853 brit. Kriegsschiff 1863 Schiffsj.-SS 1890 Hulk 1911 abgewrackt
MUSQUITO, Brigg	1851	siehe ROVER	1851 brit. Kriegsschiff 1863 Schiffsj.-SS 1891 Hulk 1906 abgewrackt
UNDINE, Brigg	1871	LA-41,9 B-10,2, D-670 t, S-1035 m^2	1871 Schiffsj.-SS 28.10.1864 gesunken
HELA, Toppsegelschoner ab 1860 Brigg	1853	LA-32,0 B-7,8, D-300, S-604 m^2, S-539 m^2	akt. Kriegsschiff, zeitweise SS für Seekadetten und Schiffsjungen 1871 gestrichen
FRAUENLOB, Gaffelschoner	1856	LA-32,1 B-8,1, D-305 t, 6 S-523 m^2, BS-47 Mann	1856 zeitweise SS 1860 in Ostasien gesunken
ARCONA, Vollschiff	1858	LL-63,5 B-13,0, R-1527 BRT, S-2200 m^2, BS-380 Mann	1859 akt. Kriegsschiff 1862 Kadetten-SS 1876 Wachschiff Kiel 1884 verschrottet

LA = Länge über alles; S = Segelfläche; R = Raumvermessung; BS = Besatzungsstärke; LL = Länge zwischen den Loten; M = Maschinenleistung; D = Wasserverdrängung; SS = Schulschiff; B = Breite; SSS = Segelschulschiff

Tabelle 3 – Handelsflotten deutscher Seestädte 1850–1870

Häfen	1850	1860	1870	Häfen	1850	1860	1870
Rostock				Lübeck			
Anzahl der Schiffe	263	339	378	Anzahl der Schiffe	70	51	43
NRT	50 000	83 000	105 000	NRT	19 600	9 500	8 500
NRT-Durchschnitt	190,1	244,8	277,8	NRT-Durchschnitt	150,0	188,2	197,7
Hamburg				Stettin			
Anzahl der Schiffe	327	483	473	Anzahl der Schiffe	213	258	250
NRT	71 300	140 000	191 000	NRT	43 000	54 000	52 000
NRT-Durchschnitt	218,1	289,9	403,8	NRT-Durchschnitt	200,0	209,3	208,0
Bremen				Danzig			
Anzahl der Schiffe	222	262	300	Anzahl der Schiffe	108	127	140
NRT	67 00	123 000	178 000	NRT	34 900	44 200	57 000
NRT-Durchschnitt	301,9	472,1	593,3	NRT-Durchschnitt	323,1	348,0	407,1

Tabelle 4 – Deutsche Navigationsschulen 1815–1870

Schulort	Land	Gründung	Bemerkungen
Hamburg	Hamburg	1749	
Emden	Preußen	1782	1815 zu Hannover
Stettin	Preußen	1789	1945 an Polen
Bremen	Bremen	1790	
Tönning	Schleswig-Holstein	1799	1864 an Preußen
Lübeck	Lübeck	1808	1937 an Preußen
Vegesack/Weser	Bremen	1815	bis 1869 private Schule
Danzig	Preußen	1817	1921 Freistaat Danzig 1945 an Polen
Stralsund	Preußen	1820	1921 geschlossen
Memel	Preußen	1820	1921 geschlossen(?)
Pillau	Preußen	1820	1897 geschlossen
Elsfleth	Oldenburg	1832	1856 staatl. Schule
Papenburg	Hannover	1841	1846 staatl. Schule 1924 geschlossen
Wustrow	Mecklenburg	1846	1969 Hochschule
Timmel	Hannover	1846	1918 geschlossen
Grünendeich	Hannover	1850	
Altona	Schleswig-Holstein	1852	1945 an Hamburg
Rostock	Mecklenburg	1854	1919 geschlossen
Leer	Hannover	1854	1866 an Preußen
Blumenthal	Hannover	1860	1879 geschlossen
Wischhafen	Hannover	1860	1879 geschlossen
Barth	Preußen	1862	1924 geschlossen
Appenrade	Schleswig-Holstein	1863	1866 an Preußen 1918 geschlossen
Flensburg	Preußen	1872	

Tabelle 5 – Schulschiffe der Kaiserlichen Marine

Name/Typ	Baujahr	Technische Daten	Angaben zum Schiff
ALBATROS Kreuzer	1907	LA-100,9 B-11,5 D-2208 t M-6123 PS	1908 Minen-SS 1914 Minenkreuzer 1915 nach Gefecht mit russ. Kreuzer auf Grund, Bergung, in Dänemark interniert 1921 verschrottet
BLÜCHER I Ged. Korvette Vollschiff	1878	LA-82,0 B-13,7 D-3386 t M-2419 PS S-2200 m²	1878 Torpedoversuchs- u. Schulschiff 1902 stat. in Mürwik 1906 Wohnschiff 1907 Kesselexplosion 1908 nach Rotterdam verkauft, Abriß
CYCLOP	1916	LA-86,0 B-19,6 D-4010 t M-1800 PS	1917 U-Schule, Bergungsschiff, Taucherschule 1919 an Großbritannien 1923 abgewrackt
DELPHIN Tender	1906	LL-44,0 B-8,3 D-509 t M-462 PS	1906 Artillerie-Schule 1914 Küstenschutz 1916 Fähnrichausb. Artillerie 1921 Artillerie-SS 1925 außer Dienst 1928 nach Umbau peruanischer Frachter
DRACHE Tender	1908	LL-53,6 B-9,6 D-790 t M-1670 PS	1908 Artillerie-Schule 1914 Küstenschutz 1920 Artillerie-Schule 1945 am 18.4. bei Pillau durch Bomben versenkt.
FUCHS Tender	1905	LL-46,0 B-9,0 D-429 t M-1100 PS	1906 Artillerie-Schule 1914 Küstenschutz 1920–1928 Artillerie-SS 1932 außer Dienst-
HAY Tender	1907	LL-46,0 B-8,8 D-650 t M-1100 PS	1907 Artillerie-Schule 1914 Küstenschutz 1920 Artillerie-SS 1932 außer Dienst
LEIPZIG Ged. Korvette Vollschiff	1875	LA-87,5 B-14,0 D-4626 t M-6050 PS S-2600 m² BS-425 Mann	1877 Seekad.-SS 1888 akt. Kriegsschiff 1894 Wohnhulk Funktelegraphenschule 1921 verkauft

Name/Typ	Baujahr	Technische Daten	Angaben zum Schiff
MÜNCHEN Kreuzer	1904	LA-111,1 B-13,2 D-3816 t M-12 388 PS	1905 Torpedo-Versuchs- und SS, 1914 akt. Kriegsschiff 1920 an Großbritannien
NAUTILUS Kreuzer	1906	LA-100,9 B-11,2 D-2345 t M-6638 PS	1907 Minenschulschiff 1908 akt. Kriegsschiff 1919 außer Dienst 1928 abgewrackt
NYMPHE Kreuzer	1899	LA-105,0 B-11,8 D-3082 t M-6671 PS	1900 Seekad.-SS 1914 Küstenschutz 1916 Wohn- und Exerzierschiff 1931 außer Dienst
OTTER Schoner	1877	LA-31,0 B-6,1 D-164 t S-325 m²	1878 Minenschulschiff 1907 außer Dienst 1926 abgebrochen
PELIKAN Kreuzer Toppsegelschoner	1891	LL-80,9 B-11,7 D-2424 t M-3166 PS S-625 m²	1891 Minenschule 1920 außer Dienst 1921 abgewrackt
PRINZ ADALBERT Ged. Korvette Vollschiff	1904	LA-87,5 B-14,0 siehe LEIPZIG	1876 als SEDAN gebaut kein akt. Einsatz 1880 Schulschiff 1888 außer Dienst, Hulk 1907 abgewrackt
PRINZ ADALBERT Gr. Kreuzer	1876	LA-126,5 B-19,6 D-9875 t M-16 200 PS	1904 Artillerie-SS 1914 akt. Kriegsschiff 1915 durch brit. U-Boot versenkt
RHEIN	1867	LL-44,0 B-6,0 D-498 t M-273 PS	1867 Minenschulschiff 1911 außer Dienst, Hulk 1920 verkauft, Prahm
STUTTGART Kreuzer	1906	LA-117,4 B-13,3 D-3469 t M-13 487 PS	1908 Artillerie-SS 1914 akt. Kriegsschiff 1918 Seeflugzeugträger 1920 an Groflbritannien
ULAN Tender	1876	LA-36,3 B-8,0 D-438 t M-782 PS	1877 Tender Artillerie-Schule für CAROLA und SCHWABEN
UNDINE Kreuzer	1902	LL-104,4 B-12,4 D-3180 t M-8696 PS	1904 Artillerie-SS 1914 akt. Kriegsschiff 1915 in der Ostsee durch brit. U-Boot versenkt

Tabelle 6 – Zur Ausbildung genutzte Kriegsschiffe der Kaiserlichen Marine

Name/Typ	Baujahr	Technische Daten	Angaben zum Schiff
ARIADNE Korvette Vollschiff/Bark	1871	LL-65,8 B-10,9 D-2072 t S-1582/1261 m² M-2260 PS	1871 akt. Kriegsschiff 1874 Maschinen-SS 1884 Auslandskreuzer 1891 verschrottet
ARMINIUS Panzerschiff	1864	LA-62,2 B-10,9 D-1653 t M-300 PS	1864 akt. Kriegsschiff 1872 Maschinen-SS 1882 Tender 1892 Eisbrecher in Kiel 1901 außer Dienst
AUGSBURG Kreuzer	1909	LA-130,5 B-14,0 D-4362 t M-19 000 PS	1910 akt. Kriegsschiff 1912 Artillerie-SS 1914 Küstenschutz 1920 an Japan
BLÜCHER II Gr. Kreuzer	1908	LA-161,8 B-24,5 D-17 500 t M-34 000 PS	1908 akt. Kriegsschiff 1911 Artillerie-SS 1914 akt. Kriegsschiff 1915 Kreuzerschlacht Doggerbank gesunken (24. 1.)
BRUMMER Kanonenboot	1884	LL-62,6 B-8,5 D-929 t M-1658 PS	1884 Flaggschiff der Torpedoboote 1891 Maschinenwaffen-SS 1907 außer Dienst, Hulk 1921 abgewrackt
CAROLA Kreuzer Bark bis 1890	1880	LA-76,3 D-2147 t M-2300 PS	1880 akt. Kriegsschiff 1894 Artillerie-SS 1906 abgewrackt
CHARLOTTE Ged. Korvette Vollschiff ab 1904 Bark	1885	LA-87,8 B-14,0 D-3288 t M-3119 PS S-2300/1580 m²	1885 akt. Kriegsschiff 1889 SSS für Seekadetten u. Schiffsj. 1909 außer Dienst, Wohnschiff 1914 Schiffsjungen-SS in Mürwik (stat.) 1921 verkauft, Lagerschiff in Hamburg
DANZIG Kreuzer	1905	LA-113,8 B-13,3 D-3293 t M-10 000 PS	1905 akt. Kriegsschiff 1909 Artillerie-SS 1914 akt. Kriegsschiff 1919 an Großbritannien

Name/Typ	Baujahr	Technische Daten	Angaben zum Schiff
FREYA Gr. Kreuzer	1897	LA-110,6 B-17,4 D-6391 t M-10 312 PS	1898 akt. Kriegsschiff 1907 Seekad.-Schiffsjungen-SS 1914 Küstenschutz 1915 stat. SS in Mürwik 1921 abgewrackt
FRIEDRICH CARL Panzerfregatte	1867	LA-94,1 B-16,6 D-6932 t M-18 541 PS	1867 akt. Kriegsschiff 1879 Flaggschiff des Übungsgeschwaders 1895 Torpedo-Versuchs-Schiff 1887 SS für Maschinisten u. Heizer 1906 abgewrackt
FRIEDRICH CARL Gr. Kreuzer	1902	LA-126,5 B-19,6 D-9875 t M-18 541 PS	1902 akt. Kriegsschiff 1908 Torpedo-SS 1914 Küstenschutz, 17.11.14 auf Mine gelaufen bei Memel gesunken
FUCHS 3-M-Schoner	1860	LA-41,2 B-6,6 D-283 t M-220 PS	1860 akt. Kriegsschiff 1878 Tender f. RENOWN 1881 Tender f. MARS 1882 Minenprahm
GNEISENAU Ged. Korvettte Vollschiff	1879	LA-72,1 B-13,7 D-2984 t M-2419 PS S-2210/1580 m²	1880 akt. Kriegsschiff 1887 Seekad.- und Schiffsj.-SS 1990 vor Malaga gesunken
GREIF Aviso/Kreuzer	1886	LA-102,6 B-9,7 D-2266 t M-5400 PS	1887 akt. Kriegsschiff 1890 Torpedo-Vers.-Sch Artillerie-SS 1912 Hulk 1921 abgewrackt
GRILLE Aviso 3-M-Schoner	1857	LA-56,8 B-7,5 D-491 t S-436 m² M-738 PS	1857 akt. Kriegsschiff 1864 Gefecht Jasmund 1892 SS zur Verfügung des Admiralstabs 1915 Seekad.-SS und Küstenkunde 1920 abgewrackt
HANSA Gr. Kreuzer	1898	LA-105,3 B-17,6 D-5890 t M-10 000 PS	1898 akt. Kriegsschiff 1909 Seekad.- und Schiffsjungen-SS 1914 Wohnschiff 1919 abgewrackt
HERTHA Ged. Korvette Vollschiff	1864	LA-73,3 B-12,9 D-2504 t M-1510 PS	1865 akt. Kriegsschiff 1873 Seekadetten-SS Maschinenpersonal 1882 außer Dienst, Hulk 1902 abgebrochen
HERTHA Gr. Kreuzer	1897	LA-105,3 B-17,6 D-6491 t M-10 000 PS	1898 akt. Kriegsschiff 1906 Kadetten- und Schiffsjungen-SS 1914 nach Fronteinsatz zur Funkschule Mürwik 1920 abgewrackt
KAISERIN AUGUSTA Gr. Kreuzer	1892	LA-122,2 B-15,6 D-6318 t M-15 653 PS	1898 akt. Kriegsschiff 1903/07 Umbau in Kiel 1914 Artillerie-SS 1920 abgewrackt
LUISE Korvette Vollschiff Bark ab 1878	1872	LL-65,8 B-10,8 D-2072 t S-1261 m² S-1261 m² M-2392 PS	1872 akt. Kriegsschiff 1881 Schiffsjungen-SS 1892 versch. Einsätze 1897 abgewrackt
MARIE Kreuzer	1881	LL-70,6 B-12,5 D-2424 t M-2129 PS	1882 akt. Kriegsschiff 1897 SS f. Reserve 1904 außer Dienst 1909 abgewrackt
MEDUSA Korvette Vollschiff	1864	LA-64,9 B-10,2 D-1202 t S-1500 m²	1867 akt. Kriegsschiff 1875 Schiffsjungen-SS 1881 außer Dienst, Hulk 1891 abgebrochen
MEDUSA Kreuzer	1900	LA-108,4 B-12,2 D-3139 t M-9087 PS	1900 akt. Kriegsschiff 1907 Maschinenwaffen-SS für NYMPHE 1908 akt. Kriegsschiff 1929 außer Dienst Wohnschiff 1945 an Großbritannien 1949 abgewrackt
MOLTKE Ged. Korvette Vollschiff	1877	siehe GNEISENAU	1878 akt. Kriegsschiff 1891 Seekadetten- und Schiffsjungen-SS 1910 außer Dienst 1911 als ACHERON Beischiff für U-Boote 1920 abgewrackt
NIXE Vollschiff	1885	LA-63,3 B-13,2 R-1451 BRT D-1982 t M-733 PS S-1579 m²	1885 SS für Seekadetten und Schiffsjungen 1902 Umbau Büroschiff 1911 außer Dienst 1916 abgewrackt

Name/Typ	Baujahr	Technische Daten	Angaben zum Schiff
NYMPHE Korvette Vollschiff	1863	LA-64,9 B-10,2 D-1202 t S-1500 m²	1863 akt. Kriegsschiff 1874 Schiffsjungen-SS 1887 Maschinenausbild. 1891 abgewrackt
OLGA Korvette Bark bis 1902	1880	LA-76,3 B-12,6 D-2424 t M-2399 PS S-1230 m²	1881 akt. Kriegsschiff 1885 Schiffsjungen-SS Maschinenwaffen-SS 1886 akt. Kriegsschiff 1893 Schulschiff 1905 außer Dienst, abgewrackt
SCHLESIEN Linienschiff	1906	LA-127,6 B-22,2 D-14 218 t M-20 000 PS	1906 akt. Kriegsschiff 1917 Exerzierschiff 1918 Seekadetten-SS 1920 akt. Kriegsschiff 1935 Kadetten-SS 1945 beschädigt durch Minen und Bomben 1949 abgewrackt
SCHWABEN Linienschiff	1901	LL-125,2 B-22,8 D-12 798 t M-14 394 PS	1901 akt. Kriegsschiff 1905 Artillerie-SS 1911 akt. Kriegsschiff 1916 Exerzierschiff 1921 abgebrochen
SOPHIE Kreuzer Bark	1881	LL-70,6 B-12,5 D-2424 t S-1230 m² M-2129 PS	1882 akt. Kriegsschiff 1884 Schiffsjungen-SS 1899 Wohnschiff 1921 abgewrackt
STEIN Ged. Korvette Vollschiff	1879	siehe GNEISENAU	1880 akt. Kriegsschiff 1886 Seekadetten-SS 1909 Wohnhulk 1920 verschrottet
STOSCH Ged. Korvette Vollschiff	1877	siehe GNEISENAU	1877 akt. Kriegsschiff 1888 Flaggschiff der Schulflotte 1907 abgewrackt
THETIS Kreuzer	1900	LL-104,0 B-11,8 D-2650 t M-9318 PS	1902 akt. Kriegsschiff 1917 Artillerie-SS 1919 akt. Kriegsschiff 1930 verschrottet
VICTORIA LUISE Gr. Kreuzer	1897	siehe HANSA	1898 akt. Kriegsschiff 1908 Seekadetten- und Schiffsjungen-SS 1914 Küstenschutz 1919 verkauft, Umbau zum Dampfer FLORA SOMMERFELD 1923 abgewrackt
VINETA Gr. Kreuzer	1897	siehe HANSA	1898 akt. Kriegsschiff 1905 Torpedoversuchs- und Schulschiff 1911 Seekadetten- und Schiffsjungen-SS 1914 Küstenschutz 1920 abgewrackt

Tabelle 7 – Stationäre Schulschiffe der Kaiserlichen Marine

Name/Typ	Baujahr	Technische Daten	Angaben zum Schiff
ELISABETH Gr. Kreuzer Vollschiff	1868	LL-71,5 B-13,2 D-2912 t S-2200 m² M-2440 PS	1868 akt. Kriegsschiff 1887 Heizer- und Maschinisten-SS 1904 abgewrackt
ELSASS Linienschiff	1903	LL-126,0 B-22,2 D-14 394 t M-16 486 PS	1903 akt. Kriegsschiff 1916 Exerzierschiff und Kadetten-SS 1919 akt. Kriegsschiff 1931 außer Dienst, Hulk 1933 abgewrackt
FÜRST BISMARCK Gr. Kreuzer	1897	LA-127,0 B-20,4 D-11 461 t M-13 810 PS	1900 akt. Kriegsschiff 1916 Maschinen-SS 1917 Ausb. von Kommandanten d. Handels-U-Boote
GAZELLE Ged. Korvette Vollschiff	1859	LA-71,9 B-13,0 D-4404 t S-2200 m² M-10 000 PS	1862 akt. Kriegsscif 1879 Heizer- und Maschinisten-Ausbildung 1887 Wohnhulk 1906 abgewrackt
HANSA Panzerkorvette Vollschiff	1872	LA-73,5 B-14,1 D-4404 t	1874 akt. Kriegsschiff 1884 Wachschiff und Heizer-Maschinisten-Ausbildung 1888 außer Dienst, Hulk 1905 Heizerausbildung 1906 abgewrackt
KRONPRINZ Panzerfregatte Bark	1867	LA-89,4 B-15,2 D-6760 t S-1409 m² M-4500 PS	1867 akt. Kriegsschiff 1892 Reserve 1902 Heizer-und Maschinistenausbildung 1921 abgewrackt
LOTHRINGEN Linienschiff	1906	LL-126,0 B-22,2 D-14 394 t M-16 486 PS	1906 akt. Kriegsschiff 1917 Exerzierschiff u. Maschinenausbild. 1919 akt. Kriegsschiff 1931 abgewrackt
NYMPHE Korvette Vollschiff	1863	LA-64,9 B-10,2 D-1202 t S-1500 m² M-800 PS	1863 akt. Kriegsschiff 1874 Schiffsjungen-SS 1887 Maschinistenausbildung (stat.) 1891 abgewrackt
RENOWN Linienschiff Vollschiff	1857	LL-73,5 B-16,7 D-5692 t S-4500 m² (ursprüngl.) M-2400 PS	1857 brit. Kriegsschiff 1870 Artillerie-SS 1881 Wohnschiff 1892 abgewrackt

Name/Typ	Baujahr	Technische Daten	Angaben zum Schiff
WESTFALEN Linienschiff	1908	LA-146,1 B-26,9 D-20 535 t M-26 792 PS	1909 akt. Kriegsschiff 1918 Artillerie-SS 1920 an Großbritannien 1924 abgewrackt
WETTIN Linienschiff	1902	LL-125,2 B-20,8 D-12 798 t M-15 550 PS	1902 akt. Kriegsschiff 1911 Artillerie-SS 1914 Reserve 1916 Exerzierschiff 1922 abgewrackt

Tabelle 8 – Die Fünfmast-Rahschiffe

Name	Vermessung BRT	L	B	L/B	Baujahr	Verlust
FRANCE I	3784	110,0	14,8	7,4	1890	1901 im Sturm gesunken
MARIA RICKMERNS	3822	115,0	14,6	7,8	1892	1892 auf der ersten Reise verschollen
POTOSI	4026	120,1	15,2	7,9	1895	1923 brennend versenkt
PREUSSEN	5081	125,0	16,4	7,7	1902	1910 nach Kollision und Strandung gesunken
R.C. RICKMERS	5548	125,8	16,6	7,5	1906	1917 unter brit. Flagge von deutschem U-Boot versenkt
FRANCE II	5633	127,6	16,9	7,5	1911	1922 gestrandet
KJÖBENHAVN	3965	112,5	15,4	7,3	1921	1928 verschollen

Tabelle 9 – Deutsche Seglerflotten 1913

Reederei	gesamt	B	V	4-M-B	5-M-B
Reederei AG 1896 Hamburg	19	-	12	7	-
F. Laeisz, Hamburg	18	2	5	10	1
Knöhr/Burchard, Hmbg	16	-	6	10	-
Bremer Stahlhof AG (ehem. Vinnen)	11	-	2	9	-
Watjen & Co., Bremen	9	1	4	4	-

Tabelle 10 – Schicksal deutscher Segelschiffe und Verbleib nach 1919

Viermast-Bark HERZOGIN SOPHIE CHARLOTTE
(ex ALBERT RICKMERS)
Baujahr: 1894, Bauwerft: Rickmers, Bremen
LA: 91,5, LL: 82,3, B: 13,1
Segel: Anzahl = 30, Fläche = 2935 m²
Vermessung: 2395 BRT
Eigner: 1884–1901 Rickmers Reismühlen, Rhederei und Schiffbau-AG, Bremen
1901–1914 Norddeutscher Lloyd Bremen frachtfahrendes Segelschulschiff
1914–1918 in Deutschland aufgelegt
1919–1921 Ablieferung an Großbritannien, dort aufgelegt
1921–1927 verkauft an Frandsen (Norwegen), als GJERTRUD im Einsatz
1927 in Wilhelmshaven abgewrackt

Viermast-Bark POMMERN (ex MNEME)
Baujahr: 1903, Bauwerft: I. Reid, Glasgow
LA: 106,5, LL: 96,0, B: 13,2
Segel: Anzahl = 27, Fläche = 3240 m²
Vermessung: 2376 BRT
Eigner: 1903–1906 Wencke & Söhne, Hamburg
1906–1907 Rhederei AG von 1896, Hamburg
1907–1921 Laeisz, Hamburg; neuer Name POMMERN
1914–1921 in Valparaiso interniert
1921–1923 nach Ablieferung in Griechenland
1923–1952 Reederei Erikson (1939–1945 als Getreidespeicher in Stockholm)
1952 Schenkung an Stadt Mariehamn für »Aalands Sjöfartmuseum«

Viermast-Bark PAMIR
Baujahr: 1905, Bauwerft: Blohm & Voss, Hamburg
LA: 105,1, LL: 94,4, B: 14,1
Segel: Anzahl = 26, Fläche = 3800 m²
Vermessung: 3020 BRT, Hilfsmotor: 900 PS
Eigner: 1905–1919 Laeisz, Hamburg, (1914–1921 interniert Kanarische Inseln)
1921–1924 Ablieferung an Italien
1924–1931 Laeisz, Hamburg
1931–1950 Erikson, Mariehamn (Alands-Inseln) (1941 in Neuseeland beschlagnahmt, 1949 Rückgabe an Erikson),
1950 zur Verschrottung in Antwerpen
1951–1957 deutsches frachtfahrendes Segelschulschiff, am 21. 9. 1957 gesunken

Fünfmast-Bark POTOSI
Baujahr: 1895, Bauwerft: Tecklenborg, Geestemünde
LA: 120,1, LL: 111,4, B: 15,2
Segel: Anzahl = 36, Fläche = 4700 m²
Vermessung: 4026 BRT
Eigner: 1895–1918 Laeisz, Hamburg (1914–1918 in Chile interniert)
1920 Auslieferung an Frankreich
1923 als FLORA in Chile
1925 Ladungsbrand, aufgegeben und vom argentinischen Kreuzer PATRIA versenkt.

Viermast-Bark PASSAT
Baujahr: 1911, Bauwerft: Blohm & Voss, Hamburg
LA: 115,0, LL: 96,0, B: 14,4
Segel: Anzahl = 34, Fläche = 4100 m²
Vermessung: 4026 BRT
Eigner: 1911–1919 Laeisz, Hamburg (1914–1919 in Iquique, Chile, interniert)
1919–1922 Ablieferung an Frankreich, aufgelegt
1922–1932 Laeisz, Hamburg
1932–1950 Erikson, Mariehamn
1950 zur Verschrottung in Antwerpen
1951–1957 deutsches frachtfahrendes Segelschulschiff
seit 1957 stationäres Schulschiff und Museum in Travemünde

Viermast-Bark PEKING
Baujahr: 1911, Bauwerft: Blohm & Voss, Hamburg
LA: 115,0, LL: 97,8, B: 14,3
Segel: Anzahl = 32, Fläche = 4100 m²
Vermessung: 3100 BRT
Eigner: 1911–1921 Laeisz, Hamburg (1914–1921 in Valparaiso interniert)
1921–1923 Ablieferung an Italien, aufgelegt
1923–1932 Laeisz, Hamburg, frachtfahrendes Segelschulschiff
1932–1975 nach Großbritannien verkauft, stationäres Schulschiff ARETHUSA
seit 1975 Museumsschiff in New York

Tabelle 11 – Altersstruktur

Alter	a Kadetten	a Schiffsjungen	b Schiffsjungen	c Schiffsjungen
15	–	35	49	58
16	2	47	34	52
17	10	30	37	41
18	14	7	21	13
19	6	–	7	1
	32	119	148	165

a = GROSSHERZOGIN ELISABETH (1901/02)
b = PRINZESS EITEL FRIEDRICH (1912/13)
c = GROSSHERZOGIN ELISABETH (1912/13)
zu a. Die Berechtigung zum einäjhrig-freiwilligen Dienst hatten zwölf Kadetten in einem Gymnasium, zwölf in einer Oberrealschule oder Realschule, die übrigen acht durch Ablegung einer Prüfung vor einer Kommission erreicht.

Tabelle 12 –Schulabschlüsse

Gymnasium – Realgymnasium – Oberrealschule

	Oberprima	Unterprima	Obersekunda	Untersekunda	Obertertia	Untertertia	Quarta
a	–	–	2	5	11	24	15
b	2	1	4	25	6	6	5
c	–	–	–	–	–	–	–

	Realschule, höhere Bürgerschule Kl. I	II	III	IV	Bürger- oder Mittelschule I	II	III	IV	Volksschule
a	5	11	2	2	2	9	4	–	27
b	8	4	22	8	14	9	4	–	30
c	–	–	1	–	19 ohne Klassenangabe				145

Tabelle 13 –Soziale Herkunft

	a Kad.	a Schiffsj.	b Schiffsj.	c Schiffsj.
Seeleute	–	9	6	2
Arbeiter	–	7	4	47
Unterbeamte, Handwerker, Kleingewerbe	1	25	38	65
Subalternbeamte u. Volksschullehrer	7	30	29	6
Landwirte	2	4	4	–
Höhere Beamte, Pfarrer Ärzte, Oberlehrer	9	13	28	–
Kaufleute, Fabrikanten	7	22	23	–
Gewerbetreibende	5	8	16	–
Offiziere	1	1	–	–
Ohne Vater, Waisen	–	–	–	45
	32	119	148	165

Tabelle 14 – Übersicht Über den Lehrplaninhalt der theoretischen Ausbildung auf den Segelschulschiffen des Norddeutschen Lloyd Bremen ab 1901 (stark gekürzt)

	Erster Jahrgang
Deutsch	Einfache Aufsätze seemännischen Inhalts, Briefe.
Englisch	Grammatik I.
Französisch	(fakultativ) Grammatik.
Geschichte	Vaterländische Geschichte.
Geographie	Länderkunde I unter Berücksichtigung der Seestaaten.
Arithmetik	Potenzen, Wurzeln, Logarithmen, Gleichungen.
Geometrie	Kongruenz und Ähnlichkeit, Dreiecke und Kreislehre.
Geographische Steuermanns-kunst	einfache Vorkenntnisse, Kenntnisse der Seekarte.
Seemannschaft	1. Abteilung - Signalbuch, Signalisieren, Rettungsregeln (Strandung und andere Seeunfälle).
	Zweiter Jahrgang
Deutsch	Aufsätze und Berichte.
Englisch	Grammatik II, Konversation.
Französisch	(fakultativ) wie unter Englisch.
Geschichte	Geschichte der Seestaaten (Deutschland, England).
Geographie	Handelsgeographie in großen Umrissen.
Mathematik	ebene, rechtwinklige u. schiefwinklige Trigonometrie.
Räumliche Geometrie	Anfangsgründe.
Geographische Steuermanns-kunst	Ortsbestimmung, Doppelkurs, Seekarte, Logge, Lote, Sextant, Sternbilder.
Seemannschaft	2. Abteilung - Seestraßenrecht, Tagebuch-Führung, Unfallversicherungs-Vorschrift, Gefahren der Ladung.
	Dritter Jahrgang
Deutsch	Volle Beherrschung der Sprache in schriftl. Arbeiten.
Englisch	Schwierige Lektüre, Abfassen von einfachen Briefen und Berichten, Konversation.
Französisch	(fakultativ) wie unter Englisch.
Geschichte	Geschichte der Seestaaten.
Geographie	Spezielle Handelsgeographie.
Mathematik	Repetition des Unterrichtsstoffes II, sphärische rechtwinklige Trigonometrie.
Astronomische Steuermanns-kunst	Vorkenntnisse, Mittagsbreite durch Sonne und Fixstern, Berechnung der Höhe, Standlinien, Methode Marc St. Hilaire, Längenbestimmung durch Chronometer, Berechnung der Amplitude und des Höhenazimuts unter Benutzung der Azimuttafeln, Kompensation der Kompasse, Kenntnis der Koeffizienten. Einfache Anschauung der Luft- und Meeresströmungen – Barometer und Thermometer.
Seemannschaft	3. Abteilung Dampfernavigation, Vorsichtsmaßregeln und Verhalten bei Schiffsunfällen: Feuer an Bord, Übergehen der Ladung, Zusammenstoß usw.

Tabelle 15 – Segelschulschiffe der deutschen Handelsflotte 1900 bis 1919

Name Typ	Bau-jahr	Technische Daten	Angaben zum Schiff
GROSSHERZOGIN ELISABETH Vollschiff	1901	LL-69,0 B-11,9 R-1260 BRT S-24 = 1650 m²	1901 SSS, Deutscher Schulschiff-Verein 1932 stat.SS, Seemannsschule Hamburg 1945 an Frankreich als DUCHESSE ANNE
HAMBURG Schoner	1898	R-184 BRT	um 1912 Fracht- und Segelschulschiff des Vereins »Seefahrt«
PRINZESS EITEL FRIEDRICH Vollschiff	1910	LL-72,5 B-12,5 R-1561 BRT S-25 = 1900 m²	1910 SSS, Deutscher Schulschiff-Verein 1919 an Frankreich 1929 an Polen als DAR POMORZA, SSS 1982 Museumsschiff in Gdynia
GROSSHERZOG FRIEDRICH AUGUST Bark	1914	LL75,5 R-1701 BRT B-12,2 S-21 = 2000 m² M-450 PS (heute)	1914 SSS, Deutscher Schulschiff-Verein 1919 an Großbritannien 1922 an Norwegen, SSS STATSRAAD LEHMKUHL
HERZOGIN SOPHIE CHARLOTTE 4-Mast-Bark	1894	LL-84,2 B-12,8 R-2395 BRT S-28 = 2950 m²	1894 ALBERT RICKMERS Frachtsegler 1901 frachtfahrendes SSS des Nordd. Lloyd
HERZOGIN CECILIE 4-Mast-Bark	1902	LL-95,7 B-14,0 R-3242 BRT S-39 = 3000 m²	1902 frachtf. SSS Nordd. Lloyd 1914 Intern. Chile 1921 Erikson, Finnland 1936 gesunken
MOZART 4-Mast-Schonerbark	1904	LA-79,2 B-12,3 R-2005 BRT S-20 = 2355 m²	1904 frachtf. SSS der Reederei Freitas 1922 an Reederei Lundquist, Finnland 1936 abgewrackt
BEETHOVEN	1904	siehe MOZART	1904 wie MOZART 1912 aufliegend Genua 1913 frachtf. SSS in Österreich-Ungarn
PEKING 4-Mast-Bark	siehe Tabelle 10		1914 verschollen
R.C. RICKMERS 5-Mast-Bark	1906	LL-125,0 B-16,6 R-5548 BRT S-38 = M-1000 PS	1906 Frachtsegler bei Rickmers, zeitweise für Ausbildung 1914 in Cardiff interniert 1917 unter brit. Flagge als NEATH von deutschem U-Boot versenkt
WESTFALEN Bark	1889	LL- B- R-1135 BRT S	1889 Frachtsegler 1912 Umbau zum SSS für Hemsoth AG Emden kein Einsatz

Tabelle 16 – Berufliche Bedingungen für die Zulassung zur Seefahrtschule (Vergleich 1904 und 1925)

Erforderlich	Steuermann 1904	Steuermann 1925	Schiffer 1904	Schiffer 1925
1. Fahrzeit als Decksmann nach vollendetem 15. Lebensjahr auf Schiffen über 50 cbm der Nahfahrt (Monate)	45	50	–	–
davon a) als Vollmatrose	24	18	–	–
b) als Decksmann auf Segelfahrzeugen	12(1)	24	–	–
2. Fahrzeit als Steuermann oder Schiffer (Monate)	–	–	24(2)	24(3)
3. Erforderlicher Pflichtbesuch einer nautischen Lehranstalt				
a) Lehrgangsdauer (Monate)	–(4)	60(5)	– (4)	40
b) Übergangszeit (Monate)	–	45	–	25
4. Vorlage eigener Aufzeichnungen und Berechnungen nautischer Beobachtungen	–	–	ja	ja
5. Sonstige Nachweise				
a) Seh- und Farbunterscheidungsvermögen	ja	ja	ja	ja
b) Hörvermögen	–	ja	–	ja
c) Besitz bürgerl.Ehrenrechte	–	ja	–	ja

(1) als Vollmatrose
(2) als Steuermann in Mittlerer oder Großer Fahrt oder Schiffer auf Kleiner Fahrt.
(3) als Steuermann auf Großer Fahrt oder Kapitän auf Kleiner Fahrt.
(4) die fakultativen Lehrgänge vor 1925 waren von unterschiedlicher Dauer, erreichten nicht die Dauer von 1925.
(5) einschließlich der Steuermannsklasse.

Tabelle 17 – Bedingungen für die Annahme als Schiffsjunge an Bord der deutschen Schulschiffe GROSSHERZOGIN ELISABETH und SCHULSCHIFF DEUTSCHLAND

§ 1. Haupteinstellung jährlich nach Ostern und im geringen Umfang im Herbst.

§ 2. Aufnahmealter 15 bis 16 Jahre, bei vorhandener mittlerer Reife bis 18 Jahre, bei Abiturienten bis 19 Jahre. Die Bewerber dürfen in keinem anderen Beruf tätig gewesen sein, auch nicht im Seemannsberuf.

§ 3. Anmeldung durch Vater oder Vormund im Dezember für die Frühjahrseinstellung und im Juli für die Herbsteinstellung.

§ 4. Der Meldung sind beizufügen:
Geburtsschein, Wiederimpfungsschein, Abgangszeugnis der Schule, Genehmigung des Vaters oder Vormundes, Zeugnis der Unbescholtenheit, Gesundheitszeugnis mit Angaben über Körpergröße sowie Gewicht und Sehvermögen; ferner Schwimmzeugnis und Photographie.

§ 5. Bei Einstellung entscheidende ärztliche Untersuchung.

§ 6. Dauer der Ausbildung mindestens 20 Monate, ungefähr 1 Jahr als Schiffsjunge, die weitere Zeit als Leichtmatrose.

§ 7. Nach dem 1. Ausbildungsjahr Beförderung zum Leichtmatrosen, bei mangelhafter Leistung Entlassung vom Schulschiff.

§ 8. Nach dem 1. Ausbildungsjahr wird ein Teil der Zöglinge auf Frachtschulschiffe der Reederei-Vereinigungen übernommen, dort erfolgt die weitere Ausbildung. »Die betreffenden Frachtschulschiffe sind den Bedürfnissen der Ausbildung entsprechend ausgerüstet und mit geeigneten Schiffsoffizieren besetzt. Der Unterricht erfolgt wie auf den Mutterschiffen; die Zöglinge werden in besonderen Räumen untergebracht... Die getroffenen Einrichtungen werden es den bei uns eintretenden Zöglingen ermöglichen, die für die Ablegung der Prüfung zum Steuermann auf Großer Fahrt nach den Prüfungsvorschriften geforderte Fahrzeit auf Segelschiffen, deren Erwerb sonst nur schwer möglich ist, im vollen Umfang zu erwerben.«

§ 9. Vor der Einstellung sind 1000 Reichsmark für das erste Ausbildungsjahr sowie 250 Reichsmark für die Kleiderausrüstung zu bezahlen, dazu 8 Reichsmark als Versicherungsprämie.

§ 10. Es gibt keine Freistellen.

§ 11. Beim Übergang auf die frachtfahrenden Schulschiffe erneute Einzahlung von 600 Reichsmark sowie eine Versicherungsprämie von 13 Reichsmark. Ergänzung der Kleidung erfolgt auf eigene Kosten.

§ 12. Fahrzeit auf Schulschiffen des Schulschiff-Vereins wird für die Zulassung zur Steuermannsprüfung voll angerechnet. Fahrzeit vor dem 15. Lebensjahr wird nicht berücksichtigt. § 13. Nach zweijähriger Ausbildung können einzelne Zöglinge auf Schiffen des Vereins oder auf Frachtschulschiffen als Vollmatrosen weiterfahren, die übrigen setzen ihre Laufbahn auf Handelsschiffen fort.

§ 14. Wiederaustritt eines Zöglings nach einem halben Jahr auf Antrag der Eltern möglich, 30 Prozent des eingezahlten Geldes wird zurückerstattet. Bei Entlassung wegen schlechter Führung oder Leistung wird kein Geld zurückgezahlt.

§ 15. Reisekosten zur Einstellung und zum Urlaub zahlen die Eltern,Geschenke dürfen nicht angenommen werden, Aufbewahrung von Geldbeträgen in eigenen Schränken ist verboten. Die Zöglinge erhalten ein Taschengeld, dazu sind bei der Einstellung 7,50 bis 10 Reichsmark pro Monat zu bezahlen.

§ 16. »Nachdem dem Jungen die Aufnahme als Schiffsjunge an Bord der Schulschiffe zugesichert ist, ist ein vorgedruckter Verpflichtungsschein von dem Jungen und seinem Vater oder Vormund auszustellen, deren Unterschriften von der Ortspolizeibehörde zu beglaubigen sind.«

Der Originaltext wurde stark gekürzt und auf wesentlich Bestimmungen begrenzt. Wörtliche Übernahmen durch »...«

gekennzeichnet. In einer Anlage sind die Bekleidungs- und Aurüstungsstücke aufgelistet, die der Schiffsjunge für sein Kleidergeld bekommt. In einer weiteren Liste sind solche Stücke aufgeführt, die er auf eigene Rechnung mitzubringen hat, dazu gehören u.a. Seestiefel, Schnürschuhe, Hemden und Unterwäsche, ferner Eßgeschirr und alle Toilettenartikel. Ein Teil davon kann in der Kleiderkammer gekauft werden.

Tabelle 18

Nachfolgend wird ein Ausbildungsvertrag mit der Reederei F.A. Vinnen aus dem Jahre 1930 verkürzt dargestellt.

Ausbildungsvertrag

zwischen der Reederei F.A. Vinnen & Co., Bremen, und Herrn .... als Vater des unmündigen ....
Die Reederei F.A. Vinnen & Co., Bremen stellt .... geboren .... als Zögling zwecks Ausbildung als Seemann ein.
Die Verpflichtungszeit beträgt 3 Ausbildungsjahre. Der Zögling hat sich der Pflichttreue, guter Führung und des Gehorsams zu befleißigen... Die Kapitäne und Offiziere sind beauftragt, die Zöglingen an Bord unserer Schiffe ... nach Kräften in ihrem Fache zu unterweisen und sie zu tüchtigen Seeleuten heranzubilden.
Durch die vorgesehenen Ausbildungsjahre auf unseren Motorsegelschiffen wird die gesetzlich vorgeschriebene Fahrzeit auf Segelschiffen für die spätere Prüfung zum Steuermann auf großer Fahrt erlangt.
Um die Ablegung dieser Fahrzeit nachweisen zu können, ist es erforderlich, daß der Zögling ein Seefahrtsbuch erhält und im ersten Ausbildungsjahr als Schiffsjunge, im zweiten ... als Leichtmatrose und im dritten ... als Matrose gemustert wird...
Ein Heuerverhältnis wird dadurch nicht begründet.
Für die Verpflichtungszeit gelten folgende Bedingungen:

	vom Vater zu zahlendes Kostgeld	von der Reederei zu zahlendes Taschengeld
1. Ausbildungsjahr	RM 2,75 täglich	RM 5,- monatlich
2. "	desgl.	RM 30,- monatlich
3. "	kein Kostgeld	RM 70,- monatlich

Die Dauer der einzelnen Ausbildungsjahre ist nicht mit 12 Monaten begrenzt, sondern muß sich nach dem jeweiligen Ende der Schiffsreisen richten, ...
Falls die allgemeinen wirtschaftlichen Verhältnisse sich so ändern, daß eine Erhöhung ... der ... Kosten eintritt, so hat die Reederei das Recht, den Kostgeldsatz entsprechend zu erhöhen ... Das Kostgeld ist monatlich im voraus zahlbar ...
Die Effekten des Zöglings hält die Reederei zu den üblichen Bedingungen ... gegen Totalverlust gedeckt, und zwar im ersten Jahre bis zu RM 300,- im zweiten und dritten Jahre bis zu RM 500,-.
Die Reederei gewährt auf Wunsch am Ende der Schiffsreisen Urlaub... Für die Urlaubstage fällt die Zahlung von Kostgeld und die Vergütung von Taschengeld fort.
Der Zögling hat eine Ausrüstung nach der von der Reederei aufgestellten Liste mitzubringen ... Die Kosten der Ausrüstung ... sind vom Zögling zu tragen.
Als Ausreisehäfen ... kommen im allgemeinen die Häfen Deutschlands, Hollands und Belgiens ... in Betracht.
Die Reederei behält sich das Recht vor, den Zögling auf ein anderes Schiff zu versetzen oder – sofern er nach ihrem hierfür allein maßgeblichen Ermessen wegen seiner Leistungen oder wegen seiner Führung für die Ausbildung auf ihren Schiffen nicht geeignet ist oder sofern die Reederei ihren Schiffsbestand verringert – den Lehrvertrag fristlos aufzuheben und den Zögling zu entlassen ...
Während des Aufenthalts im Inland ist der Zögling bei der Seekrankenkasse versichert, im Ausland trägt die Reederei die Kosten der Heilbehandlung. Die Reederei kommt jedoch nicht für Kosten infolge Krankheiten auf, die aus der Zeit vor Einstellung herrühren, und auch nicht infolge Geschlechtskrankheiten ...
Der Vater verpflichtet sich, als Selbstschuldner die Bedingungen des Ausbildungsvertrages zu erfüllen und für alle Schäden aufzukommen, die der Zögling der Reederei durch Schmuggeln oder sonstige Vergehen, Übertretung der Zollbestimmungen, durch Entweichen oder durch vorzeitiges Aufgeben seiner Stellung bei der Reederei ... verursachen sollte.
Für die Erfüllung der Verpflichtungen aus diesem Ausbildungsvertrag ist vom Vater spätestens bei der Einstellung eine Sicherheit in Höhe von RM 1000,- zu stellen, die nach Erledigung des Vertrages zurückgegeben wird ...
Im übrigen gelten die in Betracht kommenden gesetzlichen Bestimmungen, insbesondere diejenigen der Seemannsordnung. Als Erfüllungsstand für sämtliche Verbindlichkeiten aus diesem Vertrag gilt Bremen.

Bremen, den 7. Mai 1930 Die Reederei: Der Vater: Der Zögling:

In der Anlage zum Vertrag befindet sich eine sehr umfangreiche Ausrüstungsliste für Landgang und Hafendienst, für den Borddienst in den Tropen, für den Borddienst im Winter, für die Koje, für die Messe und Utensilien. Ferner werden empfehlenswerte Dinge wie Tennisschuhe, Arbeitshefte, Schreibmaterialien aufgeführt.

Tabelle 19 – Schulschiffe der deutschen Handelsflotte 1918–1945

Name/Typ	Baujahr	Technische Daten	Angaben zum Schiff
DEUTSCHER SCHULSCHIFF-VEREIN			
GROSS-HERZOGIN ELISABETH		Siehe Tabelle 15	
SCHULSCHIFF DEUTSCHLAND Vollschiff	1927	LL-65,2 B-11,9 R-1257 BRT S-25 = 1800 m²	1927 Segelschulschiff 1947 stat. SSS in Bremen
SCHULSCHIFF POMMERN Bark	1898	LL-75,5 B-13,2 R-1634 BRT S-20 = 1800 m²	1898 brit. Frachtsegler SAXON 1919 nach Norwegen als AMASIS, später zur Vinnen-Reederei als ELFRIEDA 1928 vom DSV gekauft, auf der 1. Reise entmastet und abgewrackt
HAMBURG Vollschiff	1901	LL-78,1 B-11,9 R-1873 BRT	1901 französ. Frachtsegler MARECHL DE CASTRIES 1922 Reederei Schmidt Hamburg, HENRIETTE 1924 Umbau zum SSS als DSV Miteigner 1926 abgebrochen
REEDEREI VINNEN, BREMEN			
MAGDALENE VINNEN 4-Mast-Bark	1921	LL-100,2 B-14,6 R-3476 BRT S-32 = 4192 m²	1921 frachtf. SSS 1935 aufgelegt 1936 an Nordd. Lloyd als frachtf. SSS 1945 an UdSSR als SSS SEDOW
CARL VINNEN 5-Mast-Topp-segelschoner	1922	LL-80,0 B-13,5 R-1800 BRT S-18 = 1863 m² M-350 PS	1923 frachtf. SSS 1939 in Cartagena interniert 1946 an Großbritannien, später von Schliewen gekauft aber abgewrackt
SUSANNE VINNEN		siehe CARL VINNEN	1923 frachtf. SSS 1929 Frachtsegler
CHRISTEL VINNEN		siehe CARL VINNEN	1923 frachtf. SSS 1934 Umbau zum Motorschiff
WERNER VINNEN		siehe CARL VINNEN	1923 frachtf. SSS 1937 Umbau zum MS
REEDEREI LAEISZ, HAMBURG			
PEKING		siehe Tabelle Seite 10	
PRIWALL 4-Mast-Bark	1920	LL-98,0 B-14,3 R-3105 BRT S-32 = 3630 m²	1920 Frachtsegler 1927 frachtf. SSS 1939 in Chile intern. 1943 SSS der chilen. Kriegsmarine 1945 verbrannt und gesunken (28.2.)
PASSAT 4-Mast-Bark	1911	LL-96,0 B-14,4 R-3317 BRT S-34 = 4100 m2	1911 Frachtsegler 1914 interniert 1919 an Frankreich 1922 Rückkauf v. Laeisz 1932 an Erikson 1951 Umbau z. deutschen frachtf. SSS 1957 aus der Fahrt, stat. Travemünde
PAMIR		siehe Tabelle 28	
PADUA 4-Mast-Bark	1926	LL-95,0 B-14,0 R-3065 BRT S-32 = 3632 m²	1926 frachtf. SSS 1945 an UdSSR als Krusenstern
SEEFAHRT G.M.B.H. HAMBURG			
OLDEN-BURG Vollschiff	1902	LL-80,0 B-12,2 R-2260 BRT S-27 = 2250 m²	1902 französischer Frachtsegler LAENEC 1923 an Schmidt-Reederei, Umbau zum SS 1931 verkauft nach Finnland SSS der Kriegsmarine SUOMEN JOUTSEN 1954 an Handelsflotte stat. in Turku
NORDDEUTSCHER LLOYD, BREMEN			
BREMEN Bark	1902	LL-82,9 B-12,2 R-2470 BRT	1902 franz. Frachtsegler RENÉ 1923 zur Reederei als LISBETH 1924 an »Seefahrt« als SSS BREMEN 1926 eine SS-Reise 1933 abgebrochen

Name/Typ	Baujahr	Technische Daten	Angaben zum Schiff
KOMMO-DORE JOHNSEN	siehe MAGDALENE VINNEN		

HAPAG HAMBURG

Name/Typ	Baujahr	Technische Daten	Angaben zum Schiff
ADMIRAL KARPFANGER 4-Mast-Bark	1908	LL-84,8 B-13,6 R-2776 BRT S-30 = 2400 m2	1908 belgisches SSS L'AVENIR 1932 an Erikson, Finnl. 1938 an HAPAG als SSS (frachtahrend) auf der 1. Reise verschollen.

REEDEREI ESSBERGER, HAMBURG

Name/Typ	Baujahr	Technische Daten	Angaben zum Schiff
SEUTE DEERN Bark	1919	LL-54,4 B-11,0 R-767 BRT S-23 = 1486 m²	1919 US-Viermast Schoner ELISABETH BANDI 1931 nach Finnland als BANDI 1938 an Eßberger, Umbau zur Bark, frachtf. SSS 1945 Hotelschiff 1954 nach Holland 1964 in Deutschland, Restaurantschiff in Bremerhaven.

STETTINER DAMPFER-COMPAGNIE

Name/Typ	Baujahr	Technische Daten	Angaben zum Schiff
GREIF Vollschiff	1892	LL-85,7 B-12,8 R-2161 BRT	1892 Frachtsegler WISCOMBE PARK 1923 EDOUARD BUREAU in Antwerpen Umbau SS 1924 eine Reise als SS an Vinnen verk.

REICHSVERKEHRSGRUPPE SEESCHIFFAHRT

Name/Typ	Baujahr	Technische Daten	Angaben zum Schiff
ADMIRAL VON TROTHA 3-Mast-Schoner	1919	LA-41,1 B- 8,6 R-330 BRT D-800 t	1919 norw. Frachter NOATUM 1922 in Schweden und Estland 1938 nach Deutschland 1939 stat. SS der Reichssportschule der Marine-HJ
ADMIRAL BROMMY Dampfer (Holz)	1919	R-3350 BRT stat. SS	1919 in USA gebaut 1920 an Nordd. Lloyd 1939 Schiffsj.-Sch. Bremen, verbrannt

Name/Typ	Baujahr	Technische Daten	Angaben zum Schiff
KAPITÄN HILGEN-DORF 5-Mast-Schoner	1919	LA-74,0 B-13,5 R-1470 BRT S-13 = 2500 m²	1919 USA-Schoner CAP NORD 1924 nach Dänemark (als SSS) 1935 SSS in Polen 1938 ANDROMEDA für Expedition, Kauf Schiffsj.-Schule Hamburg 1945 Seeleichter 1951 abgewrackt
PREUSSEN Eisbrecher	1921	LL-45,0 B-12,8 R-677 BRT M-1650 PS	1921 Eisbrecher in Stettin, ab 1939 zeitweise zur Ausbildung
BADEN Dampfer	1922	LA-148,9 B-17,8 R-8803 BRT M-4250 PS	1922 Fracht-Passagierschiff HAPAG 1932 vorübergehend stat. SS 1939 interniert in Santa Cruz 1940 Ausbruchsversuch Selbstversenkung
BAYERN Dampfer	1921	LA-142,9 B-17,7 R-9014 BRT M-3700 PS	1921 Fracht/Passagierschiff der HAPAG 1933 wie BADEN 1940 britische Flagge 1955 SUNLOCK (Panama)
GENERAL MITRE Dampfer	1924	LA-148,5 B-17,7 R-9898 BRT M-3700 PS	1924 Frachter Artus der Stinnes-Reederei 1926 an HAPAG 1927 GENERAL MITRE 1932 wie BADEN 1935 an Italien
VOGTLAND Motorschiff	1924	LA-141,9 B-17,7 R-6608 BRT M-3750 PS	1924 Fracht/Passagierschiff der HAPAG 1932 wie BADEN 1939 in Batavia interniert 1943 als niederländischer Frachter im Pazifik durch japanisches U-Boot versenkt

Verschiedene Reedereien betrieben nach dem Ersten Weltkrieg bis etwa 1926 die sogenannte »wilde Schulschiffahrt« unter Ausnutzung unzureichender Gesetze, Einzelheiten gehen aus dem Text hervor.

Tabelle 20 – Schulschiffreisen 1935–1939 (Auswahl)

Schiff	Zeitraum	Reiserouten
KARLSRUHE	1935 Weltreise	Seychellen–Batavia–Hongkong–Kobe–Aleuten–USA/Westküste–Panama–Spanien
EMDEN	1935	Ekuador–Karibik–Portland–Honolulu–Panama–Westindien–Kanada
SCHLESIEN	1936 Jan/Feb.	Madeira–Lisabon
EMDEN	1938 Jul/Sept.	Norwegen–Island–Azoren–Bermuda–Madeira
EMDEN	1938 Okt/Dez.	Spanien–Ägypten–Rumänien–Bulgarien–Türkei–Rhodos
SCHLESWIG-	1938–1939	Westindien
SCHLESIEN	1938–1939	Westindien
HORST WESSEL A.L. SCHLAGETER	1939 März–Juli	Westindien = erste große Reisen deutscher Marine-Segelschulschiffe seit 25 Jahren.

Tabelle 21 – Segelschulschiffe der Deutschen Reichsmarine und der Kriegsmarine

Name/Typ	Baujahr	Technische Daten	Angaben zum Schiff
NIOBE Jackass-Bark	1913	LA-46,1 B-9,1 D-724 t S-12 = 953 m2 M-240 PS	1913 dänischer 4-Mast-Schoner MORTEN JENSEN 1916 norw. Schoner 1917 von deutschem UB 41 aufgebracht 1921 Umbau zum SSS mit neuer Besegelung 1922 Segelschulschiff 1932 gekentert
GORCH FOCK Bark	1933	LL-62,0 B-12,0 R-1392 t S-25=1750 m^2 M-360 PS	1933 Segelschulschiff 1945 bei Stralsund versenkt 1947–1950 Bergung Umbau (Rostock/Wismar) 1950 sowj./ukrainisch SSS TOWARISCHTSCH
HORST WESSEL Bark	1936	LL-70,2 B-11,9 D-1643 t S-22 = 1983 m2 M-750 PS	1936 Segelschulschiff 1945 abgeliefert an USA SSS EAGLE der Coast Guard
ALBERT LEO SCHLAGETER Bark	1937	LL-70,1 B-12,0 D-1869 t S-23 = 1932 m^2 M-750 PS	1937 Segelschulschiff 1945 Minentreffer, an USA abgeliefert 1947 an Brasilien als SSS GUANABARA 1961 portug. SSS SAGRES II
HERBERT NORKUS Bark	1939	LA-89,0 B-12,0 D-1750 t	nicht vollendet 1947 im Skagerrak mit Gasmunition versenkt
ALBATROS Schoner	1868	LA-22,0 B-5,6 R-38 BRT S-260 m^2	1869 Zollkreuzer ADLER 1912 kaiserl. Yachtklub, ALBATROS 1925 Hochseeklub Hansa 1940 für Kriegsmarine und Marine-SA-Ausbildung, später privat 1949 abgebrochen nach Havarie bei Rügen
ATLANTA Schoner	1901	LL-26,5 B-6,0 M-80 PS	1901 Lotsenschoner Cuxhaven (Nr.1) 1920 Stationsschiff 1922 gestrandet 1934 Yachtschule Neustadt, Atlanta 1939 Luftwaffenschule Lobbe auf Rügen 1945 Bombenschaden, Ablieferung an Großbritannien
GUD-WIN Schoner	1883	LA-21,1 B-5,6 R-75 BRT S-298 m2 M-48 PS	1893 Lotsenschoner 1929 Yacht GUD-WIN (Rickmers) 1932 Ersatz NIOBE 1934 Segelschule 1942 Yachtschule 1944 Marinesch. Mürwik 1945 Ablieferung
HANSEAT Gaffelschoner	1899	L-36,6 B-8,6 R-224 BRT	1899 Frachtsegler 1939 Ausbildungs- und Wohnschiff für Seeflieger 1941 gestrandet bei Binz (15. 9.)
HANSEAT 3-M-Schoner	1899		1899 dän. Frachtsegler 1922 Reeder Bolten 1931 Deutscher Hochsee-Sportverband Hansa als HANSEAT

Name/Typ	Baujahr	Technische Daten	Angaben zum Schiff
ORION Schoner	LA-35,6	B-6,3 R-97 BRT S-8 = 260 m^2 M-100 PS	1921 niederl. Lotsenschoner ALBATROS 1931 Yacht ORION Lufthansa 1933 Ersatz NIOBE 1934 SSS für Luftwaffe 1945 an Großbritannien 1949 niederl. SSS 1969 gesunken
EDITH Yacht	1923	LA-25,5 B-5,7 R-66 BRT S-350 m^2 M-35 PS	1923 Privatyacht ANNELIESE 1926 Hochseesportverb. Hansa, Name EDITH 1933 Ersatz NIOBE 1939 SSS Kriegsmarine 1945 Selbstversenkung bei Stralsund
JUTTA Yacht	1923	siehe EDITH	1923 Privatyacht 1933 Ersatz NIOBE
DUHNEN Schoner	1912	L-29,3 B-6,5 R-126 BRT S-5 M-80 PS	1912 Lotsensch. EDEN 1919 als DUHNEN zur Lotsenbruderschaft 1933 Ersatz NIOBE und SSS Kriegsmarine 1939 Marine-SA und SSS d. Marineflieger 1945 an Großbritannien und USA als YANKEE als Brigantine 1964 gestrandet
SCHWARZER HUSAR 3-Mast-Schoner	1902	LL-30,9 B-8,1 D-470 t S-432 m2 M-80 PS	1902 PETRA in Schweden 1935 polnisches SSS ZAWISZA CZARNY 1939 Kriegsmarine, SSS 1945 an Polen 1947 abgewrackt
MEDUSA Logger	1934	LA-25,4 B-5,8 D-250 t	1934 Privatyacht, dann ital. Kriegsmarine 1942 SSS deutsche Kriegsmarine auf Lemnos 1944 Versorger Lemnos
WINTERHUDE Vollschiff	1898	LA-86,9 B-12,2 R-2065 BRT	1898 MABEL RICKMERS 1912 WINTERHUDE bei Reederei Schlüter 1921 an Großbritannien 1926 an Erikson 1944 Umbau zum SSS der deutschen Kriegsmarine, kein Einsatz 1945 stat. Kopenhagen 1949 abgebrochen

Tabelle 22 – Kadettenschulschiffe 1919–1945

Name/Typ	Baujahr	Technische Daten	Angaben zum Schiff
BERLIN Kleiner Kreuzer	1905	LL-110,0 B-13,3 D-3816 t M-12 240 PS	1905 akt. Kriegsschiff 1919 Heizerausbildung 1921 Umbau zum SS 1922 Schulkreuzer 1929 außer Dienst 1935 Wohnschiff in Kiel 1945 an Großbritannien
EMDEN Kleiner Kreuzer	1921/ 1925	LA-155,0 B-14,3 D-6000 t M-17 000 PS	1925 Schulkreuzer 1945 im April durch Bomben beschädigt am 3. 5. in der Heikendorfer Bucht gesunken 1949 abgebrochen
HAMBURG Kleiner Kreuzer	1904	LL-110,6 B-13,3 D-3293 t M-11 582 PS	1904 akt. Kriegsschiff 1926 Schulkreuzer Reserve 1936 Wohnschiff in Kiel 1944 in Hamburg durch Bomben versenkt 1949 gehoben 1956 abgebrochen
KARLSRUHE Kleiner Kreuzer	1927	LA-174,0 B-16,6 D-6000 t M-68 200 PS	1927 akt. Kriegsschiff 1929 Kadetten-SS 1936 akt. Kriegsschiff 1940 vor Kristiansand durch brit. U-Boot TRUANT versenkt
KÖLN Kleiner Kreuzer	1926/ 1930	LA-174,0 B-15,3 D-6650 t M-68 485 PS	1930 akt. Kriegsschiff 1932 Schulkreuzer 1933 akt. Kriegsschiff 1945 in Wilhelmshaven durch Bomben vernichtet, Artillerie noch genutzt 1946 abgebrochen
LEIPZIG Kleiner Kreuzer	1931	LA-177,1 B-16,2 D-6000 t M-60 000 PS	1931 akt. Kriegsschiff 1939 Torpedotreffer am 12.12., nach Reparatur SS 1944 von PRINZ EUGEN gerammt, außer Dienst 1946 mit Gasmunition von den Briten versenkt
PRINZ EUGEN Schw. Kreuzer	1938/ 1940	LA-207,7 B-21,7 D-19 042 t M-132 000 PS	1940 akt. Kriegsschiff 1943 Schulschiff 1945 an USA, Zielschiff für Atombombenversuche
SCHLESIEN		siehe Tabelle 6	

Name/Typ	Baujahr	Technische Daten	Angaben zum Schiff
SCHLESWIG-HOLSTEIN Linienschiff	1906	LA-127,6 B-22,2 D-13 191 t M-20 000 PS	1906 akt. Kriegsschiff 1936 Kadetten-SS 1945 in Gdingen durch Bomben versenkt am 21. 3. 1950/54 durch Polen abgebrochen
THETIS Kleiner Kreuzer	1900	LL-104,0 B-11,8 D-2650 t M-9318 PS	1902 akt. Kriegsschiff 1917 Artillerie-SS 1919 akt. Kriegsschiff 1929 stat. SS Mürwik 1930 verschrottet

Tabelle 23 – Artillerie-Schulschiffe 1919–1945

Name/Typ	Baujahr	Technische Daten	Angaben zum Schiff
BREMSE	1931	LA-97,0 B-9,5 D-1870 t M-26 000 PS	1931 Ersatz DRACHE 1941 am Nordkap gesunken (6. 9.)
BRUMMER	1933	LL-94,0 B-11,5 D-1860 t M-6000 PS	1932 norw. Minenleger OLAV TRYGGVASON 1940 erbeutet, deutsches Artillerie-SS 1945 im Dock in Kiel durch Bomben beschädigt (3.5.) später gesprengt
BRUMMER	1935	LL-108,0 B-13,5 D-2410 t M-10 000 PS	1935 Ersatz HAY, auch Maschinenversuchsschiff f.Zerstörer 1940 21,00 Uhr am 14.4. im Kattegat durch brit. U-Boot versenkt
CASTOR	1940	LA-90,0 B-21,0 D-6271 t M-9600 PS	1941 Eisbrecher und Flugabwehr-SS 1945 bei Warnemünde am 15.3. durch Bomben versenkt 1951 gehoben, in Rostock instandgesetzt 1956 sowj. Eisbrecher PEREVEST
DELPHIN		siehe Tabelle 5	
DELPHIN Minensuchboot	1918	LA-59,3 B-7,4 D-670 t M-1800 PS	1918 Minensuchb. M 108 1928 Artillerie-SS 1940 Frontdienst als M 508 1945 an UdSSR
DRACHE		siehe Tabelle 5	
EDUARD JUNGMANN Torpedoboot	1907	LA-72,5 B-7,8 D-675 t M-11 000 PS	1907 akt. Kriegsschiff als T 153 1919 Artillerie und Entfernungsmeß-SS 1945 an USA
FUCHS		siehe Tabelle 5	
FUCHS Minensuchboot	1939	LL-56,0 B-7,4 D-639 t M-1850 PS	1919 Minensuchb. M 130 1928 Flugabwehr-SS 1940 Minensuchb. M 530 1946 an UdSSR
GEBINA Motorschiff	1939	LA-78,0 B-10,2 D-1268 t M-3500 PS	1939 niederl. Kanonenboot 1941 Flugabwehr-SS und Küstenartillerie
HELIOS	1929	LA-90,5 B-14,0 R-2883 BRT M-1200 PS	1929 Frachter Neptun-Reederei Bremen 1942 SS der Schiffsartillerie-Schule 1944 in Stettin durch Bomben (22.2.) versenkt, gehoben 1947 abgewrackt
HERKULES	1920	LA-90,1 B-13,0 R-2369 BRT M-900 PS	1920 Frachter HORNCAP, YALTA, HANSBURG Lübeck-Linie AG. 1940 Artillerie-SS 1946 an UdSSR 1947 an Polen 1957 abgewrackt
JEWER	1938	R-200 BRT	1938 niederl. Frachter ARGO 1940 deutsche Kriegsmarine 1944 Vermessungs-SS
KÖNIGSBERG Kleiner Kreuzer	1927	LL-169,0 B-15,3 D-8130 t M-68 000 PS	1929 akt. Kriegsschiff 1940 Artillerie-SS 1940 in Bergen (Norw.) am 10.4. durch Bomben versenkt 1943 abgebrochen
LUDWIG PREUSSER	1938	LL-31,9 B-5,0	1938 Artillerie-Schulboot
MARS	1937	LL-97,0 B-14,8 R-2414 BRT M-1500 PS	1938 Frachter ATAIR der Hamburg-Süd 1939 Schnellboot-Begleitschiff SAMOA 1941 Art.-SS MARS 1944 in Stettin ausgebrannt (11.4.)

Name/Typ	Baujahr	Technische Daten	Angaben zum Schiff
ORION Motorschiff	1930	LA-141,3 B-18,6 R-7021 BRT M-6200 PS	1930 Frachter HARZ und KURMARK der HAPAG 1939 Hilfskreuzer ORION 1942 Werkstattschiff 1944 Artill.-SS HEKTOR 1945 März wieder ORION bei Swinemünde am 30.4. durch Bomben versenkt 1952 abgewrackt
Randzell	1923	D-312 t	1923 niederl. Vermessungsschiff der Kriegsmarine ELLERTS DE HAAN 1941 deutsches Artillerie-SS (Peilb.) 1945 bei Fehmarn im Sturm gestrandet
STETTIN	1927	LA-53,5 B-7,8 R-375 BRT M-2x550 PS	1927 Dampffähre 1939 E-Meß- und Artillerie-SS 1945 zurück an Reeder
TSINGTAU	1934	LA-87,5 D-2490 t M-4100 PS	1934 Flugabwehr-SS 1945 an Großbritannien zur Minenräumung 1950 abgewrackt
ULAN	1906	LA-17,0 B-5,3 D-70 t M-155 PS	
WAREN-DORP T-Boot	1915	LA-41,5 B-4,6 D-137 t M-1093 PS	1916 akt. Kriegsschiff 1918 an Belgien, dort 1919 SS WEST DIEP 1940 deutscher Schlepper REIHER 1943 E-Meß-Schulboot WARENDORP 1945 an USA 1948 in Wilhelmshaven abgebrochen

Tabelle 24 – Torpedo- und Minenschulschiffe

Name/Typ	Baujahr	Technische Daten	Angaben zum Schiff
BARBARA	1915	LL-79,4 B-10,1 D-1381 t M-2400 PS	1915 brit. Minenräumer ZINNA 1920 belg. Fischereischutzschiff 1940 deutsches Minen-SS BARBARA 1942 Flugabwehr-SS 1945 Rückgabe an Belg. 1952 verschrottet
FREIBURG	1923	LA-124,2 B-17,1 R-5165 BRT M-2700 PS	1923 Frachter HAPAG 1942 SS der Torpedoversuchsanstalt 1945 bei Eckernförde nach Bombentreffer ausgebrannt (4.5.) 1946 im Skagerrak mit Gasmunition versenkt
HUGO ZEYE	1940	LL-138,0 B-16,0 R-6700 BRT M-9000 PS	1940 Frachter 1942 Torpedo-SS 1945 bei Fehmarn nach Minentreffer gesunken (14.3.)
KAMERUN	1939	LL-46,8 B-9,0 D-616 t M-1080 PS	1940 Torpedo-SS
M 90	1921	LL-56,0 B-7,4 D-670 t M-1800 PS	1921 Minensuchboot zur Marineschule Mürwik
T 107, 108 110, 111	1911/12		1912 akt. Kriegsschiffe 1936 Schulflottille der Torpedosch. Mürwik 1939 Fronteinsatz 1945 T 107 an UdSSR T 108 an Großbrit. T 110 versenkt T 111 versenkt

Tabelle 25 – Navigationsschulschiffe 1919–1945
(auch Lotsenschulschiffe)

Name/Typ	Baujahr	Technische Daten	Angaben zum Schiff
CARL ZEISS Motorschiff	1939	LA-84,0 B-12,2 R-1320 BRT M-2100 PS	1939 Frachter ROLAND Russ-Reederei Kriegsmarine kauft es als E-Meß-SS u. Navigations-SS 1944 in Schlepp gesunk.
NAUTIK Motorschiff	1937	LA-71,5 B-10,6 R-1162 BRT M-1100 PS	1937 Frachter LATONA 1940 Lazarettschiff 1941 Navigations-SS NAUTIK 1945 20 Einsätze in Ostpreußen 1945 zurück a. Reederei 1962 abgewrackt
NORDPOL Dampfer	1901	LA-52,5 B-8,1 R-563 BRT	1901 Frachter SIEGFRIED Renata-R. Stettin 1939 Navigations-SS NORDPOL
NORDSTERN Motorschiff	1939	LA-70,0 B-10,5 R-1127 BRT M-1100 PS	1939 Frachter MINOS der Neptun-R. Bremen 1940 Lazarettschiff dann Nanigat.-SS NORDSTERN 1944 vor Windau durch 2 sowj. U-Boote versenkt (6. 10.)
OKTANT Motorschiff	1919		1919 Frachter ENZ 1942 Navigat.-SS
PAUL BENEKE	1936	LA-50,3 B-7,6 R-477 BRT M-800 PS	1936 Motorfähre ADMIRAL Atlantik-Reederei 1937 Kriegsmarine als Stationstender 1939 Navigations-SS 1945 Deutsches Hydrographisches Inst. 1949 außer Dienst
PETER VON DANZIG Dampfyacht	1901	LA-47,2 B-4,0 D-930 t M-180 PS	1901 versch. Eigner u. Namen, zuletzt brit. MERMERUS 1939 belg. Eigner 1941 deutsche Prise am Nav.-SS Mürwik 1943 PETER V. DANZIG 1945 in Flensburg
REGULUS	1923		1923 Motorschiff WILLKOMMEN und W.F. VAN DER WIJK 1943 Navigations-SS 24.2.1945: 680 Flüchtlinge von Pillau nach Gdingen 26. 2. 1945: weitere 520 Flüchtlinge
SEXTANT Logger	1907		Dampflogger CLARA 1943 Navigations-SS
SIMON VON UTRECHT Dampfer	1927	LA-50,4 B-9,2 D-604 t	1927 Lotensch. CUXHAVEN 1940 Lotsenausbildung f. Kriegsmarine
SIRIUS Dampfer	1923	LA-70,4 B-11,1 R-1170 BRT M-650 PS	1923 Frachter Reederei Paul Russ, Hamburg 1943 Navigations-SS 1944 Zielschiff 1947 norw. Frachter 1967 griech. Frachter
ZENITH Damfer	1925	LA-57,5 B-8,6 R-557 BRT M-1000 PS	1925 Frachter FRIGGA 1939 Navigations-SS ZENITH 1945 an UdSSR

Tabelle 26 – Schulschiffe zu verschiedenen Zwecken 1919–1945

Name/Typ	Baujahr	Technische Daten	Angaben zum Schiff
ADLER Kreuzer	1908	LA-87,0 B-15,5 D-3500 t M-6000 PS	1909 dän. Kreuzer PETER SKRAM, am 29.8.43 versenkt gehoben, instandgesetzt 1944 stat. Schulschiff 1945 Bombentreffer in Kieler Förde Hulk in Odense 1949 außer Dienst
ADMIRAL HIPPER Schw. Kreuzer	1937	LA-202,8 B-21,3 D-18 200 t M-132 000 PS	1939 akt. Kriegsschiff 1943 Schulschiff 1945 im Dock in Kiel durch Bomben zerstört
ADMIRAL SCHEER Schw. Kreuzer	1933	LA-186,0 B-20,7 D-15 900 t M-56 000 PS	1934 akt. Kriegsschiff 1943 Schulschiff 1945 durch Bomnen in Kiel versenkt am 10. 4.
ADOLF LÜDERITZ	1939	L-114,0 B-14,5 D-3600 t M-12 400 PS	1939 Begleitschiff 3.S-Boot-Flottille 1943 1. S-Boot Schul-Flottille
und			
CARL PETERS	1939	siehe A. LÜDERITZ	1939 Begleitsch. S-Boot 1944 3. S-Boot-Schul-Flottille 1945 gesunken (14. 5.)
ARKONA Kleiner Kreuzer	1902	LL-104,4 B- M-8500 PS	1902 akt. Kriegsschiff 1922 Umbau zum SS 1923 Ausbildung der Besatzungen der Kreuzer (K-Klasse) liegt in Mürwik 1930 außer Dienst, Wohnschiff 1941 schwimmende Flakbatterie Wilhelmshaven 1945 von Besatzung versenkt am 3. 5.
BAUMWALL Fischdampfer	1922	L-38,2 B-7,3 R-236 BRT M-400 PS	1922 Cuxhaven Fischerei 1941 Schulboot
DENEB Dampfer	1899	LA- 62,9 B-9,5 R-795 BRT M-420 PS	1899 Frachter CHRISTIAN 1944 Schulschiff DENEB 1953 abgewrackt
EDWARD Fischdampfer	1911	L-31,2 B-6,7 R-146 BRT M-125 PS	1911 Fischerei AG Wesermünde 1942 Schulboot
EINIGKEIT	1943		1943 Taucherschulboot
FASOLT Fischdampfer	1922	L-31,4 B-6,7 R-165 BRT M-125 PS	1922 Seeverkehrs AG 1940 Schulboot
HANSA Motorschiff	1939	LA-153,0 B-20,1 R-9839 BRT M-9000 PS	1939 brit. Frachter GLENGARRY erbeutet, an HAPAG als MEERSBURG, Schiff Nr. 5 als Hilfskreuzer 1942 Umbau in Holland 1944 Schul- u. Zielschiff 1945 Minentreffer 4.5. westl. Ostsee dann an Großbritannien 1971 in Japan abgewr.
HENRIK GERNER	1927	LA-49,0 B-8,2 R-463 BRT	1927 dän. Frachtschiff 1943 deutsches SS 1945 beschädigt
LÜTZOW Schw. Kreuzer	1931	LA-187,9 B-20,7 D-15 000 t M-56 800 PS	1933 akt. Kriegsschiff ex Panzerschiff DEUTSCHLAND 1944 Schulschiff 1945 durch Bomben versenkt am 16. 4.
MARTHA RUSS Dampfer	1920	LA-64,3 B-10,3 R-996 BRT M-750 PS	1920 Frachter 1942 Schulschiff 1944 in d.Elbe versenkt 1948 gehoben, instandgesetzt, Frachter AUGUST PETERS 1962 abgewrackt
NADIR	1926	L-42,2 B-7,4 R-302 BRT	1927 Frachter CLAUS und SCHWALBE 1943 Schulschiff

Name/Typ	Baujahr	Technische Daten	Angaben zum Schiff
NORDLAND Kreuzer	1918	LL-86,9 B-16,3 D-3800 t M-6000 PS	1918 dän. Kreuzer NIELS JUEL 1936 dän. Kadetten-SS 1943 Durchbruch nach Schweden, 29. 8. gestrandet 1944 gehoben und repar. dtsch SS NORDLAND 1945 3.5. bei Eckernförde Bombensch. 1952 abgewrackt
OBRA Passagierschiff		L-50,6 B-7,2 R-551 BRT	dän. JYLLAND Ausb.Schiff der Luftwaffe 1944 Minentreffer am 22.4., gesunken
SCHOPENSTEHL Fischdampfer	1922	L-38,2 B-7,3 R-235 BRT M-400 PS	1922 Hochseefischerei Cuxhaven 1939 Schulboot
SPICA	1920	LA-72,2 B-11,5 R-1289 BRT M-750 PS	1920 Frachter ORLA der Argo-Reederei 1944 SS f. Kleinkampfverbände 1945 an UdSSR
SÜDPOL Dampfer	1938	D-300 t	1938 dän. Frachter FRÖYA 1943 Nav.-Schulboot 1944 umben. in FREYA 1945 zurückgegeben
TANNENBERG	1935	LA-121,3 B-15,5 R-5504 BRT M-8000 PS	1935 Seebäderschiff im Turbinenschiff Ostpreußen-Dienst 1939 Minenleger 1940 Schulschiff 1941 Minentreffer, in schwed. Gewässern gesunken (9. 7.)
TAUCHER	1935	LA-30,0 B-6,8 R-195 BRT M-60 PS	1935 Marinewerft Wilhelmshaven 1942 Taucherschulboot d. Kriegsmarine
UNITAS	1939	R-339 BRT	1940 Schulboot

Weitere Kleinfahrzeuge wurden zur Ausbildung genutzt, so zum Beispiel weitere Fischdampfer als:
BEOWULF, FREYR, FRITJOF, HAGEN, HEIMDALL, HILDEBRAND, HUGIN, MUNIN, ODIN, SIGFRID, VOLKER, WOTAN

Tabelle 27 – Zivile und militärische Schulschiffe der DDR

Deutsche Seereederei Rostock (DSR)

Name/Typ	Baujahr	Technische Daten	Angaben zum Schiff
HEINRICH HEINE Motorschiff Kombischiff	1938	LA-140,1 B-18,7 R-7750 BRT M-6000 PS BS-160	1938 belg. Frachter MAR DEL PLATA 1940 von deutscher Kriegsmarine beschlagnahmt 1945 wieder an Belgien 1958 Fracht- u. Lehrschiff der DSR 1968 verkauft 1973 verschrottet
THEODOR KÖRNER	1938	siehe HEINRICH HEINE	1938 belg. Frachter COPACABANA 1958 Fracht- u. Lehrschiff der DSR 1968 verkauft 1972 verschrottet
J.G. FICHTE Motorschiff Kombischiff	1949	LA-163,4 B-19,6 R-11 060 BRT M-10 000 PS BS-340	1950 franz. Frachter u. Truppentransporter CLAUDE BEERNARD 1962 Fracht- u. Lehrschiff der DSR 1979 verkauft
GEORG BÜCHNER Motorschiff Kombischiff	1950	LA-153,7 B-19,6 R-11 060 BRT M-7360 PS BS-280	1951 belg. Frachter CHARLESVILLE 1968 Fracht- u. Lehrschiff der DSR 1977 stat. Schulschiff 1991 verkauft an Senat Rostock
Hochseefischerei			
NEUES DEUTSCHLAND Holzkutter	1951	LA-30,0 B- 7,3 R-171 BRT M-300 PS S-3 = 60 m²	1951 SS Fischkombinat Saßnitz 1957 Forschungsschiff PROF. HENKING 1961 Erdölsucher GEOPHYSIKA 1968 an GST Rostock WALTER STEFFENS 1972 stat. Schulschiff 1977 Wohnschiff WALTER für DSR

Name/Typ	Baujahr	Technische Daten	Angaben zum Schiff
JOHANN SEBASTIAN BACH Holzkutter	1951	LA-24,0 B-6,7 R-72,2 BRT M-235 PS	1951 Schulkutter Fischkombinat Saßnitz 1953 gesunken 1954 wieder in Dienst 1955 Fischerei Warnemünde 1958 an GST 1977 abgewrackt
HEINRICH MANN Logger	1950	LA-38,5 B-7,2 R-260 BRT M-300 PS	1950 Fischkombinat Rostock (ROS 101) 1954 Lehrlogger 1958 wieder Fischfang
KARL LIEBKNECHT		siehe HEINRICH MANN	
KARL MARX		siehe HEINRICH MANN	
RUDOLF BREITSCHEID		siehe HEINRICH MANN	
WELTFRIEDEN		siehe HEINRICH MANN	

Volksmarine

Name/Typ	Baujahr	Technische Daten	Angaben zum Schiff
R 218	1944	LA-39,5 B-5,7 D-131 t M-2900 PS	1945 deutsches Räumb. an UdSSR 1950 an DDR (6 Boote) 1952 Minenräumung und Schulschiff 1956 an GST
ERNST THÄLMANN Dampfer	1928	LA-65,3 B-9,9 D-1100 t M-1400 PS	1929 dän. Fischereischutzschiff HVIDBJÖRNEN 1940 dän. Kadetten-SS 1943 Selbstversenkung Hebung durch deutsche Kriegsmarine 1952 Seepolizei und Volksmarine 1965 verschrottet
FÜRSTENBERG Minenräumer	1917	LA-28,8 B-6,3 D-199 t M-700 PS	1917 akt. Kriegsschiff QUINTUS Dänemark 1943 Selbstversenkung Hebung durch deutsche Kriegsmarine 1945 in Rostock 1950 Reparatur 1952 SS für Seepolizei 1959 GST FREUNDSCHAFT seit 1990 in Dänholm
PRENZLAU	1918	siehe Fürstenberg	1918 akt. Kriegsschiff SIXTUS Dänemark siehe FÜRSTENBERG 1973 abgewrackt
WB 26	1952	LA-27,5 B-5,1 D-80 t M-700 PS	1952 Schulboot 1956 an GST 1976 abgewrackt
DELPHIN	1954	LA-22,4 B-4,1 D-44 t M-700 PS	1954 Reedeschutzboot 1956 Schulboot 1963 außer Dienst
TÜMMLER	1956	siehe DELPHIN	1956 Schulboot 1966 außer Dienst
GREIFSWALD Typ Krake	1969	LA-52,0 B-7,1 D-339 t M-4700 PS	1969 Minensuch- und Räumschiff, zeitweilig SS 1990 außer Dienst

Als SS auch BERLIN, KARL-MARX-STADT und LEIPZIG von 1972 bis 1976 eingesetzt.

Name/Typ	Baujahr	Technische Daten	Angaben zum Schiff
WILHELM PIECK	1976	LA-72,0 B-11,6 D-1750 t M-4225 PS	1976 Schulschiff 1990 außer Dienst

Gesellschaft für Sport und Technik (GST)

Name/Typ	Baujahr	Technische Daten	Angaben zum Schiff
WILHELM PIECK Brigantine	1951	LA-41,0 B-7,7 D-290 t M-100 PS S-15 = 580 m^2	1952 zur GST 1991 an Stadt Greifswald als Freizeitsegler GREIF
FREUNDSCHAFT I Minensuchboot	1944	LA-39,5 B-5,7 D-131 t M-2900 PS	siehe R 218 1956 an GST 1959 abgewrackt
FREUNDSCHAFT II	1917	siehe FÜRSTENBERG der Volksmarine	
FREUNDSCHAFT III Logger	1952	LA-38,5 B-7,2 D-253 t M-350 PS	1952 Torpedologger der Volksmarine 1974 an GST
PATRIOT I	1951	siehe WB 26	
PATRIOT II Zollkutter	1951	LA-26,6 B-4,6 D-63 t M-800 PS	1951 Volkspolizei See 1964 Schulboot GST 1981 verschrottet
FRIEDRICH LUDWIG JAHN		siehe JOHANN SEBASTIAN BACH	1958 Taucherschulboot der GST 1977 abgewrackt

Name/Typ	Baujahr	Technische Daten	Angaben zum Schiff
ERNST THÄLMANN MLR-Boot Typ Habicht	1968	LA-59,1 B-8,2 D-510 t M-2660 PS	1969 akt. Kriegsschiff 1968 Schulschiff GST 1977 verschrottet
ARTUR BECKER Logger	1952	LA-41,4 B-7,2 D-486 t M-350 PS	1952 Versorger RUDEN der Volksmarine 1971 Schulschiff GST 1981 Umbau zur Taucherausbildung
ERNST THÄLMANN MSR	1969	LA-52,0 B-7,1 D-339 t M-4700 PS	1969 Minensuch- und Räumschiff ANKLAM 1977 an GST

Ingenieurhochschule für Seefahrt

Name/Typ	Baujahr	Technische Daten	Angaben zum Schiff
STÖRTEBEKER Seitentrawler	1961	LA-65,5 B-10,3 R-943 BRT M-1420 PS	1961 ROS 224 GÖRLITZ Fischkombinat Rostock 1981 an IHS als Schul- u. Forschungssch. 1993 verkauft

Tabelle 28 – Zivile und militärische Schulschiffe der BRD

Handelsflotte

Name/Typ	Baujahr	Technische Daten	Angaben zum Schiff
GROSS HERZOGIN ELISABETH II 3-M-Gaffelschoner	1909	LA-63,7 B-8,2 R-462 BRT S-13 = 1010 m² M-400 PS	1909 Frachtsegler SAN ANTONIO 1936 Umbau zum Motorschiff 1940 brit. Nachschub-schiff 1947 schwed. Frachter 1973 Umbau zum Schoner ARIADNE Kreuzfahrt 1981 Charterung für die Ausbildung 1982 Schulschiff-Verein kauft das Schiff
GREUNDIEK Motorschiff	1950	LA-46,3 B-7,6 R-348 BRT M-300 PS	1950 Motorfrachter HERMANN-HANS und RITA DÖLLING 1986 an Landkreis Stade stat. SS für Seefahrtschule Grünendeich
PAMIR		siehe Tabelle 10	
PASSAT		siehe Tabelle 10	
SEUTE DEERN II Gaffelketsch	1936	LL-27,1 B-7,1 R-103 BRT S-7 = 273 m² M-165 PS	1936 dän. Frachtsegler HAVET 1956 SSS Reederei Lauritzen 1958 Forschungsschiff NOONA DAN 1963 vom DSV gekauft als SSS 1967 Nordd. Lloyd chartert als SSS 1973 an Verein Clipper
SCHULSCHIFF DEUTSCHLAND			siehe Tabelle 19

Bundesmarine

Name/Typ	Baujahr	Technische Daten	Angaben zum Schiff
NORDWIND Gaffelketsch (hochgetakelt)	1945	LA-26,8 B-6,5 R-78 BRT M-137 PS	1945 unfertig an Großbritannien S-4 = 166 m² 1951 deutscher Grenzschutz als SSS 1956 Bundesmarine
EMS	1940	LA-56,6 B-8,8 D-1350 t	1942 Tankschiff HUNTE Kriegsmarine 1945 an USA 1956 an Bundesmarine Schiffssich.-SS 1965 Taucher-SS 1977 außer Dienst
EIDER	1942	LA-53,9 B-8,3 D-903 t M-1946 PS	1942 kanad. Korvette DOCHET 1947 an Belgien verk. Fischd. CATHERINE 1952 deutsch. Grenzsch. 1960 SS Bundesmarine

Erklärung einiger seemännischer Fachausdrücke

abfallen	Den Winkel zwischen Windrichtung und Kurs des Schiffes vergrößern.
achtern	auf dem Schiff hinten.
Alle Mann!	Manöver bei schwerem Wetter, wenn alle Männer auf die Stationen müssen. Englisch: »All hands«!
Ancienniätsprinzip	Festlegung einer Rangfolge nach dem Alter, wenn mehrere Leute gleichen Dienstranges an Bord sind. Es spielt vor allem im militärischen Bereich eine Rolle.
anluven	Das Schiff höher an den Wind bringen. Den Winkel zwischen Windrichtung und Kurs verringern.
auf- oder ankreuzen	Im Zick-Zack gegen den Wind segeln.
auf- bzw. abtakeln	Segel an- oder abschlagen, Rahen und Stengen am Mast befestigen und herunternehmen.
Back	Sowohl der Vorschiffaufbau als auch der Eßtisch der Mannschaften.
back stehen	Einfall des Windes von der falschen Seite z.B. beim Backbrassen der Segel, um das Schiff zu bremsen.
Backbord	Linke Seite des Schiffes in Fahrtrichtung, rotes Seitenlicht.
Ballast	Wasser, Steine, Sand oder Metalle im leeren Schiff zur Erhöhung der Stabiltät.
Block	Gehäuse mit drehbar gelagerten Scheiben (Rollen) zur Führung des Tauwerkes.
Bohrwürmer (teredo navalis)	Eine Muschelart, die sich mit raspelartigen Zähnen in das Holz des Unterwasserschiffes eingräbt und dieses zerstört. Wachstum und Aktivität der Bohrmuschel werden durch die Wassertemperatur, den Salzgehalt und die Verschmutzung des Wassers (z.B. Hafenwasser in tropischen Meereshäfen) beeinflußt. In früheren Zeiten wurden Holzschiffe durch Kupferplatten dagegen geschützt. Der Bewuchs durch pflanzliche und tierische Organismen (Algen, Seepocken, Muscheln usw.) führen im allgemeinen nicht zur Zerstörung sondern zu erheblichen Geschwindigkeitsverminderungen und damit zu hohen ökonomischen Verlusten. In der Segelschiffszeit wurden die Fahrzeuge fast jährlich aus dem Wasser genommen und abgekratzt. Heute werden durch die chemische Industrie immer bessere Unterwasseranstriche entwickelt, um den Bewuchs zu minimieren (Antifouling).
Brasse	Tau zum Drehen einer Rahe um den Mast, um eine günstigere Stellung der Segel zum Wind zu erreichen (brassen).
dippen der Flagge	Zur Grußerweisung wird die Nationalflagge teilweise (etwa zu einem Drittel) niedergeholt und wieder vorgeheißt (aufgezogen).
dwars	Quer oder querab (rechtwinklig) zur Mittschiffslinie.
Etmal	24-Stundenzeit von Mittag zu Mittag = 12.00 Uhr, astronomischer Tag zwischen zwei Mittagsmessungen (Mittagsbesteck).
Faden	Altes Längenmaß 182,88 cm = 6 englische Fuß (= 0,3048 m), Faden- und Fußmaße können in verschiedenen Ländern unterschiedlich sein.
fieren	Tauwerk ablaufen lassen, Zug der Leine lockern.
Flaggenrecht	Recht bzw. Pflicht eines Schiffes, eine bestimmte Flagge (National- bzw. Handelsflagge) am Mast zu führen.
Flaggenstaat	Der Staat, in dessen Schiffsregister das Fahrzeug eingetragen ist und dessen Flagge es zu führen hat.
Flugboot DO-X	Ein deutsches Großflugboot der Dornier-Werke, gebaut 1929: 10 Mann Besatzung, 60 bis 100 Passagiere, größtes Flugzeug seiner Zeit. 12 Motoren zu je 600 PS in sechs Tandemgondeln auf der Tragfläche. Erster Flug am 12. Juli 1929, insgesamt fünf Maschinen hergestellt, hat sich nicht bewährt. Am Tage des Unglücks überflog eine DO-X kurz vor der Kenterung das Segelschulschiff NIOBE.
Gangspill	Senkrecht stehende Winde mit Spillspaken (wie Speichen eines Rades) zum Drehen des Spills, um z.B. den Anker zu hieven (heraufzudrehen).
Glasen	Angabe der Zeit mittels einer Glocke: 1 Glas = eine halbe Stunde seit Wachbeginn (einfacher Schlag); 2 Glas = eine Stunde seit Wachbeginn (ein Doppelschlag);

und so weiter bis
8 Glas = vier Stunden seit Wachbeginn (vier Doppelschläge).
Als es noch keine brauchbaren Uhren gab, benutzte man eine Sanduhr mit einer Durchlaufzeit des Sandes von 30 Minuten, dann drehte man das Glas und gab einen Schlag, nach zwei Drehungen somit einen Doppelschlag.

halsen und wenden	Änderung des Segelkurses entweder mit dem Wind (halsen) oder gegen den Wind (wenden)
Hauptdeck	Oberstes durchlaufendes Deck.
Heck	Hinterer Teil des Schiffes.
heißen	Aufziehen eines Segels oder einer Flagge.
hieven	Eine Leine oder Kette von Hand oder mit einer Winde einholen oder steifsetzen.
Hulk	Ein nicht mehr fahrendes oder zeitweise festgelegtes Schiff mit Sonderverwendung.
Jakobsleiter	Freihängende Strickleiter.
kalfatern	Abdichten der Zwischenräume von Bohlen und Planken der Schiffswand, der Decks oder anderer Stellen mit Pech und Werg.
Kap-Hoorn-Umseglung	Die Reisen von Europa oder der Ostküste Amerikas zur Westküste dieses Kontinents führten in jedem Falle um das Kap Hoorn. In diesem Seegebiet herrschen Westwinde vor, deren Stärke einen hohen Seegang erzeugt. Besonders gefährlich waren die Reisen während des Südwinters, da ein Kreuzen gegen den Weststurm mit langen Schlägen bis in das Gebiet der Antarktis führte. Bei der Umseglung in westlicher Richtung war die Zeit ein Kriterium für die Segelkunst der Kapitäne und Besatzungen sowie für die Qualität des Schiffes. Um diese Zeitmessungen vergleichbar zu machen, wurde der 50. Grad südlicher Breite als Maß festgelegt. Das Überfahren dieses Kreises im Atlantik galt als Beginn der Umseglung, seine Überfahrt im Pazifik stellte den Abschluß dar. Nachfolgend sollen einige Beispiele angegeben werden: Sept. 1895 5-Mast-Bark POTOSI 11 Tage Okt. 1900 Bark ANNA 19 Tage Nov. 1905 5-Mast-Bark POTOSI 13 Tage Ferner die Segelschulschiffe: Sept. 1903 HERZOGIN CECILIE 8 Tage Nov. 1938 PRIWALL 5 Tage + 14 Std.
Kapitulation	Nach Ableistung der dreijährigen Dienstzeit konnte ein Berufsseemann der Handelsflotte in der Kaiserlichen Marine bleiben.
Klinkerbeplankung	Art der Beplankung, bei der die Holzplanken dachziegelartig übereinandergreifen.
Knoten	Maß der Geschwindigkeit = 1 Seemeile/Std.
Kompaß-Stricheinteilung	Die ältere Einteilung der Kompaßrose in 32 Strich: 1 Strich = 11,25 Grad.
Kondemnation	Feststellung der Reparaturunfähigkeit oder Reparaturunwürdigkeit eines Schiffes durch Fachleute und Bestätigung durch den Konsul des Flaggenstaates. Danach darf ein Notverkauf stattfinden.
krängen	Seitliches Überlegen des Schiffes.
Kraweelbeplankung	Art der Beplankung, bei der die Holzplanken mit ihren Kanten stumpf aufeinandergesetzt werden.
Länge-Breiten-Verhältnis	Teilt man die Länge eines Schiffes durch die Breite, gibt der Faktor F den Schlankheitsgrad des Schiffes an, je größer F ist, um so schlanker ist das Schiff.
Lee und Luv	Dem Wind abgewandte bzw. zugewandte Seite des Schiffes.
Leesegel	Zusatzsegel an der Leeseite der Rahen, die bei günstigem Wind gesetzt werden.
Legerwall	Küste an der Leeseite des Schiffes.
lenzen	Vor dem Wind segeln oder auch Wasser aus dem Schiff pumpen.
Log	Gerät zum Messen der Schiffsgeschwindigkeit (Handlog).
Lot	Leine mit Senkblei zum Messen der Wassertiefe.
Nock	Äußerste Spitze einer Rah, als Brückennock auch äußerstes Ende der Kommandobrücke.
Operation Sail	Die 1955 in Großbritannien gegründete Sail Training Association (STA) veranstaltet seit 1956 alle zwei Jahre Regatten der Segelschiffe.
Pardunen	Abstützung der Masten nach achtern und zur Seite meist durch Drahttauwerk.
Persenning	Schweres geteertes Segeltuch zum Abdecken von Luken und anderen Öffnungen.
Poop	Erhöhter Teil des Achterschiffes.
Rack	Halterung einer Rah am Mast.

raumen	Drehen des Windes, so daß er achterlicher einfällt.
reffen (auch reefen)	Verkleinern der Segelfläche.
Ruder	Flacher, drehbarer Körper zum Steuern eines Schiffes.
Schiff	Das Wort ist germanischen Ursprungs: gotisch - skip, altnordisch - skib, altenglisch - scip, althochdeutsch - skif, schwedisch - skepp. In jedem Falle bezeichnet das Wort ein Wasserfahrzeug, das im Lateinischen navis oder navigum heißt.
Seeberufs-Genossen-schaft	1887 gegründete Vereinigung zur Vertretung der Interessen der Seeleute, ihr wurde später (1907) die Invaliden-Versicherung und (1927) die Seekrankenkasse angeschlossen. 1962 wurden die Satzungen neu beschlossen.
Seemanns-Ordnung	Regelung der Rechte und Pflichten der Besatzungsmitglieder eines Schiffes.
Stag	Starker Draht zum Abspannen eines Mastes oder einer Stenge (obere Fortsetzung des Mastes) nach vorn.
Steuerbord	Rechte Seite des Schiffes in Fahrtrichtung (grünes Seitenlicht).
Steven	Bauteil zum Abschluß des Schiffes vorn und achtern (Vor- bzw. Achtersteven).
Strecktau	Starke Leinen, die über Deck gespannt werden und bei schwerer See zur Sicherung der Besatzung dienen.
Takelage	Bezeichnung für die Gesamtheit der Masten, Stengen, Rahen sowie des Tauwerks (stehendes und laufendes Gut).
Takelung	Prinzip des Aufbaues der Takelage, sie bestimmt den Typ des Segelschiffes wie Bark, Vollschiff, Gaffelschoner usw.; Anordnung und Form der Segel.
Talje	Entspricht dem Flaschenzug = Krafteinsparung durch Anordnung mehrerer Leinen in Verbindung mit Rollen.
Tauwerk	Umfaßt alle an Bord verwendete Arten. Einteilung nach dem verwendeten Material: Naturfaser (Baumwolle, Hanf, Manilafaser), Chemiefaser (Zellulose, Polyamid). Drahttauwerk. Weitere Einteilungen ergeben sich durch die Stärke oder durch die Anzahl der einzelnen Stränge (Kardeele) beim Schlagen.
Topp und Takel	Treiben des Schiffes ohne Segel bei Sturm.
Typhon (auch Tyfon)	Anlage zur Erzeugung von Schallsignalen nach den Vorschriften zur Verhütung von Kollisionen auf See.
versegeln	Von einem Hafen zum anderen fahren.
Vorpiek	Vorderster Raum im Schiff.
Wanten	Taue zur seitlichen Abstützung der Masten (stehendes Gut).
Webeleinen	Taue zwischen den Wanten, auf denen man die Masten besteigen kann (auf- und abentern).
Zurren	Befestigung von Ladeeinheiten oder Ausrüstungsgegenständen (Laschung zur Ladungssicherung).
Zweithandschiffe	Aufkaufschiffe, die bereits von anderen Reedern genutzt wurden (Gebrauchttonnage, Secondhand-Schiffe). Die Großsegler des finnischen Reeders Erikson waren immer Zweithandschiffe (Secondhander).

Maße in der Schiffahrt

1. Schiffsmaße (die angegebenen Symbole wurden im Text verwendet).

LA Länge über alles - gemessen zwischen dem hintersten und vordersten festen Punkt des Schiffes (der Bugspriet ist einzubeziehen).

LL Länge zwischen den Loten - gemessen zwischen den Schnittpunkten der Konstruktionswasserlinie (KWL) mit zwei Senkrechten.

L_{KWL} Länge in der KWL.

B größte Breite.

2. Vermessung - bestätigt 1854 = Moorsom-Regel.

D Wasserverdrängung (Deplacement) des eingetauchten Schiffskörpers - nach dem archimedischen Prinzip verdrängt ein Körper soviel Wasser, wie er wiegt.

R Rauminhalt des Schiffes - für statistische und kommerzielle Zwecke in Registertonnen (1 RT = 2,85 Kubikmeter = 100 Kubikfuß): Bruttoregistertonne (BRT) - Gesamtinhalt des seefest abgeschlossenen Raumes. Nettoregistertonne (NRT) - für Ladung und Fahrgäste nutzbarer Raum.

Diese Vermessung wurde durch die Oslo-Konvention von 1947 erneut bestätigt und war bis zum 18. Juli 1994 gültig. Das neue Schiffsvermessungs-Übereinkommen von London vom 23. Juni 1969 übernahm die Bundesrepublik Deutschland durch Gesetz (s. BGBl vom 25. Januar 1975). Seit 1. Juli 1994 gilt somit:

GT Groß-Tonnage - Gesamtheit aller geschlossener Räume multipliziert mit dem Faktor K zur Angleichung der neuen Vermessung an die alte: GT = K x V.

NT Nettotonnage - Abzug bestimmter Räume wie früher aber eine leichtere und präzisere Berechnung.

Statt GT und NT in einigen Ländern RZ = Registrierzahl.

dtw Tragfähigkeit in Tonnen (1 Tonne = 1000 kg), betrifft die Nutzladung, Treib- und Schmierstoffe, Speise- und Frischwasser, Verbrauchsmaterial, Besatzung und Fahrgäste mit Gepäck.

3. Längenmaße.

Fuß = 0,304 m
Faden = 1,828 m
Kabellänge = 185,2 m = 1/10 Seemeile
Seemeile (sm) = 1852 m = Größe einer Bogenminute auf einem Großkreis der Erdkugel.

4. Maschinenleistung.

1 PS = 735,5 W (= 0,735 kW)
Umrechnungsfaktor = 1,36

Meteorologische und ozeanographische Angaben

Windstärken und Wellenbewegung

Wellenbild	Seemännische Bezeichnung	Stärke nach Beaufort
Spiegelglatte See	Stille	0
Kleine schuppenförmige Wellen ohne Schaumkronen	Leiser Zug	1
Ausgeprägtere kurze Wellen, Kämme beginnen zu brechen	Leichte Brise	2
Schaum nicht weiß sondern glasig	Schwache Brise	3
Wellen werden länger, weiße Schaumköpfe bilden sich	Mäßige Brise	4
Wellen mit ausgeprägteren Formen, Schaumkämme	Frische Brise	5
Größere Wellenberge, Schaumkronen bilden große Flächen	Starker Wind	6
Die See türmt sich, der weiße Schaum bildet Streifen in Windrichtung	Steifer Wind	7
Höhe und Länge der Wellen nehmen zu, dichte Streifen des Schaumes in Windrichtung	Stürmischer Wind	8
Das Rollen der See beginnt,	Sturm	9
Hohe, lange Wellenberge mit langen, sich überstürzenden Kämmen; Meeresoberfläche im ganzen weiß	Schwerer Sturm	10
Sehr hohe Wellenberge	Orkanartiger Sturm	11
Verwehte Gischt in der Luft, keine Fernsicht	Orkan	12

Wind und Sturm

Der Wind (Luftbewegung auf Grund unterschiedlicher Luftdruckverhältnisse auf der Erdoberfläche) war von alters her die Energie, mit der Segelschiffe angetrieben wurden, der bis zum heutigen Tag dem Seemann das Leben auf See schwer macht. Exakte Kenntnisse über ihn waren deshalb lebenswichtig. Seit 1847, als der Engländer Matthew Fontaine Maury seine »Wind and Current Charts«, seine Seekarten der Winde und Meeresströme, veröffentlichte, ermöglichten diese eine optimalere Ausnutzung der natürlichen Energien. Nachfolgend sollen die wichtigsten Winde, Stürme und »Ruhezonen« erläutert werden:

Roßbreiten	Sie liegen etwa 30 bis 40 Grad nördlicher bzw. südlicher Breite in Zonen höheren Luftdrucks. Sie sind durch Windstillen oder schwache Winde gekennzeichnet. Von hier fließen die Luftmassen über die Meeresoberfläche zum Äquator zurück (siehe Passate).
Kalmengürtel	In der Nähe des Äquators steigen die erwärmten Luftmassen wieder auf, um als Antipassat in der Höhe nach Nord bzw. Süd zu fließen (Roßbreiten). Auch in dieser Zone herrscht fast ausschließlich Windstille.
Passat	Zwischen den Roßbreiten und dem Kalmengürtel befinden sich die Gebiete der Passate. Von den nördlichen Roßbreiten fließt die Luft als »Nord-Ost-Passat« (Rechtsablenkung auf der nördlichen Halbkugel) und von den südlichen Roßbreiten als »Süd-Ost-Passat« (Linksablenkung auf der südlichen Halbkugel) wieder dem Äquator zu (planetarisches Windsystem).
Monsun	Sie entstehen durch unterschiedliche Erwärmung von Land und Wasser, sie können sozusagen verkleinert an allen Küsten durch den Wechsel von Tag und Nacht vorkommen: Seewind am Tage durch Erwärmung des Festlandes und Landwind nachts durch Abkühlung des Festlands. Die eigentlichen Monsune als ausgedehnte Luftbewegungen werden von den gewaltigen Landmassen Asiens und den weiten Meeren (Indik, Pazifik) erzeugt. Im nördlichen Sommer wird die Erdoberfläche Asiens stark erhitzt, die Luftmassen steigen auf, es bildet sich ein Tief, in das die kühlere Meeresluft strömt. Durch die Erdrotation (Rechtsablenkung) entsteht der Süd-West-Monsun, er ist stürmisch und regenreich. Im Nordwinter dreht sich die Strömung um, weil sich das Land abkühlt, es entsteht hoher Druck, die Luft strömt als trockener Nord-Ost-Monsun vom Land zum Meer. Der Monsun ändert also zweimal in Jahr seine Richtung: Im Frühjahr (etwa März) entsteht aus dem Wintermonsun (Nord-Ost-Monsun) der Sommermonsun (Süd-West-Monsun), man sagt, der Monsun »kentert«. Gleiches geschieht im Herbst. Natürlich können Ablenkungen der Hauptströme durch verschiedene Faktoren (z.B. Gebirge) erfolgen. Weniger umfangreiche Monsune entstehen auch an den Küsten Australiens und Afrikas.

Tropische Orkane

Sie häufen sich in gewissen Jahreszeiten in den Zonen beiderseits des Äquators, im Atlantik sind es die »westindischen Orkane«, in den ostasiatischen Gewässern die »Taifune«, im Indischen Ozean die »Mauritius-Orkane«. Die atlantischen Orkane (Tornados, Hurrikane) entstehen im äquatorialen Gebiet, suchen die Westindischen Inseln und das nordamerikanische Festland heim und wandern meist über den Nordatlantik als Sturmtiefs auf Nordeuropa zu.

Für die Schiffahrt sind folgende Stürme zu nennen:

Bora	Ein kalter Fallwind in der Adria, er weht aus den Bergen der dalmatinischen Küste.
Mistral	Ein trockener Nordwind in der Provence (Südfrankreich), der aus der Rhonemündung kommt.
Schirokko	Ein föhnartiger, feucht-warmer Südostwind, der aus den afrikanischen Wüstengebieten über das Mittelmeer wehend die südeuropäischen Küsten trifft.
Samum	Ein ebenfalls aus der Sahara kommender Südwind, der die mitgeführten Sandmassen weit über das Meer hinaus mitunter bis nach Europa treibt.
Harmattan	Ein starker Ostwind an der westafrikanischen Küste, auch er kommt aus der Sahara, er zählt zu den Monsunen
Norder	Er tritt im Golf von Mexiko sowie an der Westküste Süd- und Nordamerikas auf und kann große Stärken erreichen, er weht in der kalten Jahreszeit.
Pampero	Er weht auf der südlichen Halbkugel hauptsächlich im La-Plata-Gebiet und kommt aus den argentinischen Pampas.

Diese Auswahl soll andeuten, daß bestimmte Winde und Stürme abweichend von gewissen Regeln durch örtliche Bedingungen entstehen können, die für die Schiffahrt mitunter gefährlich werden.

Literatur

1 Vogel, W. — Die Einführung des Kompasses in die nordwesteuropäische Nautik, in: Koberer, Das rechte Fundament der Seefahrt - Deutsche Beiträge zur Geschichte der Navigation, Berlin 1982.

2 Gerds, P. und Gehrke, W.-D. — Und am Bug der Greif, Rostock 1977.

3 Nettelbeck, J. — Ein abenteuerliches Lebensbild von ihm selbst erzählt, Rudolstadt 1953.

4 Steppes, O. Ch. M. — Über den Gebrauch der niederländischen Sprache in der deutschen Seefahrt, in: Festschrift zum 200jährigen Bestehen der Hamburgischen Seefahrtschule, Hamburg 1949.

5 Stein, W. — 150 Jahre Seefahrtschule Stettin, Stettin 1939.

6 Günther, R. — Die Entwicklung der nautischen Ausbildung in Deutschland bis zum Ende des Zweiten Weltkrieges unter besonderer Berücksichtigung der Seefahrtschule Wustrow auf dem Fischland, Hochschule für Verkehrswesen »Friedrich List«, Dresden, Dissertation 1970.

7 – — Protokoll des Weysenhauses von Anno 1701 bis 1713 (I B II 3), Blatt 303 Staatsarchiv Hamburg, zitiert aus (6).

8 Auerbach, Horst — Der Schoner STRALSUND oder die Anfänge der preußischen Marine, Schiff und Zeit Nr. 35, 17–22. Siehe auch Preußens Weg zur See. Pommern, die Wiege der königlich-preußischen Marine. Berlin 1996.

9 Siegel, R. — Die Flagge, Berlin 1912.

10 Reuter, W. — Preußische Übungsschiffe 1815-1848. Ein Beitrag zur Geschichte des nautischen Unterrichts, Veröffentlichungen des Instituts für Meereskunde der Universität Berlin, Berlin 1926. Die Darstellungen der Seiten 11 bis 26 sind dem Sinne nach dieser Arbeit entnommen, wörtliche Übernahmen sind gekennzeichnet (»...«), Zitate aus anderen Quellen sind gesondert kenntlich gemacht.

11 Rung, A. — Uyt Archiv for Sövaesenet, Kjöbenhavn 1846.

12 Burmeister, H. — Weltumseglung unter Preußens Flagge, Die Königlich-Preußische Seehandlung und ihre Schiffe, Hamburg 1988.

13 – — Wojewodzkie Archivum Panstowe w Szczecinie, Acta des Königlichen Oberpräsidiums in Pommern, btr. den Ankauf des russischen Jachtschiffes LISETTA für die Stettiner Navigationsschule, Rep. 60 ... 1115.

14 Zienert, J. — Unsere Marineuniform, Hamburg 1970.

15 Hildebrandt, H. Röhr, G. Steinmetz, H.-O. — Die deutschen Kriegsschiffe, Herford 1979.

16 Goethe, W. v. — Kampagne in Frankreich, Werke Bd. 19, Berlin-Leipzig-Wien-Stuttgart (o.J.).

17 Hengesbach — Die Kieler Seekadettenschule (1848–1851), Überall, 6. Heft, 3. Jahrgang 1900, 180-184.

18 Diere, H. — Admiral Rudolf Brommy, Marinekalender der DDR 1988, Berlin 1987.

19 Kaulisch, B. — Alfred von Tirpitz und die imperialistische Flottenrüstung, Berlin 1982.

20 siehe 15

21 siehe 14

22 Achilles, F.W. — Seeschiffe im Binnenland. Der kombinierte Binnen-Seeverkehr in Deutschland, Hamburg 1985.

23 Lass, W. — Die großen Segelschiffe. Ihre Entwicklung und Zukunft, Kassel 1972 (Nachdruck von 1907).

24 Rabbel, J. — Rostocks eiserne Segler, Rostock 1986.

25 Hückstädt, H. — Albrecht Tischbein »Werfte für eiserne Schiffe und Maschinenbauanstalt«, Schiff und Zeit Nr. 32.

26 – — Festschrift zur Feier des 150jährigen Bestehens der Seefahrtschule Lübeck, Lübeck 1958.

27 – — Bekanntmachung, betr. die Prüfung der Seeschiffer und Seesteuerleute auf deutschen Kauffahrteischiffen, vom 25. September 1869, BGBl. S. 660.

28 – — Bekanntmachung, betr. die Prüfung der Seeschiffer und Seesteuerleute auf deutschen Kauffahrteischiffen, vom 30. Mai 1870, BGBl. S. 314.

29	–	Bekanntmachung betr. den Nachweis der Befähigung als Seeschiffer und Seesteuermann auf deutschen Kauffahrteischiffen, vom 6. August 1887, RGBl. S. 395.
30	Duppler, J.	Prinz Adalbert von Preußen - Gründer der deutschen Marine, Herford-Bonn 1986 (ab Seite 79: Denkschrift über die Bildung einer deutschen Kriegsflotte).
31	Matthei, D. u.a.	Marineschule Mürwik, Herford 1989.
32	siehe 19	
33	Bismarck, O. v.	Gedanken und Erinnerungen, Bd. 2, Stuttgart 1898.
34	Otto, B.	Vom Deutschen Reich, Leipzig 1911.
35	Hartwig, U.	Die Marineschule Mürwik. - 70 Jahre Offiziersausbildung an der Flensburger Förde, Köhlers Flottenkalender 1981, Herford 1980.
36	Werner, R.v.	Das Buch der deutschen Flotte, Bielefeld/Berlin 1884.
37	Dittmar-Pittmann, M.	Ein Menschenalter auf dem Meere, Berlin und Leipzig 1926.
38	Krüger, M.	Die Grundzüge der imperialistischen deutschen Marineideologie, Universität Rostock, Habil.-Schrift 1963. Verwendete Zitate aus: a. Reventlow, Deutschland zur See, Leipzig 1914. b. Unsere Marine in der 11. Stunde Berlin 1891.
39	Simsa, P.	Marine intern, Stuttgart 1972.
40	siehe 36	
41	Graubohm, H.	Die Ausbildung in der deutschen Marine von ihrer Gründung bis zum Jahre 1914, Düsseldorf 1977.
42	Laverenz, V.	Deutschland zur See, Berlin 1905.
43	Groener, E.	Die deutschen Kriegsschiffe 1815–1936, München-Berlin 1944.
44	Schneider, R.	An Bord unserer Schulschiffe, München 1901.
45	siehe 29	
46	Scheer R. v.	Vom Segelschiff zum U-Boot, Leipzig 1925.
47	Furrer, H.-J.	Die Vier- und Fünfmast-Rahsegler der Welt, Herford 1984.
48	Villiers, A.	Auf blauen Tiefen, Hamburg 1955.
49	Rohrbach, P. Piening, H. Schmidt, F.	Ferdinand Laeisz - die Geschichte einer Reederei, Hamburg 1955.
50	Brennecke, J.	Windjammer, Herford 1980.
51	Svenson, S.	Segel durch die Jahrhunderte, Berlin/Bielefeld, 3. Auflage.
52	Pedersen, P.	Die große Zeit der Windjammer, Hamburg 1985.
53	–	Gewerbeordnung vom 21. Juni 1869, BGBl. Nr. 26 vom 1. Juli 1869 und im Regierungsblatt für das Großherzogtum Mecklenburg-Schwerin, Nr. 58, Jahrg. 1869, S. 523.
54	Villiers, A.	Männer vor dem Mast, zit. nach (42).
55	–	Deutsche Seemannsordnung, vom 27. Dezember 1872, RGBl. S. 409.
56	–	Deutsche Seemannsordnung, vom 2. Juni 1902, RGBl. S. 175.
57	Vogel, W.	Die deutsche Handelsmarine im 19. Jahrhundert, Meereskunde - Sammlung volkstümlicher Vorträge, 8. Jahrg. 1. Heft, Berlin 1914.
58	Büttner, F.K.	Ratgeber für die Berufswahl - Der Seemann in der Handelsflotte, Leipzig 1910
59	siehe 29	
60	Bendix	Unlautere Stellenvermittlung der Schiffsjungen, in: Verhandlungen des V. Deutschen Schiffahrtstages am 31. März und 1. April 1913 in Berlin.
61	Bolte, F.	Der Beruf des Schiffsoffiziers in der Handelsflotte, Nautische Bibliothek, Berlin 1909.
62	Mélville, H. de	Die Handelsmarine und ihre Laufbahnen, Rostock 1903.
63	Miethe, K.	Auf großer Fahrt, Rostock 1956.
64	siehe 54	
65	–	75 Jahre Deutsche Seemannsschule, hrsg. im Dezember 1937 vom Kuratorium der Deutschen Seemannsschule auf Finkenwerder.
66	siehe 36	
67	siehe 61	
68	Buchmann, G.	1900 1925. 25 Jahre Deutscher Schulschiff-Verein, Bremen 1931.
69	siehe 61	
70	Eckardt, G.	Die Segelschiffe des Deutschen Schulschiff-Vereins, Bremen 1981.

71 Herrmann, H. – Die Entwicklung der Berufs- und Qualifikationsstrukturen in der Seeschiffahrt Deutschlands von 1848 bis 1945 unter besonderer Berücksichtigung der sozial-ökonomischen Verhältnisse der Schiffsmannschaft, Universität Rostock, Dissertation 1980.

72 siehe 49

73 siehe 58

74 zu Mondfeld, W. – Schicksale berühmter Schiffe, Herford 1984.

75 siehe 71

76 Lehmberg, O. – 50 Jahre Seemannsleben, zit. nach Mielke und Schowalter, Das große Buch der Seefahrt, Reutlingen 1958.

77 siehe 50

78 siehe 50

79 Meyer, J. – Hamburgs Segelschiffe 1795-1945, Norderstedt 1974.

80 Mayer, H., Winkler, D. – In allen Häfen war Österreich, Wien 1987.

81 – Bekanntmachung, betr. den Befähigungsnachweis und die Prüfung der Seeschiffer und Seesteuerleute auf deutschen Kauffahrteischiffen, vom 16. Januar 1904, RGBl. S. 3.

82 siehe 28

83 – Bekanntmachung, betr. die Untersuchung von Schiffsleuten auf Tauglichkeit zum Schiffsdienste, vom 1. Juli 1905, RGBl. Nr. 29.

84 – Bekanntmachung, betr. die Untersuchung auf Seh- und Farbunterscheidungsvermögen, vom 11. Juni 1891, RGBl. S. 348.

85 siehe 6

86 – Bekanntmachung, betr. die Vorschriften über den Befähigungsnachweis und die Prüfung der Maschinisten auf Seedampfschiffen der deutschen Handelsflotte, vom 26. Juli 1891, RGBl. S. 359.

87 siehe 81

88 Godschewski, K. – Die unsichtbare Brücke, Rostock 1987.

89 siehe 39

90 Otto, H., Schmiedel, K. – Der Erste Weltkrieg, Berlin 1977.

91 siehe 47

92 Kiedel, K.-P., Schall, U., Scholl, L.-U. – Arbeitsplatz Schiff. - 100 Jahre Seeberufsgenossenschaft 1887 - 1987, Bremerhaven 1987.

93 Schilling, C. – Die Schulschiffe des Deutschen Schulschiff-Vereins, zit. nach Mielke und Schowalter, Das große Buch der Seefahrt Reutlingen 1958

94 Naval – Deutschlands seemännischer Nachwuchs, Rück- und Ausblick, Schiffahrts-Jahrbuch 1924.

95 Bolte, F. – Wildes Schulschiffwesen, Verhandlungen des XII. Deutschen Seeschiffahrtstages am 30./31. März 1925 in Berlin.

96 Geffken, R. – Jammer und Wind, eine alternative Geschichte der deutschen Seeschiffahrt vom Mittelalter bis zur Gegenwart, Hamburg 1985.

97 siehe 79

98 siehe 79

99 – Gesetz zur Ordnung der nationalen Arbeit vom 30. Januar 1934, RGBl. I, S.45.

100 siehe 96

101 – Bekanntmachung, betr. die Besetzung der Kauffahrteischiffe mit Kapitänen und Offizieren, vom 6. Juni 1903, RGBl. S.247.

102 – Verordnung über die Besetzung deutscher Kauffahrteischiffe mit Kapitänen und Schiffsoffizieren, vom 25. Juli 1925, RGBl. II. S. 159.

103 – Verordnung über den Befähigungsnachweis der Seeschiffer und Seesteuerleute auf deutschen Kauffahrteischiffen, vom 25. Juli 1925, RGBl. II. S. 714.

104 – Verordnung über den Befähigungsnachweis der Schiffsingenieure und Seemaschinisten auf deutschen Kauffahrteischiffen, vom 25. Juli 1925, RGBl. II. S. 724.

105 – Gesetz über das Mindestalter für die Zulassung von Jugendlichen zur Beschäftigung als Kohlenzieher (Trimmer) oder Heizer und über die pflichtgemäße ärztliche Untersuchung der in der Seeschiffahrt beschäftigten Kinder und Jugendlichen, vom 30. Mai 1929, RGBl. II. S. 383 sowie der Bekanntmachung vom 9. Dezember 1929, RGBl. II. S. 753.

106 Mielke, O. und Schowalter, G. Das große Buch der Seefahrt, Reutlingen 1958.

107 siehe 6

108 Ahlbrand, L. Westward Ho!, Hamburg 1978.

109 Trotha, A. v. und König, P. Deutsche Seefahrt, Berlin-Birkenwerder 1929.

110 Saß, Fr. Der Dieselmotor und seine Verwendbarkeit, zit. nach Trotha und König, Deutsche Seefahrt, Berlin-Birkenwerder 1929.

111 Gerdau, K. PADUA ... ein ruhmreiches Schiff, Herford 1978.

112 Volquardsen, H.-J. In großen Gewässern oder 40 Jahre Seefahrtszeit (persönliche Aufzeichnung).

113 siehe 50

114 Clauß, R. Um Kap Hoorn nach Australien, zit. nach Pedersen, Die große Zeit der Windjammer, Hamburg 1985

115 Eckardt, G. Vollschiff SCHULSCHIFF DEUTSCHLAND, Bremen o.J.

116 – SCHULSCHIFF DEUTSCHLAND - Darstellung über Geschichte - Umbau - Bordbetrieb, Bremen 1988.

117 – Material des Deutschen Schulschiff-Vereins.

118 Reimer, J. Jungens an Bord. Fahrten und Schicksale des SCHULSCHIFF POMMERN, Berlin 1929.

119 – Verordnung über den organischen Aufbau des Verkehrs vom 25. September 1935.

120 Heinemann, W. Seebäderschiff TANNENBERG - ein Beispiel getarnter, illegaler Aufrüstung, Panorama maritim 11/1980, Rostock.

121 siehe 79

122 Hessel, M. Persönliche Aufzeichnungen. o.J.

123 – Errichtung einer Schiffsjungenschule in Ziegenort, Hansa, 76. Jahrhang, Nr. 8, Februar 1939, S. 475.

124 siehe 122

125 Eckardt, G. Matrosen-Ausbildung. Ein Schwanengesang Koehlers Flottenkalender 1987, Minden i.W. 1986.

126 – Informationsblatt der Deutschen Seemannsschule Hamburg-Finkenwerder.

127 siehe 111

128 Clausen, G. Die Gewalt der See, in: Grube, F. und Richter, G., Das große Buch der Windjammer, Hamburg 1983.

129 Lüder, M. v. Um die Welt unter Segel. Das Lloydschulschiff und seine Bedeutung, Koehlers Flottenkalender 1939, Minden i.W. 1938.

130 Schäuffelen, O. Die letzten großen Segelschiffe, Bielefeld 1990.

131 Simonsen, G. Reise ohne Wiederkehr. Die Geschichte des deutschen Segelschulschiffes ADMIRAL KARPFANGER, Schiff und Zeit »Spezial«, Herford 1991.

132 Karting, H. ADMIRAL VON TROTHA, eines der letzten deutschen Schulschiffe, Schiffahrt international 6/94.

133 siehe 109

134 Waldeyer-Hartz, H. v., Unsere Reichsmarine, Leipzig 1928.

135 siehe 31

136 Havemann, U. Persönliche Materialien zum Segelschulschiff NIOBE.

137 Werner, P. Ein Beitrag zur Betriebsstabilität von traditionellen Segelschiffen, Universität Rostock, Außenstelle Warnemünde, Fachbereich Seefahrt, Diplomarbeit 1992.

138 Prager, H.-G. Blohm & Voss, Herford 1977.

139 siehe 38

140 – Systematik der Lehrberufe, hrsg. vom Ministerium für Gesamtdeutsche Fragen 1949.

141 – Systematik der Berufe, hrsg. vom Ministerium für Arbeit der DDR, November 1950.

142 – Gesetz zur Demokratisierung der deutschen Schule von 1946 und weiterführende Gesetze.

143 Weitendorf, E. Aus dem Logbuch meines Lebens, Rostock 1969.

144 Rothe, C. Deutsche Ozean-Passagierschiffe 1919-1985, Rostock 1987.

145 Forster, U., Rose H., Winter, L. Das Ausbildungsschiff STÖRTEBEKER der IHS Warnemünde/Wustrow, Seewirtschaft 10/1988, S. 495.

146 Mehl, H./ Schäfer, K., Die andere deutsche Marine, Berlin 1992.

147 Janssen, H. Der Atlantik blieb Sieger, Das Ende der PAMIR 1957, Schiffe - Menschen - Schicksale, Januar 1994, Nr. 3.

148 Willner, H. PAMIR, ihr Untergang und die Irrtümer des Seeamtes, Herford-Bonn 1991.

149 Platzoeder, W. Wendel, K. Zum Untergang des Segelschulschiffes PAMIR, Hansa 6/1992.

150 Lass, E. G. 80 Jahre Viermastbark PASSAT, Schiff und Zeit Nr. 34.

151 Bönisch, O. Frachtfahrende Segelschulschiffahrt - Ende mit Schrecken! Seewirtschaft 6/1990, S. 279.

152 - Schiffsbesetzungs- und Ausbildungsordnung (SBAO), vom 19. August 1970, BGBl. I. S. 1253.

153 Delbene Die Automation und ihre Auswirkungen auf die Besatzungen, La Marina Italiana, November 1967, S. 185–193 Übersetzung des Instituts für Seeverkehr und Hafenwirtschaft, Rostock 01-8507-68.

154 Schmitz Die Automatisierung der Schiffe und die Organisation der Arbeit an Bord, Journal de la Marine Marchande, Paris 48 (1966) 2403, S. 3

155 Bönisch, O. Untersuchungen zur Weiterentwicklung der Berufs- und Qualifikationsstruktur in der Hochseehandelsflotte der DDR, Martin-Luther-Universität Halle-Wittenberg, Dissertation 1971.

156 - Verordnung über die Berufsausbildung zum Schiffsmechaniker/Schiffsmechanikerin und über den Erwerb des Schiffsmechanikerbriefes (Schiffsmechaniker-Ausbildungsverordnung - SMAusbV), vom 24. März 1983, BGBl. I. S. 338.

157 - Material des Deutschen Schulschiff-Vereins über GROSSHERZOGIN ELISABETH II

158 - Festschrift anläßlich der 25-Jahr-Feier des Segelschulschiffes GORCH FOCK bei der Blohm + Voss AG, Hamburg, am 25. 11. 1983.

159 Bönisch, O. Rußlands Segelschulschiffe, Schiff und Zeit Nr. 38, S. 50.

Liste der Schiffsnamen

176 Seiten
23 x 30 cm
gebunden mit
Schutzumschlag

Glanzlichter maritimer Plakatkunst

Zur See! Auf die Meere! Hin zu exotischen Gestaden! Von diesem Ruf ließen sich Millionen Passagiere – Auswanderer, Abenteurer und Vergnügungsreisende – an Bord locken. Kaum ein Werbemedium spielte so gekonnt und bis heute stilprägend mit dem Fernweh wie das klassische Schiffsplakat. Bereits im 19. Jahrhundert warben die großformatigen Grafiken mit ihrer klaren Bildsprache für die Liniendienste der großen Reedereien. Über hundert der schönsten und seltensten dieser farbigen Blickfänge hat der Autor für seinen nostalgischen Bilderbogen ausgewählt.

Kulinarisches an Bord

Die historischen Schiffsspeisekarten erzählen die Geschichte des Essens und Trinkens an Bord und werden ergänzt durch viele Details, wie Ausstattung der Kombüsen und die Arbeit der Köche.

160 Seiten
20 x 25,5 cm
gebunden mit
Schutzumschlag

Koehler